O DIREITO

Ano 139.º (2007), V

Director
INOCÊNCIO GALVÃO TELLES

O DIREITO
Ano 139.º (2007), V
Director: INOCÊNCIO GALVÃO TELLES

Fundadores
António Alves da Fonseca
José Luciano de Castro

Antigos Directores
José Luciano de Castro
António Baptista de Sousa (Visconde de Carnaxide)
Fernando Martins de Carvalho
Marcello Caetano

Director
Inocêncio Galvão Telles

Directores-Adjuntos
António Menezes Cordeiro
Jorge Miranda
Mário Bigotte Chorão

Propriedade de JURIDIREITO – Edições Jurídicas, Lda.
Sede e Redacção: Faculdade de Direito de Lisboa – Alameda da Universidade – 1649-014 Lisboa
Editora: Edições Almedina, SA
         Avenida Fernão de Magalhães, n.º 584, 5.º Andar
         Telef.: 239 851 904 – Fax: 239 851 901
         3000-174 Coimbra – Portugal
         editora@almedina.net

Publicação: cinco números anuais
Assinatura anual   € 70,00 (15% de desconto sobre o total dos n.os avulsos)
Número avulso   € 16,50

Coordenação e revisão: Veloso da Cunha
Execução gráfica: G.C. – Gráfica de Coimbra, Lda.
         Rua do Progresso, 13 – Palheira
         3040-692 Assafarge
         Telef.: 239 802 450 – Fax: 239 802 459
         producao@graficadecoimbra.pt
Depósito legal: 229122/05
N.º de registo no ICS – 124475

ÍNDICE

ARTIGOS DOUTRINAIS

INOCÊNCIO GALVÃO TELLES
As Cortes ao longo da História do Direito Português 939

ANTÓNIO MENEZES CORDEIRO
O Novo Regime do Arrendamento Urbano: dezasseis meses depois, a ineficiência económica no Direito 945

ALFREDO HÉCTOR WILENSKY
Corrupção 973

J. O. CARDONA FERREIRA
A mediação como caminho da Justiça – A mediação penal 1013

LUÍS DE LIMA PINHEIRO
O Direito de Conflitos das obrigações extracontratuais entre a comunitarização e a globalização – Uma primeira apreciação do Regulamento comunitário Roma II 1027

MANUEL JANUÁRIO DA COSTA GOMES
A fiança do arrendatário face ao NRAU 1073

JORGE GUERREIRO MORAIS
A sensibilidade e o bom senso no Contencioso Administrativo – Um breve ensaio sobre a intimação para protecção de direitos, liberdades e garantias 1117

PARECERES

JORGE MIRANDA
Função legislativa e tutela da confiança. O caso dos notários 1135

Artigos Doutrinais

As Cortes ao longo da História do Direito Português

PROF. DOUTOR INOCÊNCIO GALVÃO TELLES

I

1. As *Cortes* resultaram da transformação da primitiva *Cúria Régia*. Essa transformação deu-se pelo facto de, a certa altura, começarem a participar também na Cúria os representantes dos concelhos.

2. Falava-se de *Corte* (no singular) se havia uma só assembleia. Mas, em regra, os assuntos não se esgotavam numa reunião única e, por isso, passou a falar-se de *Cortes* (no plural).

3. Na primitiva Cúria Régia participavam só o *Clero* e a *Nobreza*. A admissão dos representantes ou procuradores dos concelhos, que veio a dar-se, significou que as Cortes passaram a abranger também o *Povo*.

4. Foi em Leiria, em 1254, que estiveram pela primeira vez procuradores dos concelhos. Não há contudo a certeza se se tratava de verdadeiros *representantes*, com *poder de decisão*, ou de simples *mensageiros*, incumbidos apenas de transmitir as petições ou pretensões dos municípios.

5. Só a partir de 1261 houve a certeza de os procuradores dos concelhos terem passado a verdadeiros *representantes*, com o inerente *poder de decidir*, pois entraram a participar também na *regulamentação do poder real de cunhar e quebrar moeda*.

6. Em princípio, o monarca, ou o regente em seu nome, assistia às Cortes. Essa assistência traduzia-se na presença no acto de abertura; mas tal presença depressa deixou de se verificar.

7. No entanto, entendia-se que o monarca devia estar no lugar onde as Cortes se reunissem.

8. Tanto assim que em 1633 a ausência do rei deu origem a veemente protesto da Casa dos Vinte e Quatro[1].

9. A frequência e a influência das Cortes variaram muito entre 1254 e 1680. Foi em 1680 que se realizaram as últimas, se abstrairmos das ocorridas, esporadicamente, em 1828.

10. As mais importantes Cortes foram, talvez, as seguintes: as reunidas na menoridade de D. Afonso V para regular o exercício da regência; e as reunidas no início do reinado de D. João II, que exigiu a homenagem dos vassalos.

11. Os descobrimentos trouxeram à Coroa independência financeira e o fortalecimento do respectivo poder, fazendo perder força às Cortes. Assumiram, mesmo assim, bastante importância as de 1641, que conceberam a *origem popular do poder e as leis fundamentais do Reino*, além de votarem recursos financeiros para fazer face ao esforço de guerra. Assumiram também bastante importância as Cortes de 1645-1646, que proclamaram *Nossa Senhora da Conceição Padroeira do Reino*.

12. Merecem ainda ser citadas as Cortes de 1562-1563, reunidas na menoridade de D. Sebastião, sendo regente D. Catarina, Cortes que decorreram em termos assaz agitados.

13. Igualmente importantes foram as Cortes do reinado do Cardeal D. Henrique (Lisboa, 1579, e Almeirim, 1580). Aí se debateu a sucessão da Coroa; certa corrente dirigida por Febo Moniz reivindicou (sem êxito) o precedente de 1385 para eleger o monarca à revelia das leis da sucessão legítima.

14. Durante o século XVII as Cortes reuniram-se bastantes vezes, apesar de a Restauração pretender, de início, assentar a sua legitimidade na vontade do Reino.

---

[1] Dava-se este nome às dependências do Hospital Real de Todos-os-Santos onde, a partir do início do séc. XVI, se reuniam os 24 representantes dos mesteres com direito a intervir em certas resoluções da Câmara de Lisboa.

15. *As Cortes de 1641 assumiram enorme importância por terem definido a origem popular do poder e concebido as leis fundamentais do Reino* (além de votarem os recursos necessários para fazer face ao esforço de guerra).

16. A convocação das Cortes era feita por meio de cartas régias dirigidas a quem devesse comparecer. Nelas se marcava o lugar, o dia e o objecto das Cortes. Nelas se indicavam também os *poderes especiais* a conferir pelos concelhos nas suas procurações, além dos *poderes gerais* que porventura quisessem igualmente outorgar.

17. Ao que parece, a abertura das Cortes revestia sempre carácter solene, com a presença do monarca e de toda a Corte Real. Nessa abertura, pelo menos a partir de certa data, era proferido um discurso, chamado *proposição*, destinado a definir questões preliminares e a ordem dos trabalhos. Segundo o cronista Fernão Lopes, a primeira *proposição* terá sido proferida por João das Regras na abertura das Cortes de 1385.

18. Posteriormente tornou-se costume ser a *proposição* proferida por um bispo, a que respondia um letrado, procurador de Lisboa,

19. As Cortes começaram por afirmar a sua autoridade a propósito da quebra da moeda e da tributação compensadora da renúncia ao exercício desse direito real, mantendo-se depois, quanto a impostos e empréstimos, até ao século XVII. Reivindicavam o direito a dispor da Coroa se houvesse quebra da sucessão legítima e a Coroa devesse ser declarada vaga, além do direito de regular a regência, decidindo as questões entre os pretendentes ao seu exercício.

20. Quanto à legislação, as Cortes formulavam ao monarca pedidos chamados *agravamentos*, *artigos* ou *capítulos*. O Rei, depois de ouvir o seu Conselho respondia, deferindo, adiando ou negando. Se deferia, entendia-se que a matéria em causa ficava a valer como *lei*. Exceptuava-se todavia o caso de se tratar das chamadas *leis fundamentais do Reino*, relativas à sucessão da Coroa, ou das *concórdias* com o clero.

II

21. No programa dos revoltosos de 1820 estava a convocação de Cortes que dessem à Nação portuguesa uma Constituição.

22. Não havia, porém, entendimento entre os revoltosos. Uns pretendiam que a Constituição se limitasse a renovar as instituições tradicionais; outros pretendiam que a Constituição se inspirasse nos textos saídos da Revolução Francesa. Vingou esta última orientação. Foi nomeada uma comissão com a incumbência de elaborar um *projecto de bases da Constituição Portuguesa*, projecto que, depois de discutido, se converteu no Decreto das Cortes iniciadas em 9 de Março de 1821.

23. Tais bases foram juradas por todas as autoridades e pelo próprio monarca (D. Pedro I do Brasil, D. Pedro IV de Portugal) quando este regressou aqui. Entrada em vigor a nova Constituição, as Cortes dissolveram-se.

24. As aludidas bases não agradaram a todos os revoltosos. Não agradaram à facção mais liberal, o que deu origem a um pronunciamento conhecido for *Martinhada*. E não agradaram também ao regente D. Pedro, os quais se confrontaram na chamada *Vilafrancada*, ocorrida de 27 de Maio a 3 de Junho de 1828, na qual D. Pedro faleceu e que pôs termo à Constituição de 1820.

25. Desde então não mais se reuniram as Cortes, que na *Dedução Cronológica* os doutrinários pombalinos reputavam vantajosamente substituídas pelos conselhos permanentes que assistiam ao Trono.

26. Só depois da revogação da Constituição de 1820 e em consequência da Vilafrancada, é que D. João VI, por lei de 1822, ordenou a convocação das antigas Cortes, designadamente para constituição de uma junta preparatória, da qual fez parte o Visconde de Santarém, o qual escreveu para o efeito as suas *Memórias para a História e Teoria das Cortes*. O falecimento do rei não permitiu, contudo, a efectivação deste propósito (convocação das antigas Cortes).

27. Em 1828 as Cortes reuniram-se para proclamar D. Miguel sucessor do Trono e declarar a consequente nulidade dos actos praticados por D. Pedro enquanto rei de Portugal, inclusive a outorga da Carta Constitucional.

28. No que toca ao funcionamento das Cortes, variou muito ao longo dos tempos. Em determinada altura, havia sessões plenárias e reuniões dos braços em separado. O local da abertura e das sessões plenárias era num paço real, na nave de uma igreja ou até ao ar livre. Cada braço reunia em seu local, geralmente em igrejas ou conventos.

29. Um momento houve em que, por acordo entre as Cortes e o rei, foram proclamadas as *leis fundamentais do Reino*, respeitantes sobretudo à sucessão da Coroa.

30. Como leis fundamentais do Reino foram tomadas, embora com algumas alterações, as constantes das chamadas Cortes de Lamego. Estas Cortes eram apócrifas, como veio a apurar-se mais tarde, mas ao tempo não se sabia.

III

31. Nos séculos XIX e XX vingou uma aristocracia especificamente política, antidemocrática e de carácter ideológico, constituída por assembleias representativas e deliberativas.

32. Esta situação manteve-se até ao Movimento das Forças Armadas, também conhecido por Revolução dos Capitães, ocorrido em 25 de Abril de 1974, que pôs termo ao Estado Novo.

33. Entendeu-se então necessário realizar uma Assembleia Constituinte, que se reuniu em 2 de Junho de 1975, com o objectivo de restituir aos Portugueses os direitos e liberdades fundamentais e estabelecer os princípios basilares da democracia, assegurando o primado do Estado de Direito democrático.

34. Essa Assembleia Constituinte, em sessão plenária de 2 de Abril de 1976, aprovou a Constituição, ainda em vigor, embora com as alterações constantes de sete revisões.

35. No preâmbulo da Constituição lê-se uma frase infeliz, consistente em declarar que se tem em vista abrir caminho a uma "sociedade socialista". A verdade é que temos tido governos *socialistas* e governos *sociais democratas*. Portanto a referência a sociedade socialista deve dar-se como não escrita, e assim se tem entendido. Tal entendimento é de tal modo óbvio que não se tem considerado necessário eliminar a aludida expressão, que realmente deve dar-se como não escrita[2].

---

[2] O texto mais completo da Constituição que conhecemos é o publicado por JOSÉ MATOS CORREIA e RICARDO LEITE PINTO, ed. da Universidade Lusíada, 2004.

O Novo Regime do Arrendamento Urbano: dezasseis meses depois, a ineficiência económica no Direito*

PROF. DOUTOR ANTÓNIO MENEZES CORDEIRO

> SUMÁRIO: *I. O bloqueio jurídico-económico nos princípios do século XXI: 1. Introdução; 2. O bloqueio das obras (destruição do objecto); 3. O bloqueio dos contratos (destruição do conteúdo); 4. O bloqueio urbanístico (destruição de pessoas). II. Os dilemas da reforma: 5. O reconhecimento dos erros do vinculismo; 6. Os modelos de 1990, de 2004 e de 2006; 7. O sistema geral do NRAU; 8. O papel nuclear do novo regime do Código Civil. III. A manutenção do vinculismo: 9. Generalidades; a não-renovação, a denúncia e a resolução; 10. A actualização das rendas; 11. A judicialização e a burocratização; 12. A circulação dos contratos e a oneração da propriedade; 13. A manutenção do vinculismo. IV. Aspectos práticos: 14. Jurisprudência; 15. Actualização de rendas e de obras; 16. Não-pagamento de rendas; 17. Os arrendamentos comerciais; 18. A comunicabilidade; 19. As preferências; redução teleológica.*

I. Os bloqueios jurídico-económicos nos princípios do século XXI

1. *Introdução*

I. No dia 26-Jun.-2006, terá entrado em vigor o Novo Regime do Arrendamento Urbano, aprovado pela Lei n.° 6/2006, de 27 de Fevereiro[1]. Está em causa uma série de diplomas complexos e delicados, mal estudados e mal ela-

---

* Escrito destinado aos Estudos em Honra do Prof. Doutor Paulo de Pitta e Cunha. A presente versão ficou concluída em 5-Nov.-2007.
[1] *Vide* o seu artigo 65.°/2.

borados, cujo lugar, na História recente do nosso Direito privado, está assegurado: pelas piores razões. Passados dezasseis meses sobre a sua entrada em vigor, todos os agentes económicos estão de acordo: não se verificou nenhuma reanimação do mercado do arrendamento, imputável à influência da reforma. E também todos os juristas, independentemente dos seus credos ou da sua proximidade em relação ao Governo, confluem: a reforma não teve em conta a dimensão jurídico-científica e as suas implicações práticas, causando inúmeras complicações.

II. Na presente intervenção, não curaremos mais dessa dimensão: pública e notória e, ao que sabemos, jamais desmentida, nem pelas pessoas mais próximas da maioria parlamentar que aprovou a Lei. A Lei está feita e em vigor. Cabe, agora, à Ciência do Direito, com paciência, tentar apreender o seu alcance normativo e, quanto possível, proceder a uma aplicação harmónica e sistematicamente conforme.

Para tanto, porém, é necessário relembrar as circunstâncias existentes aquando da preparação do NRAU e os óbices que, pelo menos na aparência, ele veio enfrentar. Tais óbices podem, com comodidade, explicar-se com recurso a três bloqueios:

– o bloqueio das obras (destruição do objecto);
– o bloqueio dos contratos (destruição do conteúdo);
– o bloqueio urbanístico (destruição das pessoas).

Vamos ver.

III. Antes disso, uma observação prévia e uma dedicatória. O Direito visa, em certos âmbitos e com alguns limites, redimensionar aquilo que resultaria do puro funcionamento das leis económicas. A Economia tem, todavia, dimensões existenciais que não podem ser ignoradas. Quando o sejam, designadamente por leis ineficientes, os efeitos colaterais serão devastadores, nos seus custos: económicos e sociais.

A aventura das leis portuguesas do arrendamento, nos últimos cem anos, coroadas pelo novo regime do arrendamento urbano, ilustram-no, fazendo delas um curioso *case study*. Este estudo é, assim, dedicado ao Prof. Doutor Paulo de Pitta e Cunha: mestre insigne nos ensinos do Direito e da Economia.

2. O bloqueio das obras (destruição do objecto)

I. O arrendamento urbano reporta-se, logicamente, a prédios urbanos, no todo ou em parte (1064.º)[2]. O prédio urbano é um edifício incorporado no solo, com os terrenos que lhe sirvam de logradouro (204.º/2, 2ª parte)[3]. Por seu turno, o edifício é uma construção humana, na qual são usados elementos naturais (madeira, pedras) e artificiais (cimento, aço, plásticos). A construção humana é rapidamente degradável, se não for permanentemente assistida.

Na literatura recente, destacamos a obra *The World Without Us*, de Weisman[4]. O Autor configura o Mundo na hipótese de desaparecerem subitamente os seres humanos. Dois dias depois, o metro de Nova Iorque é inundado por falta de bombagem de água. Sete dias depois, fundem e ardem os reactores nucleares. No ano seguinte, rebentam as condutas de água nos países temperados, o solo afunda, transformando as ruas das grandes cidades em rios. Três anos passados, cedem as juntas dos muros; caiem os telhados. Em dez anos caiem e ardem os edifícios, enquanto, nas zonas temperadas, a floresta reinstala-se. Em três séculos desaparecem pontes e barragens. Passados dez milhões de anos resistiriam as pirâmides e as estátuas de bronze.

Não referimos os estragos climatéricos que perdurariam, talvez para sempre, até à destruição da Terra pela *Nova Solis*: esses, sim, a indelével assinatura da Humanidade.

II. Havendo arrendamento, alguém terá de se ocupar das obras, sob pena de uma rápida destruição do objecto – o próprio edifício. O artigo 11.º/2 do revogado RAU, de 1990, fixava obras de conservação ordinária, as quais competiam ao senhorio. O artigo 1074.º/1, adoptado pelo NRAU, prevê essa mesma solução, salvo cláusula em contrário. E de facto, pelas regras gerais, caberia sempre ao senhorio assegurar a manutenção do local arrendado.

Economicamente, o dever de manutenção ou de "realizar obras" traduz-se, para o senhorio, num encargo, a abater na renda.

III. O equilíbrio do sistema postula que, nas rendas a cobrar, o senhorio possa descontar os custos das obras e, ainda, conservar alguma parcela para si.

---

[2] Pertencem ao Código Civil todos os preceitos citados sem indicação de fonte quando, do contexto, não resulte outra pertença.
[3] Vide o nosso *Tratado de Direito civil*, I/2, 2ª ed. (2002), 117 ss. e 129 ss..
[4] ALAN WEISMAN, *The World Without Us* (2007), de que existe uma tradução francesa com o título sugestivo: *Homo disparitus*.

Todavia, particularmente nos centros urbanos, as rendas são tão baixas que seriam totalmente absorvidas, durante muitos anos, por quaisquer obras: de recuperação, de restauro ou de simples manutenção. E assim sucede mesmo tendo em conta hipotéticas elevações de renda, subsequentes às obras e isso sem contar com encargos financeiros e fiscais.

Pergunta-se: mesmo perante este desequilíbrio económico, será possível exigir, por via judicial, a realização das obras? Os nossos tribunais têm respondido negativamente.

IV. Na verdade, a exigência de obras por parte de quem receba rendas totalmente insuficientes para o seu custeio é uma solução injusta: contraria vectores básicos do sistema, expressos pelo princípio da boa fé. E assim, os nossos tribunais têm recusado a condenação dos senhorios na realização de obras, por abuso do direito. Há, nos últimos 20 anos, dezenas de acórdãos publicados, nesse sentido. Como exemplos:

- *RLx 25-Fev.-1985*: é abuso do direito exigir obras de 80.000$ a um senhorio a quem se pague uma renda de 500$: equivalem a 15 anos de renda[5];
- *RPt 1-Jun.-1993*: não é possível pedir obras quando se pague uma renda baixa[6];
- *RLx 17-Fev.-1994*: excede manifestamente os limites impostos pela boa fé o inquilino que pretende impor obras de reparação cujo custo se encontra em manifesta e clamorosa desproporção com o rendimento proporcionado pelo locado[7];
- *RLx 11-Mai.-1995*: há abuso do direito por parte do inquilino (...) que pretenda sejam efectuadas obras de conservação ordinária (...) cuja necessidade foi reconhecida pelas entidades camarárias (...) as quais, no entanto atingem valores correspondentes a cerca de 30 anos de renda[8];
- *RCb 29-Out.-1996*: sendo a renda mensal de 2.000$, haverá exercício abusivo do direito quando se pedem ao senhorio obras de conservação ordinário do locado cujo mínimo será de 1.000.000$ e podendo mesmo atingir os 6.000.000$[9];

---

[5] RLx 25-Fev.-1986 (Cura Mariano), CJ XI (1986) 1, 104-105 (105/II).
[6] RPt 1-Jun.-1993 (Matos Fernandes), CJ XVIII (1993) 3, 220-223 (223).
[7] RLx 17-Fev.-1994 (José Manuel de Carvalho Ribeiro), BMJ 434 (1994), 670-671 (o sumário) = CJ XIX (1994) 1, 123-124 (124/II).
[8] RLx 11-Mai.-1995 (Eduardo Nunes da Silva Baptista), BMJ 447 (1995), 549 = CJ XX (1995) 3, 100-102 (101/I).
[9] RCb 29-Out.-1996 (Eduardo Antunes), BMJ 460 (1996), 814 (o sumário) = CJ XXI (1996) 4, 43-45 (44/II).

— *RPt 10-Jul.-1997*: age com abuso do direito o inquilino que pretende obrigar o senhorio a realizar no locado obras manifestamente desproporcionadas, atento o seu custo e a exiguidade da renda paga[10];

— *RCb 27-Jan.-1998*: (...) representará manifesto abuso do direito o arrendatário exigir do senhorio a reparação de defeitos ou deteriorações (...) havendo uma manifesta desproporção entre o montante das rendas (...) e o valor das obras (...)[11];

— *STJ 28-Nov.-2002*: "Ora, no caso sub judice, está-se a pretender que os senhorios gastem em obras no local arrendado uma importância que corresponde a cerca de doze anos do que estavam a receber, proveniente das rendas, o que, a nosso ver, excede manifesta e largamente os limites impostos pelos interesses sócio-económicos subjacentes ao direito do ora recorrente a exigir reparações no prédio locado[12];

— *RLx 18-Mar.-2004*: (...) comete abuso do direito o inquilino que exige do senhorio a realização de obras de reparação do locado, em consequência do estado de degradação, no caso de manifesta desproporcionalidade entre o seu custo e o montante da renda. É o que se verifica quando um arrendatário exige ao senhorio a realização de obras no valor de € 7.891,08, quando paga de renda mensal a quantia de € 4,99[13];

— *RLx 29-Abr.-2004*: há abuso do direito quando não se verifique qualquer equivalência entre a renda paga e o custo das obras exigidas[14];

— *STJ 8-Jun.-2006*: há abuso do direito quando se requeira, ao senhorio, a realização de obras e sejam necessários 12 anos de rendas para o seu retorno[15];

— *STJ 14-Nov.-2006*: constitui abuso do direito exigir do senhorio obras de conservação extraordinárias de um edifício centenário, que exige o dispêndio de vários milhares de euros, quando pagam uma renda de 93,89 euros e foi reconhecido pela Câmara que o prédio está em ruínas[16];

— *RLx 11-Jul.-2007*: traduz abuso do direito reclamar obras no montante de 300.000 contos em prédio arrendado que proporciona uma renda anual de 652.042$00[17].

---

[10] RPt 10-Jul.-1997 (AZEVEDO RAMOS), BMJ 469 (1997), 649.
[11] RCb 27-Jan.-1998 (SOUSA RAMOS), BMJ 473 (1998), 569 = CJ XXIII (1998) 1, 16-18 (18/I); neste caso a renda era de 36.000$ e as obras de 6.000.000$.
[12] STJ 28-Nov.-2002 (EDMUNDO BAPTISTA), Proc. 02B3436/ITIJ.
[13] RLx 18-Mar.-2004 (FÁTIMA GALANTE), Proc. 1275/2004-6/ITIJ.
[14] RLx 29-Abr.-2004 (FÁTIMA GALANTE), CJ XXIX (2004) 2, 113-119 (118/I).
[15] STJ 8-Jun.-2006 (OLIVEIRA BARROS), Proc. 06B1103/ITIJ.
[16] STJ 14-Nov.-2006 (FERNANDES MAGALHÃES), Proc. 06B3597/ITIJ.
[17] RLx 12-Jul.-2007 (PIMENTEL MARCOS), Proc. 4848/2007-7/ITIJ.

V. Estas decisões ficam aquém da realidade. Há numerosas decisões similares não publicitadas: por amostragem, estimamo-las no quíntuplo das conhecidas. Além disso, neste momento, a ideia de injustiça intrínseca do pedido de obras ao senhorio, quando haja "rendas antigas", já foi interiorizada pelos inquilinos e pelos seus advogados: quase ninguém intenta acções desse tipo, patentemente abusivas.

IV. Resta explicar cientificamente este fenómeno. É simples: as normas jurídicas não funcionam isoladamente: apenas operam no conjunto do sistema. Ao impor obras dispendiosas a quem receba uma renda deprimida, está-se a contrariar a globalidade do sistema. Este possui válvulas de segurança, como a cláusula do abuso do direito. Não vale a pena o legislador esfalfar-se a conceber normas impositivas de obras: se elas não forem justas, o seu exercício será paralisado pelo princípio da boa fé. E os nossos tribunais, hoje, aplicam-no, tal como sucede nos países mais avançados do Ocidente.

Temos, pois, um efectivo bloqueio, quanto às obras.

3. O bloqueio dos contratos (destruição do conteúdo)

I. O regime do arrendamento tradicional, mercê de sucessivas medidas tomadas para a protecção dos (então) inquilinos, impede as partes de ajustar regimes contratuais adequados. Trata-se do chamado vinculismo. Recordamos que, na linguagem própria do arrendamento urbano, "vinculismo" exprime o conjunto das regras que, historicamente, restringem a liberdade das partes e a adaptação às circunstâncias, destruindo o conteúdo do contrato. Tais regras podem sintetizar-se:

1.º impede-se a cessação do contrato por livre iniciativa do senhorio; quer isso dizer que, celebrado um contrato de arrendamento, o local arrendado fica perpetuamente vinculado, não mais regressando, por via de regra, à disponibilidade do dono;

2.º limitam-se radicalmente as situações nas quais, por culpa do arrendatário, poderiam ocorrer despejos; pode suceder que, mesmo perante um uso desgastante ou desvirtuante do local arrendado, o senhorio não possa resolver o contrato, por não se acharem preenchidos os pressupostos legais da resolução;

3.º congelam-se as actualizações de renda ou submete-se a renda a actualizações complicadas, por vezes associadas a agravamentos fiscais e de montantes modestos: aquém da inflação; em períodos de desvalorização acelerada da moeda, as rendas chegam a assumir uma dimensão irrisória;

4.º complicam-se em extremo os processos de despejo e alonga-se desmesuradamente, por razões sociais e de tutela da habitação, a sua execução; os custos marginais dos despejos acabam por ser dissuasivos, assim se conseguindo perpetuar arrendamentos que, mesmo na estreita malha vinculista, poderiam cessar;

5.º facultam-se transferências da posição do arrendatário à margem da vontade do senhorio: os arrendamentos comerciais circulam, através de trespasses tanto mais valiosos quanto mais baixas forem as rendas; os próprios arrendamentos para habitação transferem-se, em certos círculos, assim perpetuando arrendamentos de valor degradado;

6.º dificulta-se a circulação da propriedade, pondo em crise o seu valor: tal a consequência das preferências dos arrendatários nas compras do local e dos denominados direitos a novos arrendamentos.

II. A uma reflexão mais profunda, verifica-se que, no seu conjunto, estes pontos destroem a natureza contratual do arrendamento, arvorando-o numa ordem subdominial de distribuição dos bens, a favor dos inquilinos. Em termos económicos – e abdicando, agora, de considerações sociais, urbanísticas ou ambientais – é sabido que a duplicação de ordenamentos dominiais sobre a mesma coisa vem prejudicar o desenvolvimento. Bastará recordar a luta ancestral contra a enfiteuse e a abolição dos vínculos feudais, levada a cabo pela Revolução Francesa.

Perante a ordem subdominial locativa, os proprietários deixam de o ser, em termos plenos. Não investem, não melhoram e não transaccionam. Mas os próprios locatários, apesar de controlarem parte dos poderes próprios do domínio, não são – ou não chegaram a ser, uma vez que o processo histórico foi detido, nos anos oitenta do século XX – os proprietários efectivos dos imóveis. Também eles não investem, não melhoram e não transaccionam.

III. Em suma: o vinculismo destrói os contratos de arrendamento, congelando os bens. Subtraídos à lógica do mercado, particularmente pela compressão dos seus valores de uso e de troca, os bens arrendados não contribuem, na sua plenitude, para a reprodução da riqueza. Pior: degradam-se, com todo um cortejo de desastres urbanos.

4. *O bloqueio urbanístico (destruição de pessoas)*

I. Os bloqueios acima apontados funcionam em larga escala. Têm consequências macro-económicas e urbanísticas, que passamos a seriar:

— não há um mercado geral de arrendamento; tal mercado apenas surge nas franjas permitidas pelos arrendamentos de duração limitada, com rendas altas e incidência no comércio;
— as famílias, particularmente as jovens, vêem-se obrigadas a solucionar o problema da habitação, com recurso à compra de casa própria: endividam-se por décadas; alojam-se em periferias desagradáveis e de acesso difícil; ocasionam uma rigidez habitacional incompatível com um mercado de emprego dinâmico;
— os casais limitam os nascimentos; as (poucas) crianças são remetidas para infantários sem nível e crescem sem qualidade social e ambiental;
— a indústria da construção civil dedica-se a construções sem qualidade, destruindo o ambiente nas periferias das cidades;
— o tecido urbano degrada-se: trânsito demente, acessos caóticos e baixo nível de qualidade de vida urbana e sub-urbana: tudo isso decorre das distorções urbanísticas relatadas;
— o centro das cidades decai, por ausência das obras necessárias: despovoa-se, ficando entregue a um comércio sobrevivente, a escritórios e à marginalidade;
— proliferam, por todo o País, as casas devolutas, enquanto se mantêm famílias sem alojamento condigno;
— por fim: o próprio Estado desviou verbas consideráveis para o apoio à aquisição de casa própria ou para remediar a questões urgentes de infraestruturas distorcidas, em vez de as direccionar para a recuperação urbana e para a habitação social efectivamente requerida.

II. Devemos sublinhar que este diagnóstico, com alguma inflexão de linguagem, é pacífico e manteve-se subjacente ao programa do actual XVII Governo, legitimado pelo sufrágio de Fevereiro de 2005 e autor do actual NRAU.

O quadro é tão flagrante e tem sido tantas vezes repetido que tende a perder o impacto. Mas ele é sério e deveria ser meditado. Na verdade, o bloqueio urbanístico causado pelo vinculismo atinge, directamente, as pessoas (todas) que vivam nas cidades: a maioria da nossa população. Prejudica, por décadas, as gerações futuras.

Apenas o que parece ser um estranho fatalismo ideológico, totalmente fora de época, justifica que, em nome do progresso (!), não se tomem as medidas que todos reconhecem inevitáveis.

II. Os dilemas da reforma

5. *O reconhecimento dos erros do vinculismo*

I. Ao longo das últimas décadas do século XX, particularmente no nosso País, diversas particularidades levaram à manutenção e, mesmo, ao agravamento do vinculismo. Só lentamente se foi interiorizando a necessidade da sua revisão e, mesmo, do seu abandono.

De facto, nos finais do século XX, a situação de fundo degradou-se. Em termos sintéticos: a elevação do nível de vida, a estagnação demográfica, os progressos da construção civil, os apoios do Estado e as facilidades de acesso ao crédito vieram provocar, no mercado de habitação, um *superavit* da oferta. Além disso, proliferam os prédios devolutos ou subaproveitados, que não são encaminhados para o arrendamento, pelo desconforto causado pelo vinculismo.

II. Para os arrendamentos de futuro, não faz qualquer sentido conservar medidas vinculísticas. Numa ambiência de *superavit*, a liberalização do mercado faz baixar as rendas e incentiva a retoma dos arrendamentos.

Evidentemente: poder-se-á sempre contrapor a conveniência em assegurar um mínimo de estabilidade nos inquilinos, por razões sociais. Todavia, essa conveniência nunca poderia dar lugar a novos vinculismos, sob pena de se retrair a oferta, subindo as rendas e perpetuando os devolutos. Por outro lado: o interessado que privilegie a estabilidade dirigir-se-á para o mercado da compra, hoje perfeitamente acessível, graças ao crédito: não para o do arrendamento.

III. Já no tocante aos arrendamentos de pretérito, o problema é muito delicado. O vinculismo e as rendas degradadas funcionam como um complemento de segurança social, assegurando a vida de numerosos idosos, que não podem ser postergados. Como resolver? Em abstracto, temos três hipóteses:

– ou se aplica, de pleno, um novo regime de tipo "europeu";
– ou se cinde o arrendamento: as situações anteriores reger-se-ão pela lei velha; as subsequentes, pela nova;

– ou se admitem os dois regimes – o velho e o novo – estabelecendo pontes mais ou menos largas de passagem dos velhos arrendamentos para os novos.

Vamos ver como se comportaram, perante estas três hipóteses possíveis, a reforma de 1990, a projectada reforma de 2004 e a reforma de 2006.

6. Os modelos de 1990, de 2004 e de 2006

I. Aquando da preparação da reforma de 1990 – que daria lugar ao RAU – quando consultados pelo Governo[18], preconizámos a primeira das saídas indicadas. Ou seja:

– os novos arrendamentos passariam a pautar-se por um regime não vinculístico, de "tipo europeu";
– aos arrendamentos de pretérito manter-se-ia a aplicação da lei velha, de tipo vinculístico e assente nos muitos diplomas então em vigor.

Não houve, todavia, a competente capacidade de decisão política. Pretendeu-se mexer, ainda que pouco, nos arrendamentos de pretérito, sem assumir a responsabilidade pela liberalização de arrendamentos futuros. A reforma quedou-se, por isso, pela codificação do material existente, por tímidos avanços para o futuro – designadamente os arrendamentos a termo efectivo – e por escassas alterações nos arrendamentos pré-existentes, visando solucionar dúvidas. Mesmo assim, a reforma foi acolhida em termos apocalípticos, tendo, todavia, sido aplicada sem quaisquer problemas.

II. Se tivesse sido acolhida a sugestão então feita, disporíamos, hoje, de 17 anos de arrendamentos não-vinculísticos: o panorama existente seria totalmente distinto e isso mau grado a manutenção, sempre em decrescendo, de alguns arrendamentos de pretérito. E o legislador sempre poderia, particularmente em conjunturas favoráveis, ir actuando nos tais arrendamentos de pretérito, de modo a prosseguir uma adequada política de recuperação urbana.

III. Em 2004 foi (finalmente) acolhida a indicação de prever arrendamentos de futuro, não-vinculísticos, mantendo os arrendamentos de pretérito pelas leis

---

[18] Tratava-se do 1.º Governo do Prof. Cavaco Silva.

velhas. Todavia, estabeleceu-se um regime de transição que, com certa largueza e mau grado determinadas compensações, assegurava a progressiva passagem dos arrendamentos de pretérito para o universo dos novos arrendamentos.

A reforma foi, assim, criticada pela instabilidade que, subitamente, poderia lançar em situações de arrendamento já muito antigas. Apesar de pronta e aprovada pela Assembleia da República, a reforma caducou com a queda do Governo Santana Lopes.

IV. Em 2006 foi, aparentemente, mantida essa mesma indicação, ainda que com uma apresentação diversa. Temos uma lei nova, aplicável a todos os arrendamentos, mas cujas regras mais sensíveis não se aplicam aos arrendamentos de pretérito. Estes – logicamente – mantêm-se pela lei velha. E em paralelo, fixam-se regras transitórias que permitem uma certa modernização, relativamente aos arrendamentos de pretérito.

Todavia, pruridos ideológicos pró-vinculísticos e uma forte inabilidade jurídica impediram soluções claras e adaptadas à realidade. Tal o drama da actual aplicação.

7. O sistema geral do NRAU

I. A fracassada reforma de 2004 assentava:

– numa lei de autorização legislativa (Decreto n.º 108/IX);
– em oito anteprojectos de diplomas:

1) Regime dos novos arrendamentos urbanos, a introduzir no Código Civil;
2) Regime de transição;
3) Alteração do RAU de 1990;
4) Regime do subsídio especial de renda;
5) Regime de atribuição de habitação social com renda apoiada, bem como o regime especial de arrendamento urbano aplicável;
6) Regime da certificação das condições mínimas de habitabilidade;
7) Regime do REABILITA;
8) Regime da base de dados da habitação.

II. A reforma de 2006 veio antes adoptar um diploma nuclear, aprovado directamente pela Assembleia da República, diploma esse que abrange o novo regime incluído no Código Civil, as alterações ao Código de Processo Civil e a outros diplomas e as regras transitórias. E esse mesmo diploma, também arvorado em lei de autorização legislativa, autoriza o Governo a aprovar os seguintes diplomas (artigos 63.°/1 e 64.°/1):

a) Regime jurídico das obras coercivas;
b) Definição do conceito fiscal de prédio devoluto;
c) Regime de determinação do rendimento anual bruto corrigido;
d) Regime de determinação e verificação do coeficiente de conservação;
e) Regime de atribuição do subsídio de renda.

Além disso, o Governo ficou adstrito a apresentar, na Assembleia da República e em 180 dias, mais quatro iniciativas legislativas (64.°/2):

a) Regime do património urbano do Estado e dos arrendamentos por entidades públicas, bem como do regime das rendas aplicável;
b) Regime de intervenção das sociedades gestoras de fundos de investimento imobiliário e dos fundos de investimento imobiliário em programas de renovação e requalificação urbana;
c) Criação do Observatório da Habitação e da Base de Dados da Habitação;
d) Regime jurídico da utilização de espaços em centros comerciais.

III. Quanto ao NRAU, deparamos com 65 artigos assim ordenados:

Título I – Novo regime do arrendamento urbano
    Capítulo I   – Alterações legislativas (1.° a 8.°);
    Capítulo II – Disposições gerais:
        Secção I   – Comunicações (9.° a 12.°);
        Secção II   – Associações (13.°);
        Secção III – Despejo (14.° e 15.°);
        Secção IV – Justo impedimento (16.°);
        Secção V   – Consignação em depósito (17.° a 23.°);
        Secção VI – Determinação da renda (24.° e 25.°).
Título II – Normas transitórias
    Capítulo I   – Contratos habitacionais celebrados na vigência do RAU e contratos não habitacionais celebrados depois do Decreto-Lei n.° 257/95, de 30 de Setembro (26.°);
    Capítulo II – Contratos habitacionais celebrados antes da vigência do RAU e contratos não habitacionais celebrados depois do Decreto-Lei n.° 257/95, de 30 de Setembro:
        Secção I   – Disposições gerais (27.° a 29.°);
        Secção II   – Actualização das rendas:
            Subsecção I   – Arrendamento para habitação (30.° a 49.°);
            Subsecção II – Arrendamento para fim não habitacional (50.° a 56.°);

Secção III – Transmissão (57.º e 58.º).
Título III – *Normas finais* (59.º a 65.º).

IV. A sistematização dos diplomas não é indiferente. Sabemos, hoje, que ela tem relevância substantiva, interferindo nas soluções que os diplomas em causa propiciem[19].

Tratando-se de uma reforma do arrendamento – portanto: visceralmente civil – seria de esperar uma sistematização dogmática, facilmente captável pelo intérprete aplicador. De facto, a contemplação do índice da reforma não permite intuir o seu alcance. Basta ver que o essencial do diploma – o novo regime, a inserir no Código Civil, com um total de 49 artigos – passa despercebido, aprovado por um discreto artigo 3.º. Teria sido preferível, no plano da clareza legislativa, manter a reforma em diplomas distintos, tanto mais que continuou prevista a publicação de legislação complementar, num total de nove diplomas.

Verifica-se, ainda, que as "disposições gerais" englobam matéria processual ... separada do Código de Processo Civil, alterado pelo artigo 5.º. Uma vez que se revoga o RAU, porque não codificar, com cuidado, toda a matéria processual, reconduzindo-a à sede própria?

Ainda a mesma revogação do RAU, a ser consequente, deveria dispensar o ênfase das "normas transitórias": aparentemente, o grosso da reforma. O paradoxo resolve-se, verificando-se que, afinal, o RAU mantém-se para os contratos de pretérito, ainda que apenas em parte. Mas sendo assim, a sonora revogação do RAU parece ter finalidades extranormativas. No coração do Direito civil, há que proceder a um cuidado expurgo de quaisquer sequelas eleitorais.

8. *O papel nuclear do novo regime do Código Civil*

I. O arrendamento urbano tem merecido a atenção de civilistas e de reformadores. Mesmo limitando a consideração às reformas tentadas no âmbito da Constituição da República de 1976, temos um material muito rico, que permite algumas reflexões.

Os arrendamentos antigos, sujeitos ao vinculismo, constituem um acervo para o qual não há solução à vista. Não é realista pensar que os senhorios, caus-

---

[19] Vide o nosso *Problemas de sistematização* em *A feitura das leis*, II volume (1986), org. DIOGO FREITAS DO AMARAL/JORGE MIRANDA, 133-149.

ticados com rendas simbólicas e em permanente situação de desconfiança perante o Estado – desconfiança essa que alguns preceitos da reforma de 2006, menos conseguidos e totalmente dispensáveis, dentro da própria lógica do Programa do XVII Governo, só vêm incentivar – venham a fazer as profundas obras requeridas, obras essas que exigiriam, aliás e na prática, a deslocação dos inquilinos. Tão-pouco será realista imaginar que os próprios inquilinos as venham fazer: mesmo quando, para tanto, se lhes dê título jurídico. Fica a alternativa do Estado. Nesta época de clamor pelo *deficit* e de contenção de despesas, não é visualizável um empenho público consistente, nesse domínio.

A solução corajosa de 2004 não teve seguimento, pela crise política então surgida e que nada teve a ver com o arrendamento. Ela não fraquejou por qualquer "rejeição", muito menos "generalizada", como coloridamente afirma a justificação de motivos, exibida com a proposta do que seria a Lei n.º 6/2006, numa campanha eleitoral fora de época.

II. Deixemos, pois, correr a História. Certo, apenas, o seguinte: quer se queira, quer não, não há alternativa ao mercado. Prescindindo deste, os arrendamentos antigos irão manter-se, com ou sem elevação de rendas, acentuando a problemática urbanística e ambiental por todos reconhecida e isso ainda que com ganhos imediatos para a tranquilidade das famílias já instaladas.

III. A nível geral mantém-se o *superavit* de oferta de habitações. Nesta margem, o reformador tinha as mãos livres. E assim sendo, cabia-lhe fixar um regime que trouxesse, para o arrendamento, toda essa massa de locais disponíveis. Com efeito:

– um sistema de mercado com excesso de oferta faz baixar as rendas;
– esse mesmo sistema torna as pessoas independentes de uma concreta habitação: como acontece em qualquer País civilizado, o inquilino descontente muda logo de habitação;
– os senhorios procuram – eles sim! – estabilizar os bons inquilinos;
– para as franjas socialmente débeis haverá programas de habitação social.

Em suma: o alcance da reforma vai medir-se pela capacidade que o legislador teve de fixar, para o futuro, um regime flexível, adaptado e, sobretudo, não vinculista.

Na sequência, iremos ponderar em que medida o novo regime, no tocante a contratos futuros, foi capaz de estabelecer um cenário que atraia para o arrendamento os prédios devolutos.

III. A manutenção do vinculismo

9. *Generalidades; a não-renovação, a denúncia e a resolução*

I. Qualquer observador que, com puras preocupações jurídico-científicas, se debruce sobre um determinado regime nacional de arrendamento, procurará, de imediato, responder à questão básica: estamos perante um sistema vinculista ou não-vinculista? Repare-se que todos os bloqueios existentes radicam nesse ponto.

II. O vinculismo consubstancia-se na presença de seis pontos, acima anunciados e que recordamos em síntese:

1.º O contrato não cessa por livre opção do senhorio;
2.º A resolução por iniciativa do senhorio está limitada;
3.º Há degradação das rendas;
4.º Verifica-se uma judicialização e uma burocratização que aumentam os custos marginais dos despejos, dissuadindo-os;
5.º Os contratos circulam à margem dos senhorios;
6.º A circulação da propriedade é dificultada por figuras como a preferência dos inquilinos ou o direito a novo arrendamento.

Vamos ver como se equaciona, perante estes pontos, o novo regime do NRAU.

III. A renovação automática dos contratos – portanto: sem que o senhorio pudesse opor-se à sua renovação – foi o grande paradoxo inicial do vinculismo. Ele transformou um contrato temporário numa situação perpétua, abrindo as portas a distorções ulteriores. Entre nós, essa renovação foi adoptada pela Lei n.º 828, de 28-Set.-1917, a título provisório, tendo, depois, vigorado generalizadamente até 1990.

A primeira medida tendente a pôr cobro às renovações automáticas surgiu com o RAU, de 1990: mais particularmente com os seus artigos 98.º e seguintes, que permitiram, no tocante aos arrendamentos para habitação, a fixação de prazos efectivos, ainda que com restrições. Esse sistema foi alargado aos arrendamentos comerciais pelo Decreto-Lei n.º 257/95, de 30 de Setembro, figurando nos artigos 117.º e 118.º do RAU.

O projecto de 2004 tentou pôr fim à pantomina dos contratos de duração limitada, indefinidamente renovados: introduziu a distinção entre arrendamentos com prazo certo ou por duração indeterminada (1099.°). Nos primeiros, era possível a oposição à renovação (1102.°) e, nos segundos, a denúncia (1104.°), ambas por iniciativa do senhorio. Estava quebrada a perpetuidade.

O NRAU de 2006 acolhe essa mesma orientação, dando-lhe, até, mais ênfase sistemático (1094.° e seguintes). Prevê, todavia, um prazo mínimo longo (cinco anos), nas hipóteses de duração limitada. Quanto aos contratos de duração ilimitada, a denúncia, pelo senhorio, é possível (1101.°): todavia, em condições tão gravosas que, para o futuro, todos os contratos serão celebrados com termo certo. Não nos parece a melhor solução. De todo o modo e economicamente: a perpetuidade só parcialmente está quebrada, dada a complicação do artigo 1101.°.

IV. Quanto às restrições à resolução, particularmente pelo senhorio: recordamos que elas se vieram a adensar ao longo da primeira metade do século XX, assumindo forma quase definitiva na Lei n.° 2.030. A versão final do Código Civil foi preservada pelo RAU: artigo 64.°.

A reforma de 2004 pretendeu normalizar o tema, introduzindo a "justa causa de resolução" (1086.°). O NRAU de 2006 (artigo 1083.°), por razões inexcogitáveis, suprimiu a referência à "justa causa", mantendo um elenco de fundamentos de resolução, embora alargados. Além disso, ela veio, nos artigos 1084.° e 1085.°, dificultar a resolução pelo senhorio, conservando uma desigualdade básica de regimes. Mantêm-se as teias vinculísticas.

10. *A actualização das rendas*

I. O problema das rendas nasceu do seu congelamento, decretado várias vezes, na primeira metade do século XX e mantido, em Lisboa e no Porto, pelo Decreto-Lei n.° 47 344, de 25 de Novembro de 1966 (10.°), que aprovou o Código Civil. Esse congelamento foi alargado a todo o País pelo Decreto-Lei n.° 217/74, de 27 de Maio, provisoriamente, e pelo Decreto-Lei n.° 445/74, de 12 de Setembro, a título definitivo, conduzindo, com o passar dos anos e mercê de épocas de inflação, a um intrincado problema.

II. Ao longo dos anos oitenta do século XX sucederam-se as medidas destinadas a pôr cobro à desactualização das rendas. O Decreto-Lei n.° 148/81, de 4 de Junho introduziu, para o futuro, rendas livres ilimitadas e não actualizáveis e rendas condicionadas, baixas mas actualizáveis. A actualização das rendas comerciais foi permitida pelo Decreto-Lei n.° 330/81, de 4 de Dezembro, com restrições. Apenas a Lei n.º 46/85, de 20 de Setembro (*vulgo*: a lei das rendas) introduziu o princípio da actualização de todas as rendas, para o futuro e da correcção das rendas antigas.

III. A partir dessa altura, a ideia de actualização tornou-se pacífica, passando ao RAU, ao projecto de 2004 e, agora, ao NRAU (1077.º). Este último manteve a orientação de remeter o tema da actualização para a autonomia privada, prevendo simplesmente um esquema supletivo. Trata-se de um ponto que parece resolvido, para o futuro, sobretudo se se mantiver a actual estabilidade do valor da moeda.

11. *A judicialização e a burocratização*

I. Como qualquer prático do Direito poderá confirmar, ao longo de toda a evolução do arrendamento, um dos pontos que mais coarcta a iniciativa dos agentes económicos é a judicialização e a burocratização dos procedimentos. Há que aguardar, por vezes, anos a fio e no meio de incerteza, antes de ter uma indicação sobre o rumo a seguir. Ninguém investe com seriedade, perante tal perspectiva.

O sistema do Código Civil já estava fortemente inquinado, com exigência de acções judiciais para a oposição à renovação, para a resolução e para a denúncia. Mais tarde, foram previstas comissões diversas, licenças e as mais variadas complicações burocráticas.

II. O RAU pretendeu inverter esse processo: por exemplo, prevendo para a oposição à renovação de contrato de duração limitada, a "mera" notificação judicial avulsa (100.º) e fixando para essa declaração em conjunto com o contrato, um título executivo, para efeitos de despejo (101.º).

O projecto de 2004 tentou ir mais longe. A resolução poderia ser feita extrajudicialmente (1047.º) e as diversas formas de cessação do arrendamento poderiam ser actuadas por simples carta registada (1082.º).

O NRAU de 2006 parece ter recebido a ideia de a resolução poder ser judicial ou extrajudicial (1047.º). De facto, a resolução pelo senhorio faz-se por comunicação, no caso do não-pagamento de renda (1084.º/1). Mas é judicial, nos restantes casos (1084.º/2). Também a denúncia pelo senhorio, implica, em duas das suas hipóteses, o recurso à via judicial (1103.º/1). Mantém-se, pois, uma judicialização pesada. E no caso do não-pagamento de rendas, a simplificação é aparente, uma vez que a comunicação fica sem efeito se o inquilino puser termo à mora no prazo de três meses, seguindo-se, quando isso não suceda, um processo executivo complicado e, ainda, um possível diferimento da desocupação. Tudo pode redundar numa farsa, sempre com um desequilíbrio entre as partes. Caberá ao senhorio rodear-se de garantias o que só entrava a criação e a circulação de riqueza.

III. Não podemos ainda deixar de sublinhar a densa burocratização prevista no regime transitório e a manutenção de regras diversas de protelamento, nas leis do processo. O despejo por não-pagamento de rendas – ponto emblemático de todo o sistema – apresenta diferimentos surrealistas.

Um vinculismo encapotado em teias burocráticas ou judiciais é duplamente inconveniente: prejudica o mercado do arrendamento e não permite alcançar as vantagens sócio-políticas do vinculismo assumido.

12. *A circulação dos contratos e a oneração da propriedade*

I. O contrato de arrendamento é celebrado *intuitu personae*: celebrado em função da especial confiança que o inquilino ofereça ao senhorio. A possibilidade de a posição de arrendatário circular no mercado, à margem do senhorio, é um desvio vinculista fora, já, da motivação social das origens.

O artigo 85.º do RAU consignava a regra da transmissão do locador por morte do primitivo arrendatário, para as pessoas nele referidas. Isso permitia, na prática, a manutenção dos arrendamentos durante, pelo menos, duas gerações.

A reforma de 2004 pretendia manter essa regra (1109.º): mas agora com um significado diferente, uma vez que o senhorio, com transmissão ou sem ela, sempre poderia fazer cessar o contrato. O NRAU voltou à antiga: prevê (1106.º) um sistema sucessório *ad hoc* próprio do vinculismo.

II. A comunicabilidade do arrendamento, vedada pelo artigo 83.º do RAU, levantou muitas dúvidas, aquando da reforma de 2004[20]. Propendemos, na época, para a comunicabilidade, aceitando rever essa posição caso surgissem argumentos bastantes, no período do debate público. Parece evidente que a comunicabilidade só é de considerar no arrendamento habitacional: nunca no comercial!

---

[20] Cf. RITA LOBO XAVIER, *O regime dos novos arrendamentos urbanos e a perspectiva do Direito da família*, O Direito 136 (2004), 315-334.

Por lapso – não vemos outra explicação – a comunicabilidade surge, no NRAU de 2006, em todo o arrendamento urbano (1068.°), ficando mesmo separada dos temas do Direito de família (1105.°). Veremos como tentar, pela interpretação, ultrapassar este *non sense*.

III. Quanto à oneração da propriedade: foi preocupação da reforma de 2004, acolhendo indicações que remontam ao Prof. Vaz Serra, em meados do século XX, pôr cobro às preferências do arrendamento (1096.°). Elas representam gravames que entravam a circulação da riqueza, prestando-se, ainda, a uma elevada litigiosidade e a desvios de todo o tipo.

O NRAU de 2006 regrediu: no artigo 1091.°, ele manteve a preferência do arrendatário: na compra e venda ou dação em cumprimento do local arrendado há mais de três anos e na celebração, em certos casos, de novo arrendamento.

Pensamos que há um lapso de perspectiva: o interessado em ser proprietário *compra*: não arrenda; paralelamente, quem dê de arrendamento quer manter-se proprietário, com a óbvia prerrogativa de vender a quem quiser. A preferência desvaloriza o domínio e mantém vínculos fora de época. Mais uma relíquia histórica conservada por pruridos ideológicos.

IV. O artigo 1112.° do NRAU manteve a transmissibilidade da posição de arrendatário no caso de trespasse de estabelecimento, agora em miscegenação com os arrendamentos para o exercício de profissão liberal.

Foi, todavia, conservado o direito de preferência do senhorio nos trespasses (1112.°/4): medida que não teria qualquer justificação, se tivesse cessado o vinculismo. Como não cessou: conserva o sabor de medida moralizadora, reintroduzida em 1990.

13. *A manutenção do vinculismo*

I. Os elementos recolhidos mostram que o NRAU admite contratos de duração limitada e permite, ainda que em termos desincentivadores, a celebração de contratos de duração ilimitada, sujeitos à denúncia. Ele introduz um certo aligeiramento, aparente, no que toca à resolução, facultando largamente a actualização das rendas. Apenas este último elemento é não-vinculista.

II. Todavia, o prazo mínimo de cinco anos para os contratos a prazo é demasiado longo. Nos arrendamentos de futuro, parece lógico e curial que alguém queira dispor da sua casa por dois ou três anos; obrigá-lo aos cinco anos poderá ser contraproducente, quanto ao mercado de arrendamento. Há, aqui, um elemento de vinculismo que se mantém.

Temos, de seguida, a canga formada pela judicialização e pela burocratização dos diversos actos, pelas preferências e pela excessiva dimensão dada à circulação dos contratos: tudo isto joga, sem vantagens, contra um verdadeiro mercado do arrendamento.

III. Perante o NRAU – e tendo conhecimento de como funciona – fazemos um juízo de vinculismo. O arrendamento não é entregue às leis do mercado as quais – como é bom repetir –, na presente conjuntura de *superavit*, jogam a favor dos inquilinos e no sentido da baixa das rendas. Consequências: menos locais para arrendar e rendas mais altas. Temos de interiorizar uma realidade irrecusável: *todas as restrições que se introduzam no arrendamento, daqui para o futuro, são, em termos económicos, custos a repercutir nas rendas e **ergo**: a suportar pelos inquilinos*.

Por muito que nos custe a todos, as preconizadas medidas limitadoras são novos custos a jogar contra o arrendamento e contra os arrendatários, nominalmente protegidos.

Qualificamos a reforma de 2006 como revestida de um vinculismo recorrente: ao nível do RAU. No respeito pelo programa do XVII Governo: podia-se ter ido mais longe, se tivesse havido um estudo mais cuidadoso da matéria.

IV. Aspectos práticos

14. *Jurisprudência*

I. Ano e meio volvido sobre a entrada em vigor do NRAU, seria de esperar já alguma jurisprudência superior sobre as inúmeras questões que ele não deixará de ocasionar. Na verdade, localizámos cerca de duas dezenas de acórdãos que referem o NRAU, embora não abordem nenhuma das suas grandes áreas problemáticas.

No fundamental, os acórdãos em causa têm a ver:

– com a aplicação da lei no tempo, concluindo-se, com base no artigo 12.°/1 do Código Civil, que tem aplicação o RAU[21];

---

[21] Assim: RLx 18-Jan.-2007 (VAZ GOMES), Proc. 8710/2006-2/ITIJ, STJ 22-Fev.-2007 (SALVADOR DA COSTA), Proc. 07B1532/ITIJ, RCb 27-Fev.-2007 (FERREIRA DE BARROS), Proc. 382/05-8

– com referências ao regime da união de facto[22];
– com referências ao processo executivo para a entrega de coisa certa[23];
– com a supressão do arrendamento social pelo NRAU[24];
– com diversas citações já relacionadas com o NRAU[25];
– com uma referência ao ónus da prova no despejo[26].

Em STJ 31-Out.-2006, diz-se o seguinte[27]:

Se é certo que a regra do vinculismo acabou de levar uma grande machadada com o NRAU, não é menos certo que este diploma não é para aqui chamado, atenta a temporalidade dos factos em apreciação (...)

Ora em boa verdade e salvo o devido respeito, o vinculismo, na sua globalidade e contra todas as expectativas, manteve-se.

III. Finalmente, temos três acórdãos interessantes, já sobre questões de fundo suscitadas pelo NRAU e que passamos a referenciar:

– *RLx 29-Mar.-2007*: resulta dos artigos 26.º, 27.º e 28.º do NRAU que aos "arrendamentos não-habitacionais" anteriores ao Decreto-Lei n.º 257/95, de 30 de Setembro, não se aplica a regra da denúncia livre por parte do senhorio a não ser que ocorra trespasse ou locação de estabelecimento após a entrada em vigor da referida lei ou, sendo o arrendatá-

---

TBVGS.C1/ITIJ, STJ 28-Jun.-2007 (SALVADOR DA COSTA), Proc. 07B1532/ITIJ e STJ 5-Jul.-2007 (SALVADOR DA COSTA), Proc. 07B193/ITIJ. Em RCb 18-Set.-2007 (ISAÍAS PÁDUA), Proc. 324/2001.C1/ITIJ, a propósito de um despejo por encerramento do local diz-se, simplesmente, que o RAU foi, entretanto, revogado pelo NRAU. Em RGm 1-Fev.-2007 (ANTÓNIO GONÇALVES), Proc. 59/07-1/ITIJ, dissera-se o mesmo, a propósito de um despejo incidental.

[22] RLx 26-Out.-2006 (ANA PAULA BOULAROT), Proc. 7509/2006-2/ITIJ e RLx 9-Out.-2007 (RIJO FERREIRA), Proc. 5138/2007-1/ITIJ.

[23] RLx 21-Set.-2006 (OLINDO GERALDES), Proc. 3904/2006-6/ITIJ, que considera intempestivos os embargos de terceiro preventivos, apresentados antes da acção executiva e RLx 17-Mai.-2007 (JORGE LEAL), Proc. 1657/2007-2/ITIJ, onde se sublinha que o NRAU aboliu o antigo despejo incidental por não-pagamento de rendas na pendência da acção de despejo, substituindo-o por uma série de actos tendentes à formação de um título executivo.

[24] RPt 26-Mar.-2007 (JOAQUIM MARQUES PEREIRA), Proc. 0656155/ITIJ, na nota 4.

[25] RPt 31-Jan.-2007 (MARQUES PEREIRA), Proc. 0654493/ITIJ, citando MENEZES LEITÃO e RCb 5-Jun.-2007 (TELES PEREIRA), Proc. 324/2001.C1/ITIJ, citando JANUÁRIO GOMES.

[26] RPt 4-Mai.-2006 (DEOLINDA VARÃO), Proc. 0630766/ITIJ.

[27] STJ 31-Out.-2006 (URBANO DIAS), Proc. 06A3241/ITIJ.

rio uma sociedade, ocorra transmissão *inter vivos* de posição ou posições sociais que determine a alteração da titularidade em mais de 50% face à situação existente aquando da entrada em vigor da lei[28];
– *STJ 18-Abr.-2007*: o artigo 60.° do NRAU revogou o RAU ... mas não o Decreto-Lei n.° 321-B/90, de 15 de Outubro; mantém-se, assim, o crime de especulação previsto no artigo 14.° deste diploma[29];
– *REv 21-Jun.-2007*: perante o NRAU, o não-pagamento de rendas dá azo à comunicação de resolução a qual, com o contrato, constitui título executivo; a 1ª Instância indeferira liminarmente a execução[30].

15. *Actualização de rendas e de obras*

I. Para além dos aspectos ainda soltos que resultam da jurisprudência já publicada, como se tem processado a aplicação do NRAU? Não há uma visão de conjunto sobre o tema. De todo o modo, alguns aspectos podem ser adiantados.
Comecemos pelas actualizações das rendas de pretérito.

II. De acordo com elementos vindos a público, o universo-alvo é constituído por 400.000 contratos com rendas antigas, que bloqueiam a recuperação urbanística das nossas cidades. A Secretaria de Estado da Habitação propor-se-ia, até aos finais de 2008, ter, actualizados, 20.000 contratos (5%). Pois bem e mesmo assim:

– em 14-Mar.-2007, haviam sido actualizados 3[31];
– em 28-Jun.-2007, a cifra subiu para 71[32];
– em 5-Nov.-2007, a cifra não chega aos 200[33].

O bloqueio estaria nos municípios, pois deles depende a avaliação do estado de conservação do prédio (32.° do NRAU): mais precisamente das CAM

---

[28] RLx 29-Mar.-2007 (JORGE LEAL), Proc. 247/07-02/ITIJ.
[29] STJ 18-Abr.-2007 (MAIA COSTA), Proc. 07P793/ITIJ.
[30] REv 21-Jun.-2007 (FERNANDO BENTO), Proc. 1316/07-3/ITIJ.
[31] Net, 14-Mar.-2007.
[32] MANUEL ESTEVES, *Apenas 71 rendas foram actualizadas*, em Diário de Notícias/Economia, 28-Jun.-2007, Net.
[33] *Público* de 5-Nov.-2007, ed. *on line*. O *Jornal Regional.com* da mesma data, fala em pouco mais de cem.

(comissões arbitrais municipais), formadas no seu âmbito e reguladas pelo Decreto-Lei n.º 161/2006, de 8 de Agosto. Mas não: o bloqueio está, sim, na Lei.

III. No tocante a obras rege, hoje, o Decreto-Lei n.º 157/2006, de 8 de Agosto. Em contacto com diversos escritórios representativos, podemos afirmar que o diploma em causa não tem tido aplicação. E não a terá, em pontos essenciais. Basta ver o seguinte: na cúpula, esse diploma prevê a "aquisição do locado pelo arrendatário" (35.º e seguintes)[34]. Tal "aquisição" efectivar-se-á quando, sendo o nível de conservação mau ou péssimo, o senhorio tenha sido intimado para as obras e não as inicie no prazo de seis meses – 35.º/1, *a*), do referido Decreto-Lei n.º 157/2006. Simplesmente, nessa eventualidade, as obras serão, seguramente, inamortizáveis, com razoabilidade, pelas rendas. Logo, funciona o bloqueio acima apontado: os tribunais continuarão a julgar pela presença do abuso do direito. O diploma foi feito sem o conhecimento da jurisprudência e sem uma sensibilidade jurídica elementar.

16. *Não-pagamento de rendas*

I. No tocante às acções de despejo por não-pagamento de rendas, a desorientação é geral[35]. Com efeito:

– o artigo 1083.º/3 exige uma mora de três meses;
– posto isto, o senhorio pode resolver o contrato por declaração à outra parte (1084.º/1), a efectivar por notificação avulsa ou contacto pessoal de advogado, solicitador ou solicitador de execução, com as formalidades previstas no artigo 9.º/7 do NRAU;
– o arrendatário disporá, então, de mais três meses, durante os quais poderá fazer cessar a mora (1084.º/3);
– não sendo o locado restituído, segue-se a execução para entrega de quantia certa, sendo o título executivo constituído pelo contrato de arrendamento acompanhado pelo comprovativo da comunicação – 15.º/1, *e*), do NRAU;

---

[34] Tal medida, para além de agressivamente contrária à ideia de Direito, é inconstitucional, por violação das regras da igualdade (13.º/1) e da propriedade privada (62.º/1). Surpreende-nos que juristas de mérito venham sustentar o contrário.
[35] Veja-se a confusão que existiu na 1ª Instância e a que a REv 21-Jun.-2007, acima citada, pretendeu pôr cobro. Perante as dúvidas existentes, ilustres advogados preferem recorrer à clássica acção de despejo. As competentes acções têm sido aceites pelos tribunais ... em 50% dos casos.

– perante a execução, pode conseguir-se a sua (fácil) suspensão por oposição ou por pedido de diferimento (930.º-B, do Código de Processo Civil).

II. A ideia dos títulos executivos expeditos visava abreviar os despejos: quando operem por falta de pagamento de renda, a situação é dramática, pois o inquilino, normalmente sem escrúpulos, vai continuar por meses e meses no locado, com tudo que isso implica no plano das deteriorações, enquanto o senhorio se poderá ver privado de meios de sobrevivência. Todavia, as cautelas de que se rodeou o legislador de 2006 são de tal ordem que mais valia a velha acção de despejo. O sistema, já de si complexo em exagero, pode ser paralisado por chicanas diversas: desde a "cessação" *in limine* da mora (o que pode ser repetido indefinidamente) até à fuga à notificação.

III. Tem-se já tentado a acção declarativa ... condicionada ao não expurgo de mora. Esta matéria, tão nova, exige desde já uma corajosa reforma. De reter a ideia de que só ao fim de seis meses de não-pagamento de rendas, porventura assumido e impenitente, é que, tudo correndo (muito) bem, o senhorio poderá agir judicialmente.

A injustiça é grande e grave. Mas, sobretudo: a total ineficiência económica de semelhantes dispositivos é assombrosa. Os custos psicológicos e directos são incomensuráveis, sendo suportados, no limite, pelos inquilinos.

IV. Também é gravemente ineficiente o processo encontrado pelo artigo 14.º/4 e 5, do NRAU, para reagir, perante o não-pagamento de rendas, durante uma acção de despejo. Em vez do velho despejo imediato – pois na pendência de despejo o senhorio nada mais pode fazer, ficando totalmente nas mãos do inquilino e do Tribunal – prevê-se, agora:

– mais uma espera de três meses;
– uma notificação para pagar em dez dias;
– um pedido de certidão, caso não haja pagamento;
– a formação de um título executivo ... para o competente processo para entrega de coisa certa;
– processo esse que pode, depois, ser detido por oposição ou por pedido de diferimento.

Será interessante contabilizar os muitos meses que tudo isto exigirá, até à restituição da coisa.

17. *Os arrendamentos comerciais*

I. Segundo o artigo 1067.º/1, o arrendamento urbano pode ter um fim habitacional ou não-habitacional. Com isso, o NRAU pretendeu pôr cobro à antiga tetrapartição em arrendamentos habitacionais, comerciais, para o exercício de profissões liberais e para outros fins lícitos. Esta medida assenta numa ideia distorcida quanto à tetrapartição clássica e partiu do princípio (errado) de que iria pôr cobro à divergência de regimes, a ela subjacente.

II. Desde logo não estávamos perante nenhuma classificação de arrendamentos. Os arrendamentos comerciais autonomizaram-se, ao longo do século XX, mercê da necessidade, sentida pelos mais diversos legisladores, de defender a empresa. Eles surgiam, deste modo, como um tipo institucional, dotado de um regime diferenciado, materialmente comercial. Também os arrendamentos para habitação foram ganhando autonomia, não mercê de qualquer classificação, mas antes por força própria: subjacente tinham a ideia-base de família. Os arrendamentos para o exercício de profissão liberal, próximos dos comerciais, tinham, também, a sua Filosofia. E igualmente: quedava a figura residual dos "outros fins lícitos".

Em suma: as leis do arrendamento formaram-se não em obediência a geometrias conceptuais, mas antes em torno de ilhas problemáticas. Trata-se de um ponto importante, para surpreender o seu regime.

III. O Direito comparado mostra-nos que os diversos ordenamentos estabelecem uma especial categoria de arrendamentos: os arrendamentos produtivos (*Pacht* ou *affitto*, nos Direitos alemão e italiano, como exemplo). É da natureza das coisas.

Por tudo isso, a hipótese de suprimir a tetrapartição, a favor da simples oposição entre arrendamentos "para habitação" e "outros", já ponderada em 1989 e 2004, foi rejeitada. Não era realista e tinha graves inconvenientes legislativos.

IV. O NRAU não atendeu a nada disso: provavelmente, o problema nem era conhecido, pelos seus autores. E assim, suprimiu, *in nomine*, os arrendamentos comerciais. A coerência teria exigido a supressão, também, do seu regime. Mas não se foi tão longe: os artigos 1102.º e 1112.º mantêm em vida os arrendamentos comerciais, mas sem lhes dar o nome. E o próprio NRAU, em preceitos como o artigo 26.º/6, assim o faz também. Temos, pois, contratos típicos ... mas inominados. Cabe à doutrina corrigir esta surpreendente falha legislativa.

18. *A comunicabilidade*

I. O artigo 83.º do RAU, retomando o artigo 1110.º original do Código Civil, fixava a regra da incomunicabilidade, ao cônjuge, da posição de locatário, "seja qual for o regime matrimonial". Este preceito servia de base, depois, à transmissão por divórcio (84.º) e por morte (85.º), bem como a diversas excepções (86.º). Além disso, ele evitava dúvidas: na pureza dos princípios, a locação é um contrato *intuitu personae*. Como tal, ele nunca se comunicaria ao cônjuge do arrendatário.

II. Aquando da reforma falhada de 2004, tentou-se a saída inversa. Como terminava o vinculismo, nenhuma dificuldade haveria em, para defesa da família, estabelecer, nos arrendamentos *para habitação*, uma regra de comunicabilidade (1108.º). A solução suscitou dúvidas[36], pelo que a deixámos em aberto.

III. O NRAU manteve o vinculismo. Não obstante, optou pela comunicabilidade e com uma agravante: inseriu-a no artigo 1068.º, de tal modo que passa a operar em *todos* os arrendamentos. Os resultados são abstrusos: basta pensar no arrendamento de um escritório de advogado, de um consultório médico ou de uma farmácia: comunicam-se a cônjuges não-advogados, não-médicos e não-farmacêuticos?! O absurdo legal soluciona-se com uma interpretação integrada.

IV. Com efeito, o artigo 1068.º remete para "... o regime de bens vigentes". Sobre este dispõe o Código Civil. Nesse campo, mesmo tratando-se de comunhão geral, verifica-se que não entram na comunhão os direitos estritamente pessoais – artigo 1733.º/1, *c*). Entre estes inclui-se o direito do arrendatário que, assim e dada a remissão feita, nunca se poderá comunicar. O artigo 1068.º acaba, assim, por dizer precisamente o contrário do que o que dele parece resultar.

Evidentemente: este pequeno exercício não pode evitar que, na prática, a "comunicabilidade", impensadamente generalizada, venha causar problemas, onde antes não existiam. Novos custos de ineficiência!

---

[36] *Vide* RITA LOBO XAVIER, *O regime dos novos arrendamentos urbanos* cit., *passim*.

19. *As preferências; redução teleológica*

I. Como vimos, as preferências do arrendamento, que se foram acastelando com a intensificação vinculística, são perniciosas e deveriam ter sido suprimidas: uma solução reclamada, há meio século, pelo Prof. Vaz Serra. O NRAU entendeu (e mal) mantê-las: artigo 1091.º.

II. Fê-lo, porém, sem aprumo sistemático. Daí resultou que as preferências, antes confinadas aos arrendamentos para habitação e aos comerciais, pareçam, agora, generalizadas. A pessoa que arrende uma chaminé para nela apor um painel publicitário torna-se ... preferente, tal como preferente se torna o garagista que arrende um depósito. Basta que decorram três anos. Ora a preferência abrange todo o prédio.

III. Surge, assim, um enorme entrave para a circulação da riqueza. Além disso, o legislador veio aumentar a litigiosidade entre as pessoas quando, dele, se esperaria precisamente o contrário. Mas pela interpretação, os problemas daí decorrentes podem ser minorados. Com efeito, quer histórica quer actualisticamente, a preferência, no arrendamento para habitação, visa a tutela da família, enquanto, no arrendamento comercial, procura a protecção da empresa. Fora desse âmbito, ela não se justifica (ou ainda se justifica menos). Atentos os objectivos da lei, por redução teleológica, vamos limitar as já de si excessivas preferências do arrendatário aos arrendamentos para habitação e aos comerciais.
Mas de novo vão ocorrer dúvidas, na prática: ineficiência dispensável.

Corrupção

PROF. DOUTOR ALFREDO HÉCTOR WILENSKY* **

> Ao Prof. *Doutor José Dias Marques.*
> Ao ilustríssimo académico, com elevada estima e carinho, permitindo-me mencionar a honrosa oportunidade que me concedeu em com ele poder trabalhar.

SUMÁRIO: *I. Introdução e elementos históricos. II. A corrupção como fenómeno da história: Da Polis a Roma; A época medieval; A corrupção no papado; O Estado moderno; A etapa contemporânea. III. Conceito de corrupção. IV. Conceito de poder estatal: Conceito e fim do Estado; A composição do bem público; Factores de influência do Estado; A ética dos Governos. V. A doutrina sobre política e ética: Grécia, Roma e Idade Média. Resenha: Etapa contemporânea; Responsabilidades éticas na sociedade actual. VI. A política e a corrupção, a partir da observação actual: O novo corporativismo; Perspectivas políticas. VII. Factores e causas da corrupção: O facilismo; A insegurança jurídica; A responsabilidade político-económica; Partidocracia; A impunidade.*

I. Introdução e elementos históricos

São Tomás de Aquino, durante o Séc. XII, referindo-se às virtudes da justiça e da equidade, delineou três pressupostos numa relação de similitude em

---

* Master em Comparative Law pela Universidade de Miami, e Doutor em Direito pela Universidade Complutense de Madrid. Professor universitário na Universidade Internacional de Lisboa.
** O presente trabalho constitui a primeira parte – de índole histórico-filosófico – da problemática da corrupção, reservando-se uma parte complementar para o tratamento e análise das questões de cariz jurídico.
Quero agradecer o apoio conceptual prestado pelo meu colega Dr. Luís da Costa Diogo.

que afirmava que era impossível conseguir um resultado equitativo justo. Eram elas a relação entre "Deus e os homens", entre "os bons pais e seus filhos", e finalmente entre um "governante e a sua comunidade". Quer dizer, estes últimos sempre estariam em dívida para com os primeiros pela sua bondade e caridade.

São Tomás considerou que estas três relações não podem ser equiparáveis, pois resultaria impossível devolver a Deus, aos bons pais, e bem assim ao bom governante, os benefícios oferecidos aos homens, como luxos e comodidade.

Tal reflexão, mais do que representar uma utopia ou uma ilusão, traduz a inquietude moral que inalteravelmente se preserva com o tempo, para obter condutas justas. É por ele que pensamos que o estudo da corrupção supera um conceito moderno ou um esquema corporativo de modelos racionais, assumindo-se, actualmente, como uma questão pública de grande sensibilidade temática.

O abordar este tema, significa, desde logo, entrar no núcleo da questão ética das sociedades, ou empreender uma busca das próprias raízes ou dos frutos produzidos pelas comunidades contemporâneas. Significa, inclusivamente, avançar sobre a concepção da natureza humana e sua relação com a ética. E é por isso que a reflexão de São Tomás resulta algo intemporal, uma vez que a temática da corrupção – de forma expressa ou latente – sempre foi o maior impedimento para cumprir com a finalidade suprema dos Estados.

Conscientes de tal importância, decidimos dedicar estas páginas à matéria, com a esperança, que não escondemos, de poder contribuir um pouco para um aprofundamento da temática, bem como ajudar a encarar formas alternativas para se conseguir obter uma sociedade com quadrante mais justo. A adaptação que fizemos dos textos originais que preparámos obedecem, naturalmente, ao espaço que nos determina tal formato de publicação.

II. A corrupção como fenómeno da história

Como referimos, o espírito do presente trabalho é superar a mera descrição da corrupção estatal, de forma a podermos confrontar-nos com o verdadeiro conceito, isto é, procurar as causas e a sua natureza intrínseca. Segundo esta ordem de ideias, entendemos ser necessário dedicar um capítulo às origens da corrupção. Isto é, a sua história. No caminho e nas etapas históricas que iremos percorrer, vão-se-nos revelar sucessos que, eventualmente, iluminem ou expliquem as causas que, desde sempre, motivaram o homem para surgir no âmbito público em detrimento dele mesmo.

Da Polis *a Roma*

Se aceitarmos que a histórica política do Ocidente começa com a Grécia arcaica, encontraremos na instituição da *polis* o primeiro antecessor do nosso Estado moderno. Se bem que tenha sido durante o *arcontado* de Drácon (635 a.C.) que, pela primeira vez, se formularam leis administrativas para a *polis,* o fundamento do poder político, que residia nas famílias antigas, não mudou até que Solón dividiu os cidadãos em quatro sectores de acordo com a sua posição económica. Os direitos políticos passavam a não depender da filiação sanguínea, mas sim da posse de terras e rendas, o que implicou retirar aos nobres a exclusividade de tratamento dos chamados assuntos políticos. Além do mais, Solón aboliu as dívidas dos camponeses e estabeleceu a libertação daqueles que haviam sido escravizados por tal tipo de razões e motivos[1].

Não é por mero acaso que, coincidentemente com aquele esboço de separação entre o público (a *polis*) e o privado (as famílias), e com a intenção de beneficiar os sectores mais pobres da comunidade, aparecesse um caso de corrupção nos termos em que actualmente a definimos. Conta Aristóteles, na sua Constituição dos Atenienses (VI,2), que os amigos de Solón, ao mesmo tempo da medida que o Arconte preparava, "... *pediram favores para adquirir terras em abundância, e logo que as dívidas foram abolidas, enriqueceram.*"[2] Pelos vistos, o abuso do que hoje se pode designar por *inside information* já existia em finais do Século VI a.C.. Este pequeno exemplo vai-nos induzindo uma premissa bastante clara: sempre foi bastante difícil ao homem colocar o Estado antes dos interesses próprios e familiares; este sentido de "pertença" que é relativo, e alude, com alguma naturalidade, a certos favoritismos, parece ser uma das raízes do fenómeno corrupto e, atenta a sua importância, faremos a sua análise no quadro do termo "familismo" ao estudar as causas da corrupção.

Voltando à Grécia, notamos, ainda, que não obstante a crescente despersonalização do poder ter contribuído para o aparecimento de certos tipos de delitos que sobreviveram até aos dias de hoje, também implicou, por outro lado, uma evolução de um princípio basilar como a igualdade dos cidadãos perante a lei. Na Grécia clássica, como é sabido, a forma dominante de governo foi a democracia directa através de todos os cidadãos (definição que excluía estrangeiros, escravos e mulheres): os que podiam assistir à *Agora* e tinham

---

[1] Mariano Grondona, in "*A Corrupção*", Edição Planeta, Bs.As. 1999.
[2] Citado por C. Eggers Lasn,"*Introdução histórica ao Estudo de Platão*".

poder de decisão. Segundo este sistema, cada cidadão era responsável pela coisa pública.

Este período – desde finais do século VI até meados do século IV (a.C.) – foi o culminar do desenvolvimento da *polis,* mas, também, o início da sua decadência. Sucedeu-lhes uma nova instituição, que foi o Império de Alexandre Magno, que conquistaria toda a Grécia e estenderia a sua cultura até ao Oriente. Nem Roma praticou a democracia tal como hoje a conhecemos, mas o *imperium* que Augusto criou (30-12 a.C.), se bem que concentrava o poder dinasticamente numa pessoa, não era uma instituição *familista,* mas uma formidável estrutura estatal. Além de criar um exército profissional, já não com cargos rotativos e electivos, mas, outrossim, permanentes, Augusto formou aquilo que hoje poderíamos designar como uma escola de Administração Pública. O governo passou para mãos mais especializadas que se dedicavam a administrar a coisa pública; passou para a esfera de especialistas que se dedicavam – quase como carreira – a administrar a coisa pública. A participação dos cidadãos era a diferença marcante para o arquétipo da *polis* grega, personalizada, em Roma, numa tal estrutura de funcionários.

Se bem que nos possa parecer que actualmente estaremos organizados de forma relativamente equiparável, Roma não era, claramente, um Estado moderno – como bem sublinha Paul Veyne no seu *"Império Romano"*[3], que considera uma necessidade julgar outras épocas segundo os nossos próprios parâmetros éticos –, os romanos não distinguiam com precisão entre funções públicas e a dignidade privada ou entre as finanças públicas e as fortunas pessoais. Tal é perfeitamente evidenciado na doutrina cristã, que também nos serve como elemento histórico de grande valia sobre o período romano. De facto, Cristo assinalou a existência de dois reinos: um material objecto da actividade do Estado, e outro espiritual, do âmbito da Igreja. "Cristo é Rei, mas o seu reino não é deste mundo". Quando os fariseus o interrogaram, maliciosamente, para o acusar de subversivo, questionaram *"se é lícito pagar tributo a César ou não"*; Jesus pediu que lhe mostrassem a moeda do tributo e perguntou, por sua vez *"De quem é esta figura na legenda?"*. Tendo-lhe, eles, respondido que *"era de César"*, ao que Cristo referiu *"Dai pois a César o que é de César e a Deus o que é de Deus"*[4]. Como se conclui, a doutrina cristã dará os primeiros passos contra o totalitarismo romano. Seguindo a tese de Veyne, observamos que o Estado burocrata romano não se comportava, exactamente, como o que estivesse em

---

[3] Paul Veyne, *"El Imperio Romano"*, publicado na Revista *"História da Vida Privada"*.
[4] Paul Veyne, Obra citada.

causa era a administração da coisa pública, aspecto que até se interpreta melhor ao aferir a forma como manejavam os recursos como próprios, e vice-versa. Poderemos observar, inclusive, que o conceito de *familismo* continua presente, ainda que de forma tácita. Neste contexto, cita Veyne que *"não havia função pública que não fosse um roubo organizado mediante o qual aqueles que a exerciam extorquiam os seus subordinados, e todos juntos exploravam os administrados: assim, os soldados pagavam subornos aos seus oficiais para ficarem isentos de serviço, os titulares de funções públicas menores vendiam a sua sucessão, os governadores provinciais exigiam rendas ilegais, e não havia nenhum funcionário que não se deixasse subornar para cumprir a mais pequena exigência"*[5].

Ainda que o conceito de funcionário íntegro seja uma particularidade da Idade Moderna, e os romanos não distinguissem entre a ambição pessoal e o interesse comum, o certo é que, pelo menos facialmente, existia, uma vez que, insistimos em tal ponto, a organização do Império não era de tipo familista, mas sim estatal, sendo certo que, para castigar alguns abusos da função dita pública, de vez em quando alguma cabeça rolava. Não poderemos também esquecer, neste contexto, que o cargo de imperador em si mesmo não era hereditário, mas sim electivo: o senado como corpo eleitor foi o antecedente do conclave de cardeais que elege o Papa[6].

A época medieval

O período que se seguiu ao derrube do Império Romano é o que conhecemos como a Idade Média. Despontam, então, novas formas de encarar as questões da vida e da sociedade e que viriam a transformar, uma vez mais, o sistema político. Da organização estatal romana sobreviveu, unicamente, o Papado, enquanto na Europa se reimplantava o *familismo* voltando, o sangue, a ser o princípio orientador da organização política.

Sucedeu, assim, que nas tribos germânicas que devastaram o Império o poder era exercido conjuntamente por um Rei – chefe da guerra eleito por ser o mais forte de entre os candidatos –, e os seus pares, os guerreiros livres. Estas foram, pode dizer-se, as origens do feudalismo do Séc. IX. O Rei era dono da terra conquistada e por sua morte os bens eram divididos entre todos os herdeiros varões, o que provocava guerras civis cruéis, além do fraccionamento dos

---

[5] SANGUINETTI, *"Curso de Direito Público"*, Ed. Astrea, AS. 1999.
[6] De forma vitalícia, tal como o *imperador*.

territórios. A única razão pela qual o reino de Carlos Magno – que tinha prevista a repartição entre os seus três filhos – se manteve unificado entre 814 e 840, foi, precisamente, porque dois de entre eles morreram antes do primogénito.

O feudalismo propriamente dito surgiu a partir de 840, quando se assistiu à revolta dos nobres carolíngios. A autoridade central fraccionou-se em unidades autónomas e, apesar de existirem reis em todos os Estados, a sujeição dos camponeses, a administração da justiça e a cobrança de bens e prestações eram exercidos, localmente, pelo senhor feudal. Pouco a pouco, contudo, o que em princípio era um conjunto de servidores familiares do Rei, foi-se emancipando, progressivamente, em monarquias, até se formar um núcleo de uma burocracia. O primeiro passo em tal direcção foi dado pela Prússia; sob o despotismo iluminado de Frederico II, que governou desde 1740 até 1786, foram implementados, pela primeira vez, concursos para aceder à função pública.

A partir do séc. XVIII, portanto, o Estado começou a ser concebido não já como um mero prolongamento do *familismo* real, mas como uma estrutura impessoal onde ingressavam os mais idóneos para servir a comunidade global, em patamar e valor superior às famílias.

A corrupção no papado

No correr deste percurso pelo qual a Europa regressava do Império Romano ao *familismo,* e da evolução deste até ao novo conceito de Estado-Nação, a estrutura estatal romana foi conservada, como referimos supra, no Papado. Por ser este o único sistema não *familista* durante aqueles séculos, foi também o único susceptível de corrupção nos termos em que actualmente a entendemos.

Pelo menos em teoria, por exemplo o *nepotismo* (preferência pelos parentes) era um acto corrupto dentro do Papado: significava uma contradição entre o princípio do sistema (não *familista*) e a sua prática real. Contudo, as acusações morais contra o Papado apenas conheceram força quando o espírito europeu atravessou aquela mudança de valores que o levaria a distinguir cada vez mais entre o âmbito do privado e do público. Já em finais do séc. XI, ao acompanhar as mudanças que transformariam a sociedade feudal na sociedade burguesa, o próprio Papado promoveu uma reforma com o objectivo de separar o poder espiritual do terreno e libertar a Igreja dos vínculos que tinha aquando do Sacro Império Romano. Até ao séc. XV, o processo de *mundanização da Igreja* era, sem dúvida alguma, mais grave. A política do Papado restringia-se aos interesses italianos, deixando de lado o universalismo católico; as grandes famílias italianas disputavam a titularidade da Santa Sé. O Clero participava da vida cortesã e das actividades militares; os altos dignatários eclesiásticos ostentavam, sem pudor, as suas imensas riquezas. Variadas vozes se levantaram contra semelhante estado de coisas, desde um seguidor de Savanarola que pede, em carta aos Reis Católicos, *"zelosos da Fé de Cristo"*, que intervenham contra o papa Alexandre VI porque *"teriam maior mérito em perseguir tais degenerados que fazer a guerra contra os turcos e os mouros"*, até ao sacerdote humanista Erasmo de Roterdão que se insurgiu contra o luxo e a mundanidade do clero, exaltando a importância da Caridade e da Fé.

O interessante deste tipo de críticas é que eram internas, isto é, não apontavam contra a instituição Igreja. Dirigiam-se a pessoas e aos costumes e exigiam renovação dentro da mesma hierarquia eclesiástica. Nisto se diferenciavam, radicalmente, da *luta* de Martinho Lutero, na qual terá participado a população de quase meia Europa, e na qual confluíam diversas aspirações de cariz político e social.

O Estado moderno

A fase da modernidade encontrou Estados consolidados, que se converteram, também, em focos de corrupção. Começou a vislumbrar-se, inclusivamente, os primeiros passos daquilo a que hoje se considera ser a burocracia estatal. Já no começo desta fase deparamos com um exemplo claro de corrupção, precisamente pelo que podemos observar da conquista da América pela Europa; durante a mesma, o Rei autorizava – e armava – os seus capitães para que conquistassem terra para Espanha, sendo que, do produto da conquista, metade era paga à Coroa, ficando o restante para os próprios capitães conquistadores e seus companheiros de armas. Um posto oficial nas colónias permitia aos nelas instituídos explorar os indígenas, com trabalhos forçados, tributos e arbitrariedades, pelo que qualquer senhor armado e com título de *"adelantado"*[7], capitão ou comandante poderia fazer fortuna na América, em troca de fazer chegar à Coroa a parte que lhe cabia nos benefícios obtidos e a manutenção de fidelidade ao Rei e ao sistema. Ou seja, os postos políticos criados na América, foram-no, na sua origem, em parte, para enriquecer os funcionários nomeados, e pode referir-se que não são poucos os pensadores americanos que entendem que este costume se transformou em tradição, convertendo-se num valor de uma classe social: a política.

---

[7] Quando não era governador, o primeiro a *governar* e a ocupar as terras.

A etapa contemporânea

Já nos começos desta fase a corrupção encontrava-se difundida em todas as classes sociais: na Inglaterra, nos finais do século passado, era uma *praga* no âmbito das repartições governamentais; em França, a corrupção da nobreza deu origem à revolução de 1789, com os resultados (físicos) conhecidos para grande parte da alta nobreza, e, claro, para os titulares da Coroa. Nos Estados Unidos, o fenómeno suscitava grandes preocupações à jovem Nação e, com vista a que tal pudesse ser evitado, Theodore Roosevelt estabeleceu, mesmo, um serviço civil para funcionários do Governo[8].

Mais nos nossos tempos, podemos observar como o confronto entre o Leste e o Ocidente muitas vezes terminou de forma pouco escrupulosa, sendo notório que a corrupção era uma manifestação que apenas expressava uns quantos tipos de desvios perigosos, como fanatismo, racismo, guerras, fundamentalismos e omnipresença de ideologias. Neste contexto, toda a busca ética era uma reivindicação burguesa, reaccionária ou comunista, que não tinha em conta a infra-estrutura do poder real sob o qual se iam desenvolvendo os sintomas de fragilidades ou enfermidades sociais.

Vimos, em passos de grande brevidade, uma rápida resenha sobre alguns aspectos que a história nos revelou, e que concedem algumas pistas de aferição e bases de cogitação para o fenómeno que ora nos preocupa. Incidamos, agora, a nossa análise, nas realidades políticas e sociais actuais.

III. Conceito de corrupção

Antes de iniciar esta intrincada temática, importará estabelecer um conceito geral sobre corrupção. A tal respeito, entendemos que a análise etimológica das palavras resulta, sempre, num bom começo: e isso conduz-nos à raiz indoeuropeia da palavra que é *"reut"* que quer dizer *arrebatar*. A primeira definição que nos dá o dicionário da Real Academia Espanhola é *retirar com violência e força*. Ora, existem duas maneiras de arrebatar: pode tirar-se a carteira a uma senhora o que, sendo um roubo, e ficando a mesma privada de um pertence seu, não é, contudo, algo que lhe seja essencial (no sentido estrito da palavra). Comparativamente, corromper um menor significa um atentado à sua mais profunda integridade, à sua natureza. Este segundo exemplo ilustra bem

---

[8] GABRIEL PONS, *"Estudo sobre a corrupção"*, na Ver. Probidad.

o significado estrito do verbo corromper que a Real Academia define como *"alterar ou transmudar a forma de alguma coisa"*. A forma é, para a tradição escolástica, a natureza de algo, o fim para que alguma coisa exista.

Corromper é, pois, desvirtuar a natureza, desviar uma coisa do seu fim – ou missão – natural. O cadáver, por exemplo – segundo a escolástica – é corrompido porque a morte separa a unidade substantiva do corpo e alma, e a matéria, privada da forma vital que a mantém, tende à dissolução.

Por outro lado, vários autores, como Robert Klitgaard, definiram os alcances deste conceito como o *"uso indevido, ao serviço de interesses pessoais de uma influência vinculada a uma posição de poder"*[9]. No mesmo sentido, outros autores expressaram que a corrupção consiste em transformar em privado o que é publico, porque ocorre uma apropriação daquilo que deve ser de todos, geralmente em resultado de um abuso de prerrogativa que alguém exerce sobre o monopólio do seu uso. Privatiza-se aquilo que, por definição, não pode ser privado, ou, preferindo-se, utilizam-se em situações públicas procedimentos privados, o que significa, simplesmente, um afastamento dos modos de comportamento socialmente exigíveis para a situação que se está a tratar. Bastantes vezes as definições parecem minimizar ou alterar o próprio conceito, desviando-o para questões do foro ideológico. Na ex-União Soviética, o dicionário de vocábulos estrangeiros – editado naquele país em 1987 –, constava uma definição de corrupção como *"venalidade, concussão realizada por personalidades públicas, políticos e funcionários do mundo capitalista"*[10].

Deixando de lado a definição, podemos afirmar, sem receio de equívoco, que a corrupção é um fenómeno social que existe em todos os países do mundo, tanto nas relações privadas como na inter-relação privada-pública. E é neste âmbito que poderemos falar em *Estado de corrupção*, o qual existe quando os actos de corrupção envolvem tantos habitantes que a corrupção se transforma em sistema. No acto de corrupção, desvirtua-se a acção, mas no *Estado de corrupção* desvirtua-se o sujeito da acção, que no caso ora em apreço é o Estado, cuja finalidade – servir o Bem Comum – se descaracteriza e desvirtua totalmente, transformando-se em proveito de poucos. Chegamos, assim, à definição que Aristóteles dá das diferentes formas de governo. Existe monarquia, aristocracia ou democracia, quando o rei, uma minoria ou uma maioria governam para o conjunto. Por outro lado, existe tirania, oligarquia ou demagogia quando o tirano, uma minoria ou uma maioria governam para si próprios.

---

[9] ROBERT KLITGAARD, *"Que fazer? A corrupção"*, O Correio da UNESCO, Jun1996, pág. 34.
[10] LEONLD PLIUSHTCH, *"Radiografia da sociedade soviética"*, pág. 28.

A classificação aristotélica supõe, assim, que há Estados naturais e Estados desvirtuados. A função natural de um governo – seja um rei, uma minoria de uns, ou uma maioria – é servir o interesse alheio, ou seja o da Comunidade. Quando o governante substitui esse interesse alheio pelo seu próprio interesse, e o faz de forma natural, então estaremos num *Estado de corrupção*.

Cremos que estas serão as noções básicas de corrupção, tendo-se colocado, precisamente, o enfoque no Estado, uma vez que é a corrupção do poder político a que, sem dúvida, representa maior gravidade. Tal não significa que não analisaremos aspectos relacionados com a moral individual, mas o que faremos de seguida é abordar, em especial, a natureza do poder estatal, a fim de o poder entender de forma cabal, e assim entrar nas questões específicas da corrupção.

IV. Conceito de poder estatal

Como verificámos, se bem que entendamos que a corrupção transcende as barreiras do Estado, não é menos certo que será importante realizar uma análise da corrupção a nível estatal, mormente na relação com o que é público quando alguém comete um acto corrupto. Neste contexto, ao que entendemos, será necessário recordar – em brevidade – alguns conceitos básicos da teoria política, que nos permitam observar a essência do Estado e a função pública, bem como a relação do Homem com tais institutos, pois que somente assim poderemos indagar a estrutura dos elementos corruptores.

Conceito e fim do Estado

Para conceptualizar o Estado partimos da sociabildiade e politicidade constitutivas do Homem, pelo que importará aceitar, para nós, que o Estado é natural porquanto o Homem não vive fora do contexto de uma organização política. A natureza humana conforma-se, assim, com a causa eficiente e a origem filosófica do Estado.

O Homem que deve organizar politicamente a sua convivência, e que espontaneamente está predisposto a isso, não encontra nenhuma organização política já feita ou determinada *a priori*, pelo que a deve fazer, construir. O Estado existe porque a natureza humana o impõe, mas não existe nem histórica, nem empiricamente, senão na forma que os homens entendem estabelecer para cada caso concreto. Assim, a história permite a observação de distintas formas de justificação do poder, seja pela religião, pelo sangue, pela força ou por contrato.

Entendemos que, na actualidade, o Estado moderno atravessa aquilo que se chama a *tese do consentimento*, pela qual cada comunidade decide livre e voluntariamente, por si mesma, como actualizará a tendência natural de sociedade e politicidade, ou seja, que nenhuma pessoa resolva arbitrariamente por si, e com dispensa do resto da comunidade, o modo de organização política dessa comunidade. O acordo expresso, ou tácito, da forma histórica, varia com a existência do Estado imposta necessária e espontaneamente pela natureza humana.

Esta incorporação do Homem no Estado para satisfazer com o seu fim do Bem Público a totalidade das necessidades dos homens que formam um grupo organizado, envolve a ideia ética de perfeição e desenvolvimento da personalidade humana no mundo temporal. O homem que não se basta a si mesmo, que é insuficiente e limitado, requer – pela sua própria natureza – alcançar o *dever ser moral*, da única maneira que existe de viver no mundo: organizando politicamente a sua convivência. Por tal razão, o Estado é uma obra de cultura, porque nele os homens realizam os valores que são próprios da vida social e política, como a Justiça, a Paz, a Ordem e a Cooperação, entre outros[11].

Do que vem exposto, poderemos referir que não só analisámos a causa do Estado, como, igualmente, fomos entrando na sua própria finalidade, uma vez que sendo o Estado a única forma possível de convivência humana e social, no fim para o qual existe está atribuída pela razão da sua origem: para benefício do Homem e da Comunidade. Tal objectivo é absoluto, porquanto nenhum Estado se pode dele afastar, sob pena de cometer uma injustiça, bem como é universal porque pertence a todos os Estados e a qualquer um, ou seja, a qualquer tipo de organização política em qualquer lugar e momento da estrutura da convivência social.

A este fim que nos vimos referindo, podemos encará-lo com um Bem porque proporciona perfeição ao Estado que o cumpre e o promove. Bem, porque de um ponto de vista ético satisfaz a ordem Moral, e porque beneficia os homens e concede e mantém as condições para que a convivência subsista. Bem, ainda, porque com ele os indivíduos e os grupos inferiores logram conseguir o seu bem particular, a níveis diferentes.

Esta tese da qual compartilhamos é claramente escolástica, uma vez que afirma que cada *ser* e cada coisa tem o seu próprio *fim* que se confunde com o seu próprio bem. É bom, pois, entender-se esse *fim* e consegui-lo, enquanto tal fim corresponda a tal *ser*. Com relativa claridade compreendemos que a satisfação de todas as necessidades humanas, num grupo organizado territo-

---

[11] GERMAN BIDART CAMPOS, "*Lecciones elementales de política*", Ediar, Bs. AS. 1990.

rialmente, permite superar a insuficiência e a limitação do homem marginalizado e lograr a boa convivência, que de outro modo não seria acessível. A ideia do Estado como sociedade perfeita elaborou-se com base nessa perspectiva. O Estado tem como fim alcançar um bem – geral – que os homens/cidadãos, por si só, não podem. As grandes prioridades dos Estados modernos são bem o corolário prático de tal afirmação: o Desenvolvimento e a Solidariedade Social e a Segurança, são, talvez, os maiores paradigmas de tal realidade.

A composição do bem público

Falar da composição do Bem Comum público é o mesmo que nos referirmos aos elementos que, no seu conjunto, satisfazem a boa convivência social. Que faz falta para que exista Bem Comum? Que necessidades concretas haverá que sustentar? Que aspectos da vida humana e social têm que ser, necessariamente, entendidos?

Em primeiro lugar, há que afirmar que esse Bem Comum é temporal, é um bem da comunidade no tempo e no mundo. Não é, por isso, um bem espiritual e religioso. Contudo, entenda-se, dizer temporal não é o mesmo que dizer material. O temporal excede o material: limita-se a um bem da comunidade que convive num tempo, mas contém elementos imateriais, como por exemplo a educação, a cultura e a moral pública, entre outras. Depois, a composição do Bem Comum Público é variável, é histórica, depende, de entre outros elementos, das circunstâncias de lugar e de tempo, das pretensões colectivas de cada sociedade, e das possibilidades com que conta. Por isso, dizemos que o Bem Público Comum é um *fim objectivo*, universal e absoluto, o modo concreto de se realizar e compor é variável, é marcadamente histórico, e tem um conteúdo que não é, naturalmente, igual em todos os Estados nem em todas as épocas.

Nos Estados primitivos, seguramente, a boa convivência social ou o Bem Comum Público consistiram, precariamente, em satisfazer as necessidades primárias que os indivíduos não podiam assegurar com os seus próprios meios: alimentar-se, subsistir, defender-se de forças hostis provenientes da natureza, especificamente de animais, mas também, e sobretudo, de outros grupos humanos[12]. À medida que a civilização, a cultura e o progresso foram encaixando as pretensões colectivas e angariando as formas e os meios para atingir tais pre-

---

[12] E, ainda, a questão da relação com a divindade, porque, até ao Cristianismo, o Bem religioso estava absorvido no bem comum temporal.

tensões, e realizá-las, a boa convivência precisou de muito mais, foi incluindo aspectos novos, tornou-se mais completa. Novas necessidades exigiram atenção. O bem estar da comunidade, porém, não estava cumprido apenas com aqueles ingredientes primitivos. O bem total do grupo já requeria uma grande pluralidade heterogénea de aspectos. Cada circunstância histórica, ao dar a medida das suas necessidades, das suas pretensões e possibilidades, marcou – e marca – empiricamente, o conteúdo e a composição do bem – para ser comum ou público – faltando promover formas de suprir a insuficiência das limitações dos meios individuais. Assim é em cada época. Entre outros exemplos: um Estado, perante a desordem, deverá satisfazer dentro do Bem Comum Público, e com prioridade imediata, a necessidade de paz e de concórdia; um Estado economicamente desfavorecido terá que se ocupar em conseguir maiores bens de produção e de consumo e por distribuir melhor a riqueza; um Estado com população iletrada, preocupar-se-á em apostar na educação e na instrução.

Este Bem Público Comum, como se pode depreender, não é a soma de bens particulares e parciais, não significa promover directamente o bem próprio de cada homem. É uma síntese, um estado que coisas que oferece o conjunto de condições para que a convivência desemboque em Bem-Estar, e que favorece os membros do grupo e a dos grupos menores. Podemos, então, afirmar, que o Estado como portador do Bem Comum tem uma obrigação tripartida, ou seja, "*O Estado deve fazer tudo o que conduz ao bem comum…*", e como corolários, "*…o Estado não deve fazer o que prejudique o bem comum*", e "*…o Estado deve abster-se de actuar quando o bem comum não está comprometido*"[13].

Já referimos que o conteúdo deste Bem Comum pode mudar, diferindo a sua evolução de acordo com as diferentes circunstâncias históricas. Não obstante, actualmente, há um conteúdo desse bem que faz de centro de gravidade, e que assume uma inquestionável transcendência. É a protecção dos direitos do homem, que de forma tão insistente assinalou os últimos Pontífices, especialmente João XXIII. O Bem Comum impõe, inexoravelmente, que o Estado promova, respeite, defenda e garanta os direitos naturais e fundamentais das pessoas, e as das associações menores. A forma histórica de reconhecer esses direitos, de os tutelar, de lhes conceder vigência, terá que ser aferido em função de cada quadro circunstancial, pelo que o direito positivo de cada Estado terá que determinar, especificar e concretizar o direito natural com o indispensável ajuste com as pretensões, valorações e mesmo as possibilidades de cada

---

[13] CAMPOS BIDART, Obra citada.

comunidade. Outros conteúdos do Bem Comum são dados pela Ordem, a Paz, a Solidariedade e a Justiça Social[14].

O Bem Comum é, pois, ajuda, coordenação, estímulo directo, enfim, cooperação. A isto se chama o *princípio da subsidiariedade*[15], perante o qual o Estado não *deve* fazer o que os homens e os grupos menores podem, de forma eficaz, fazer e assegurar, uma vez que, existindo o ente Estado para colmatar a insuficiência e a limitação dos indivíduos, então terá que intervir apenas quando exista necessidade; não intervém para substituir ou marginalizar os homens, mas para suprimir a escassez dos seus recursos e actividades. Um quadro de complemento.

Finalmente, o Bem Comum, com a complexidade de elementos e ingredientes que compõem o seu conteúdo, coincide com o valor Justiça. Por isso, dissemos que a realização de tal valor – aquele que, idealmente, consideramos devido aos homens por ser justo – equivale à realização do Bem Comum.

Factores de influência do Estado

Estando apurada, em breve abordagem, a natureza do Estado, deveremos procurar saber a sua dinâmica incluindo os factores que condicionam a sua actuação, uma vez que implicam sectores e realidades que nos ajudarão a entender as diferenciadas motivações da corrupção. Em tal sentido, observaremos que o primeiro agente que, com carácter de força, imprime movimento à política, é o homem. E dizemos primeiro porque é o único agente autónomo ou seja, o único sujeito que tem – em si mesmo – a força própria para actuar como protagonista originário do *que se deve fazer* político. Todos os demais elementos que, como forças ou influências, incidem na dinâmica política, recebem o impulso vital do homem; sem o contacto com o homem, seriam impotentes, careceriam de energia para causar efeitos.

Outros factores não podem ser considerados, propriamente, forças políticas, mas, outrossim, *influências* que, só por si, são inertes, entrando, contudo, em

---

[14] E, ainda enveredando por tal diversificação, poderíamos entrar nos âmbitos da cultura e da educação. Deve, ainda, sublinhar-se, que nesta promoção do Bem Comum Público a actividade do Estado não poderá nunca asfixiar, sufocar ou mesmo suplantar a liberdade e a iniciativa dos particulares, sob pena de se ferir um dos pressupostos fundamentais da própria execução e salvaguarda do elemento que se pretende proteger.
[15] Ver análise que fizémos em "*Direito Internacional e Soberania*", Editora Internacional (Universidade Internacional), 2005.

conexão directa com os homens e gravitam – com fortíssimas repercussões – na política e mesmo ao nível do regime. A título de mero exemplo[16], poderemos citar:

- A influência democrática da raça, da Nação, da população, da idade e do sexo. Tais influências são provenientes de elementos biológicos, ou preponderantemente biológicos;
- A influência psico-sociológica da cultura, da educação e da mentalidade política;
- A influência geográfica do meio, derivada de elementos como o território, o espaço, o clima, a edificação física e a estrutura do solo, entre outros elementos;
- A influência económica originada pelos recursos naturais, a tecnologia, as formas de produção e de consumo, a propriedade dos bens de produção e de uso, a distribuição da riqueza e o dinheiro, entre outras.

Como observamos pelos factores enumerados, cada um deles, em seu campo diverso, condicionam de forma diferenciada a actuação de cada Estado. Restará observar, por último, a dinâmica dos regimes políticos, nos quais poderemos analisar três sectores claramente diferentes que, objectivamente, ocorrem em qualquer forma de Governo.

Neste sentido, concluímos que todo o regime político, na sua dinâmica real, é misto ou tem uma composição mista, porquanto qualquer político combina e associa a actividade de três sectores, como sejam:

- *O elenco governante ou dirigente que exerce o poder estatal*; neste sector, verificamos um princípio de unidade e autoridade, bem como vemos a emanação da ordem; confirmamos, enfim, a arquitectura política;
- *A elite*, ou grupo activo de forças políticas – individuais ou colectivas – que, por adesão íntima, compartilham e apoiam a política *oficial*, o seu plano e ideologia, entre outros aspectos.
- *O Grupo maioritário* da comunidade governada, que presta obediência generalizada, a qual é efectuada, parcialmente, por razões de adesão, ou por razões externas (conveniência, utilidade), ou, ainda, parcialmente por coacção, temor e violência. Neste sector, vemos o mínimo de resposta favorável que é indispensável – ainda que se obtenha pela força – para manter, como estrutura, a relação entre o mandar e o obedecer, e para

---

[16] MAURICE DUVERGER, "*Sociologia Política*", Ed. Ariel, Barcelona, 1968.

que os titulares do poder disponham, ainda que no limite de forma débil e precária, de uma certa dose de força política para manter o poder e, naturalmente, para o exercer[17].

A ética dos Governos

Não pode ser estranha à temática da corrupção, tal como a entendemos, a problemática de qual deverá ser o *dever ser* da relação entre a ética e a política.

Assim, faz-nos sentido cogitar que, se a política é uma actividade humana, se o Estado é a forma organizada da convivência humana, temos que aceitar – e aplicar – à política aquilo que aplicamos ao homem. Ao homem não lhe resulta indiferente o bem e o mal; o homem pode conhecer, mediante a sua razão, o que é bom e o que é mau. O homem, ainda, forma parte de uma ordem moral que faz a sua essência, e molda a sua natureza de pessoa. Quando o homem convive, social e politicamente, arrasta consigo para o âmbito da política todos os princípios morais que, como pessoa, recebe da ética.

Neste contexto, a política não é autónoma da moral e, tão pouco, se sacrifica à moral, nem se absorve nela. A dignidade do homem como pessoa, o seu fim próprio, o conseguir o Bem Estar da comunidade e a realização da justiça, entre outros, não podem deixar-se de lado. Os parâmetros básicos para promover o Bem Comum e o desenvolvimento da pessoa humana detêm a sua raiz, precisamente, nos princípios da ética. Em definitivo, se a política se orienta por uma vertente jurídico, reaparece novamente a relação entre a moral e o direito. Com base nesta breve conexão, impõem-se algumas clarificações subsequentes.

A subordinação da política à ética significa, fundamentalmente, que a política recebe da ética os princípios basilares para actuar, não os podendo violar, sob pena de se estar a desenvolver uma política de cariz imoral. Mas tal não significa, de modo algum, que a política tenha como fim fazer/moldar homens virtuosos, ou, mesmo, que o Estado deva assumir todas as soluções da moral para as impor aos indivíduos, na vida privada, ou, ainda, vigiar a eticidade de todas as condutas privadas (entre outros aspectos que aqui poderíamos invocar). Ao Estado cabe velar pela moral pública, quer dizer, por aquela que promove a convivência social e o Bem Comum Público. Nem tudo o que pode

---

[17] GEORGES BURDEAU, *"Método de la Ciência Política"*, Ed. Depalma, Bs. As. 1964.

ser configurado como *imoral* prejudica ou fere a moral pública e o Bem Comum. Esse âmbito da moral que não tem incidência directa nem se repercute na moral pública é alheio ao Estado e à política.

Observaremos, agora, sumariamente como foi, no tempo a relação entre a ética e a política.

V. A doutrina sobre política e ética: Grécia, Roma e Idade Média. Resenha

É comum referir-se que na Grécia, a moral e a política se encontravam unidas; a perfeição moral do homem, a vida virtuosa, e a mesma plenitude ética da convivência não eram concebíveis fora da *polis*, nem à margem da política. O Bem Comum que Aristóteles propunha como fim para o Estado era, pela sua condição e característica de bem, um bem moral. A ética era fundamento da *polis*, e a virtude pública e privada o fundamento da felicidade que se alcançava em seu âmbito. O homem não podia obter a sua perfeição moral, nem virtude pessoal, senão como membro e parte da comunidade política. Não só os sofistas a quebram, ensinando uma política triunfalista e com impacto, na qual a busca do bem se granjeia por fins imediatos e utilitários sem conteúdo ético.

Em Roma, a elaboração jurídica do Direito Natural, a concepção de que o direito implica o princípio de viver honestamente e a definição de que *é a arte do bom e do equitativo*, mostram, também, uma elaboração moral da política. A título de exemplo, de eloquência, poderia citar-se o exemplo de Cícero.

Com o advento da Idade Média, as linhas doutrinárias sustentam-se mais dos princípios trazidos pelo Cristianismo, consolidando-se a base ética e religiosa da política. O desenvolvimento contínuo daquela linha na história das ideias medievais dá-nos um exemplo de política moralizada. Com a Idade Moderna, Maquiavel cria a sua famosa doutrina política de absoluta separação entre a política e a ética. O Estado fabrica, em si mesmo, a sua própria razão, convertendo-se, a política, num campo independente e autónomo da moral[18].

---

[18] O epíteto de *maquiavélico* designa todas as políticas herdadas, ou baseadas, nesta doutrina, serve, precisamente, para assinalar que nelas subsiste a separação entre a ética e política, e a adopção de soluções por parte da segunda sem qualquer tipo de vínculo à primeira.

Etapa contemporânea

Sem dúvida, a Idade Contemporânea abre-nos novos capítulos quanto à ética. O *relativismo* moral tanto individual como colectivo condiciona, de forma totalmente nova, o espectro dos novos Estados nacionais, adquirindo um papel preponderante na relação entre política e ética.

Assim, observamos que o efeito exemplificador da ética privada dos actores públicos é importante, tanto na sua dimensão individual – quer dizer, enquanto ética de conteúdos e de condutas assumidas por cada um desde a sua própria autonomia e independência moral, e de acordo com princípios filosóficos e religiosos –, como na sua dimensão social, que regula as relações com os demais. Este efeito positivo é grande na sua contribuição para que os cidadãos fortaleçam a sua moral e se sintam motivados a colaborar na vida pública. Também o pluralismo moral impede a trasladação de tal ética privada para a ética pública mediante a construção de códigos éticos universais, sendo que, nos Estados democráticos de Direito, é possível uma ética de consenso que permita alcançar[19] uma moral mínima e socialmente aceitável, e incorporá-la no figurino jurídico-institucional.

Assim, a ética *de governo* é uma ética pública orientada a incorporar valores éticos no direito positivo; é uma ética que, referindo-se mais àquilo que se poderá designar como formal e procedimental, assinala critérios e orientações destinadas a organizar a vida social de molde a que, permitindo que cada indivíduo actue livremente de acordo com uma ética privada, se dirija a conseguir que os cidadãos transcendam o seu próprio interesse e superem o seu restrito cálculo racional até assumirem a sua responsabilidade ético-social. Em tal ética, designada como *constitucional*, o indivíduo é um cidadão constitucional, deixa de limitar o seu interesse àquilo que, unicamente, é melhor para ele, e, de forma responsável, procura a consistência entre a opção preferida e a estrutura institucional desejada.

Considerar que os princípios éticos permanecem sempre que os indivíduos se assumem como entes responsáveis, não só a si, mas também aos demais, e que a ética é algo mais que um código, um decálogo ou uma deontologia[20], conduz-nos à responsabilidade ética dos Governos na criação de valores, orientada a incutir nos cidadãos a moral colectiva. Esta responsabilidade entende-se mais além da mera ética de conteúdos (ser verdadeiro, honesto, justo, equita-

---

[19] Naturalmente através do diálogo e do consenso.
[20] Ou mesmo um modo de criar roçando, quase, a utopia.

tivo, legal, solidário com os demais), mais própria da ética privada que tem uma dimensão social e vocação de universalidade, considerando-se que provém de agentes e actores moralmente superiores que exercem o poder em benefício de um interesse objectivo e externo em molde das suas próprias preferências. A acção política do governo estende-se a impulsionar a criação ética dirigida a evitar que os cidadãos mantenham uma atitude passiva, não se sintam protagonistas da sua vida política (abstraindo-se das urnas), ou não assumam a sua responsabilidade ético-social, condenando – designadamente com o voto – a imoralidade dos políticos no tribunal das eleições democráticas[21].

Responsabilidades éticas na sociedade actual

A democracia deixa de existir se nela se não desenvolve a liberdade, cujo requisito indispensável é a responsabilidade. Ser livre supõe ser capaz de responder pelos próprios actos, isto é, ser livre é ser responsável. O ser humano tem a responsabilidade de *pensar* antes de actuar e de assumir o resultado dos seus actos, na medida em que seja possível prever as suas consequências. Qualquer estilo ou quadrante ético, em âmbito social, deve ter em conta estas verdades elementares. Por outro lado, a sociedade liberal e democrática, desprovida da religião como referência obrigatória[22], tem e assume valores que transcendem o plano individual (pessoal), e se integram no plano ético das condutas colectivas dos grupos sociais. Tal plano, abarca todos os aspectos da vida social e política, assim como em âmbito jurídico e institucional no qual se integram as leis, normas e demais *regras de jogo*, e suas correspondentes sanções. Em todos estes âmbitos se podem produzir comportamentos com transcendência colectiva e que infrinjam princípios éticos. Situações que se podem notar em várias actividades sociais, como veremos agora[23].

---

[21] Situamo-nos, desta forma, perante a ética do Estado social e democrático de Direito, num nível superior de integração e criação, não reducionista, e que exige – em constante – o respeito pela diversidade e pelos compromissos inter-disciplinares.
[22] Enfim, assumindo-se que esta referência, numa análise horizontal de tais sociedades na actualidade, não é mais um enfoque necessário e obrigatório para a sua base conceptual institucional e organizativa.
[23] UBALDO NIETO DE ALBA, "*Ética de Gobierno, Economia e Corrupción*", Ed. Complutense, Madrid, 1996.

Em âmbito jurídico e institucional:

Aqueles que, com os seus comportamentos, actuam em contravenção ao quadro jurídico, incorrem em responsabilidades legais que, segundo a sua natureza – civis, penais, administrativas, comerciais e/ou mercantis –, são exigíveis perante os respectivos foros contenciosos, incorrendo, também, em termos de responsabilidade ética que o direito (já) traduziu em normas imperativas.

Em âmbito político:

Os comportamentos como o desvio do poder, a arbitrariedade e o favoritismo, que infringem princípios éticos, dão lugar às designadas "responsabilidades políticas" a ser analisadas e assumidas em âmbito parlamentar[24], situando-se estas num plano mais *amplo* que o jurídico, e cujos resultados podem conduzir a âmbito de procedimento jurisdicional; quer dizer, o processo contrário ao que subordina a responsabilidade política à existência de sentenças condenatórias, o que de alguma forma estende, abusivamente, o princípio da presunção da inocência do âmbito penal ao político. Quando existe recurso ao poder judicial, tal significa, normalmente, que não foram assumidas as responsabilidades políticas e que a presunção de inocência deve ter (nesse mesmo âmbito) um juiz que aprecie indícios de criminalidade dos factos verificados. Nesse âmbito, a presunção de culpabilidade afecta a legitimidade política e a avaliação e exigência de responsabilidades cabe ao órgão parlamentar, no qual os representantes têm que prestar contas e assumir as suas responsabilidades éticas perante a sociedade que representam.

Em âmbito social:

Finalmente, poderão produzir-se comportamentos reprováveis pela sociedade, que infringem a razão ética sem dar lugar às designadas responsabilidades políticas; não podem, contudo, aceitar-se como bons, nem tão pouco legitimar-se, apenas porque não resultam em factos objectivamente puníveis. É, então, que aparece a responsabilidade da sociedade, e quando a ordem de convivência democrática, alternância do poder e os meios de comunicação social independentes[25] se assumem como os meios e instrumentos idóneos para comba-

---

[24] Por exemplo, através de comissões parlamentares de investigação e de inquérito.
[25] A discussão, e reflexão, acerca da idoneidade e independência dos órgãos de comunicação social, sobretudo perante quadros que envolvem revelações públicas de factos com acrescida sensibilidade sócio-política tem conhecido novos e notórios contornos, pela explosão da projecção

ter as condutas que violam os princípios éticos com elevada valoração social. A sociedade que crê em tais princípios, reagirá face a conflitos estritamente éticos, ainda, mediante a expressão do voto democrática, a arma última do *julgamento* social em Estados de Direito.

VI. A política e a corrupção, a partir da observação actual

Já com um quadro da corrupção algo conceptualizado (na necessária medida do presente âmbito), em relação ao poder político teremos, agora, uma tarefa que se antevê mais difícil: a de os relacionar. Não porque tal requeira um esforço intelectual adicional, mas, outrossim, porque significa enfrentar uma triste realidade contemporânea que nos transmite (alguma) percepção popular de que estes *termos* e realidades se encontram, geralmente, unidos. Reconstruir o sentido da política é o primeiro propósito de uma batalha contra a corrupção. Uma política corrupta é uma política dependente, sem utopia, algemada e sem horizontes de mudança, nem sensibilidade, nem tão pouco estrutura de atitude profissional para propor reformas que saldem as contas pendentes da democracia em termos de equidade e crescimento integral. A transparência converte-se, assim, numa espécie de *mínimo virtual e imóvel* da democracia contemporânea, e alcançá-la exige um particular esforço de natureza institucional, com as respectivas manifestações e impactos na área da administração, do Estado, do governo e da sociedade civil.

Ao introduzirmos esta análise, estamos perfeitamente conscientes do enorme desprestígio que frente à sociedade tem, hoje por hoje, o termo política. A política – inclusive porque a adulteração da linguagem é, quiçá, uma das manifestações mais correntes da adulteração dos valores – é, frequentemente, sinónimo de *negócio*, de privilégio de casta social, de esquecimento dos outros, de promessas não cumpridas, e de tantas outras desilusões que habitam os espaços e ambientes democráticos da actualidade.

É por isso que, talvez, existe uma fadiga social em relação à corrupção. Cresce a convicção de que as suas consequências transcendem os limites da

---

dos seus meios e pelas envolventes tecnológicas, económicas e familiares que, claramente, já detêm, o que leva a alguns conflitos (por vezes graves) e novas terminologias sociais, revertidas em expressões como *julgamentos públicos* e *investigações privadas financiadas pelos grandes senhores da Comunicação*. É, certamente, pelo interesse e questões que suscitam, uma matéria que terá desenvolvimentos acentuados na próxima década.

violação de códigos morais, para conhecer repercussões sociais fortes em diversas áreas. Cada vez mais se associa corrupção com má qualidade de vida, com diminuição de expectativas de progresso, com agravamento dos impactos da profunda reconversão que vai conhecendo. Importa referir, ainda, que a questão tende a converter-se num muro de lamentações generalizado, como se fosse a causa exclusiva de todos os males e não existissem problemas específicos e autónomos no campo da política, da economia e da empresa, entre outros sectores. Converter a corrupção em demónio aterrador, enquanto o resto dos actores económicos e sociais descansa – com alguma tranquilidade – debaixo da sua cómoda redoma de cristal, também não parece, de facto, ser a solução.

O espectáculo obsceno da corrupção revela-nos, em suma, o fim da política. Pelo menos, da política clássica que caracterizou o funcionamento do Estado como etapa posterior à Segunda Guerra Mundial. Política estruturada, e concebida em robustos e amplos partidos de massas, resguardada por um Estado de Bem-Estar generoso na hora de distribuir benefícios sociais, capaz de estender redes de representação a vários sectores da sociedade, eficaz na hora de mobilizar consciências e fazer sentir cada indivíduo como o protagonista da sua própria história e da história colectiva.

Essa política *morreu* de morte natural.

Não foi uma revolução sangrenta a que pousou a sua cabeça numa guilhotina; foi, outrossim, o peso de uma impressionante revolução tecnológica e cultural, que acelerou os tempos de decisão, globalizando as fronteiras do mundo e retirando de cena as experiências socialistas que numa determinada fase se assumiram como contrapartida dos conceitos de democracia liberal. Sem rivais, pelo menos à vista, mas com bastantes fantasmas em sua própria casa, a Política Contemporânea vacila num oceano de dúvidas: o que é, hoje, um político? Um gerente de interesses alheios, um homem de *lobby's* que defende as rotinas e interesses do grupo? Um *showman* disposto a seduzir a qualquer preço? Um espectador resignado a regras de jogo pouco equitativas? Um mágico que apenas pode enganar por alguns minutos sacando promessas e surpresas da cartola que se transformarão, certamente, em *fetiches* segundos depois do final da contagem do último voto? Um pagador de promessas mais ou menos triste que vai justificando a realidade sem a poder transformar[26]?

A crise de sentido da acção política sobrevoa todas e cada uma das grandes interrogações desta sociedade dos *últimos homens*.

---

[26] GUSTAVO BELIZ, *"Não roubarás. É possível ganhar à corrupção?"*, Ed. Belgrano, 1997.

O *novo corporativismo*

Esta *deslegitimação* da actividade política por esvaziamento de conteúdo e perda de autonomia vê-se reforçada por um novo fenómeno que amplia a brecha entre representantes e representados. É o surgimento de uma nova classe social: a dos políticos. Pessoas com estatuto *superior* de cidadania a que se concedem prerrogativas, e sem preocupação de rotinas e necessidades quotidianas. Numa sociedade que desvaloriza e desconsidera anteriores patamares e níveis de vida da classe média, que torna paupérrimos e marginaliza sectores cada vez mais amplos (muitos deles nem mais acima, nem mais abaixo da escala social, mas, simplesmente, fora do sistema), numa sociedade que concentra ingressos em reduzidos grupos económicos, os políticos surgem como uma nova classe social em vertiginosa ascensão material e institucional. Converteram-se numa autêntica *corporação*, se por esta se entender aquele sector que defende os seus próprios interesses sem se importar com os interesses colectivos, transformando a parte num todo. Expressam uma visão de corpo, de *nova tribo* que se agarra aos seus velhos códigos, acessos restritos e termos secretos inacessíveis para o resto dos comuns. Visão, afinal, profundamente anti-política, tende a esvaziar a política da sua capacidade de arbitrar e moderar interesses e sociais difusos e contraditórios, reconvertendo-a à sua moldura de interesses próprios.

Esta enorme pressão corporativa impede a política de assumir novas procuras e interrogações dogmáticas, entre as quais a questão da transparência ocupa um lugar cimeiro. O crescente desprestígio público é um sintoma dessa distância (não assumida) cada vez maior, entre a sociedade e os seus dirigentes.

Deve clarificar-se, contudo, que as posições (e opiniões) do povo em relação aos políticos não relevam na mesma ordem de relação para com o sistema democrático. Pelo menos por ora. Essa é a margem que sobra para reverter a tendência do que se vem verificando. Mais, as gentes sentem um desejo instintivo de defender o sistema democrático quando se impõe a necessidade de transparência. Lutar contra a corrupção é lutar contra a visão corporativa dos partidos e da política; trabalhar por uma renovação do painel dirigente que inclua políticos com maiores similitudes com o povo comum, com os mesmos desejos e privações parece ser, actualmente, a melhor forma de preservar a democracia.

Ora, a discussão *ideológica* de fundo no mundo pós-comunista é, precisamente, a discussão da transparência. Para discutir as consequências negativas da globalização económica, a política necessita de se re-legitimar através de um exercício de poder despojado de suspeitas e de questões duvidosas. Claro resulta que as simplificações acarretam sempre algum perigo de análise: a falta de transparência também existe porque de alguma forma se fenderam as pontes entre o Estado e a sociedade civil, porque a própria sociedade civil também modificou o seu perfil, e porque as crises fiscais – que são recorrentes – não raro colocam o político entre a espada do *ajuste* e a parede da *ingovernabilidade*.

Perspectivas políticas

Não se trata da política renunciar a si mesma, ou que seja condenada à pena perpétua da resignação e da mera gestão de assuntos técnicos. Muito pelo contrário, trata-se, precisamente, de recuperar um certo sentido de utopia.

Confirmando a expressão de que não há nada de novo debaixo do sol, em 1946 o francês Louis Barthou, na sua *"Política"*, argumentava: *"A política é uma carreira aberta. A diferença para com as profissões propriamente ditas, que exigem exames, diploma e certificados, é que é acessível a todos. Constitui uma tentação. Assim, juntamente com os que a honram, estão, também, os que a exploram. Quando se representa a política como a "classe dos sem classe", não se tem em conta que a severidade que o juízo alcança tanto aos eleitores como aos eleitos. Certamente, muitos que não estão animados pelo sentimento do interesse público, buscam na representação um refúgio, e fazem de ofício, o que apenas deveria ser um dever. Para dizer verdade, neste, como em outros terrenos, a culpa é dos ausentes. São responsáveis dos cargos que deixam livres e das consequências desastrosas que têm as batalhas em que se negam a intervir".*

Talvez para encontrar a justa medida entre a *anomia social* num ponto, e a procura da transparência, por outro, Giles Lipovetsky explica que *"assistimos à erosão dos deveres de renúncia, de participação e de implicação colectiva, mas, simultaneamente, à persistência da valorização de um certo número de proibições relativas à república ... Assim, a corrupção suscita a reprovação da maioria...sem que esteja, por nada, em contradição com a atenuação das obrigações. Os deveres positivos de entrega a fins superiores já não gozam de crédito, apenas ficam os deveres negativos que proíbem acções prejudiciais aos particulares e à tranquilidade pública"*. A procura de transparência conjuga, de alguma forma, os conceitos básicos de liberdades enquadradas pelo Estado moderno.

Por um lado, a liberdade *negativa*, entendida como tudo aquilo que o sector público não *pode fazer* ao indivíduo[27]; por outro, a liberdade *positiva*, entendida como o estabelecimento e a reafirmação de meios de promoção para assegurar a cada indivíduo uma vida mais digna desde logo em termos materiais

---

[27] Violar a sua propriedade privada, prendê-lo sem ordem prévia de autoridade judicial competente, invadir o seu domicílio, ofender o seu bem nome, entre muitos outras.

de vivência (segurança social, direito ao trabalho, a habitação, prestações de bem-estar, entre outros).

Num momento histórico em que terminaram as ilusões de cariz totalitário, a luta contra a corrupção é a ponte que une ambas as *ordens de liberdades*, porque a cidadania percebe que a corrupção não tem, apenas, um elevado custo moral (mensurável em termos éticos ou valorativos), mas tem, igualmente, um custo económico (traduzido em diminuição da qualidade de vida, maior pobreza e pior emprego dos recursos do sector público). Atravessar esta ponte de maneira eficaz constitui uma tarefa não isenta de riscos. Tratar-se-á da tomada de consciência de cada sociedade como um processo que, se bem que lento, tende à moralização da classe política.

VII. Factores e causas da corrupção

Neste âmbito, dispomo-nos a analisar as múltiplas causas e factores que podem incidir tanto na corrupção estatal como social. Não constitui nossa intenção realizar uma enumeração taxativa, pelo que, inclusive pelo âmbito a que nos propomos, tencionamos indagar algumas pistas de reflexão através de distintos âmbitos de influência, isto é, social, económico, cultural e histórico, e bem assim lançando mão da antropologia e da sociologia humana.

O familismo

Referir-nos-emos ao *familismo* como uma das causas da corrupção, entendendo por tal como a primazia do familiar perante o público. Não obstante o conceito, que não é casual, não ocorrer de forma similar em todos os países, poderemos identificar alguns factores e elementos em comum. É observável, desde logo, que, desde a sua aparição, o Estado adquiriu mais do que uma forma (absoluto, liberal, intervencionista) e, segundo a forma de *governo* que adopta (foi e é) ou monárquico ou republicano. Contudo, existem, para além destas contingências, certos conceitos variáveis que o sustentam, pelo menos ao nível das ideias.

Um destes princípios é o *interesse nacional*, segundo o qual existe uma realidade situada acima dos "indivíduos, grupos familiares e classes sociais". Outro, é o da *idoneidade*, do qual resulta que aqueles que tomam posse de cargos públicos devem estar preparados para tal tarefa. Sobre este duplo fundamento descansa um ideal de um Estado responsável pelo interesse nacional e servido de profissionais cujo valor supremo é, sem dúvida, o Bem Comum. Existem, até à data, ou pelo menos deveriam existir, dois tipos de funcionários: os burocratas ou políticos, sendo que os primeiros são os funcionários recrutados pela sua profissionalidade, e os políticos são os deputados, senadores e mandatários elegidos pelo povo através do mecanismo último da democracia (o voto). Os comícios e o ingresso por concurso foram-se, assim, constituindo, como os mecanismos pelos quais o sistema deverá (deveria) estar limpo de *resíduos familistas*. Ao Estado, pela sua parte, corresponde pagar um salário digno aos profissionais assim seleccionados, compensando a inerente responsabilidade dos cargos.

Frente a um novo conceito de Estado, o familismo converte-se numa prática condenável pois atenta não só contra o princípio da idoneidade (ao privilegiar parentes e amigos na selecção de cargos públicos), mas, naturalmente, contra o que se pode configurar como o interesse nacional. Segundo Edward Banfield, que estudou alguns casos de familismo no séc. XX, no sul de Itália, este tipo de comunidades não reconhecem qualquer tipo de quadro moral superior ao bem da própria família: cada membro da comunidade actua no *interesse de curto prazo* do seu grupo familiar e supõe que os demais fazem o mesmo, de tal forma que quem proclama o seu amor à Nação é considerado uma espécie de farsante. Num clima deste tipo, é natural que haja, por exemplo, evasão fiscal por parte dos cidadãos, e que o funcionário aproveite a sua posição para beneficiar o seu interesse e o dos seus.

Mancur Olson, autor norte-americano de origem dinamarquesa, explica porque é que se assiste à sobrevivência do familismo apesar da institucionalização dos Estados-Nação. Segundo o autor, a percepção do interesse transindividual é mais fácil quanto mais pequeno é o grupo onde o mesmo se produz. A força do familismo reside, pois, na proximidade dos interesses familiares. Por outro lado, quanto em maior dimensão for evoluindo a sociedade, mais difícil se torna perceber e apreender o conjunto. Isto é, se se paga um imposto ou se cumpre com honestidade uma função pública, a percepção do bem que daí resulta não é tão directa como o custear os estudos dos nossos filhos[28]. Não obstante, o benefício existe na medida que a comunidade seja constituída por cidadãos que pagam e funcionários que cumprem, pois então também *os nossos filhos terão expectativas melhores*.

A percepção deste bem distante requer, contudo, uma larga experiência e, claro, uma larga aprendizagem. Por isso, é mais fácil que o sentido comunitário impere nas Nações que passaram por provas duras para salvar a sua identi-

---

[28] MARIANO GRONDONA, Obra citada.

dade em quadros de guerra ou de crise de variado tipo, do que em Nações ou Estados recentes ainda não confrontados com tais situações de fundo. É mais forte na Europa do que na América[29]. É mais vigoroso na Alemanha, na Grã-Bretanha, na França e nos países nórdicos que na América Latina.

A insegurança jurídica

A segurança jurídica constitui o ingrediente necessário do Estado de Direito que consiste não só na certeza de que as *regras do jogo* são aquelas, mas, fundamentalmente, de que aquele que tenha, de facto, razão, ou o argumento jurídico mais sólido, obterá o reconhecimento sem que rigores formalistas ou a inoperância do sistema o impeçam[30]. Quer dizer, entendemos segurança jurídica como a aptidão para prevenir os acontecimentos de índole jurídica dando-lhes um percurso estável, bem como controlar e neutralizar os *riscos* que o sistema jurídico deve afrontar.

Observamos, desde logo, como isto afecta o homem, pois ao sentir-se seguro, o ser humano pode empregar todo o potencial da sua energia e imaginação a responder às exigências da sua vocação. É como se o mundo social e natural em que ele vive tivesse cessado de constituir fonte de forças letais para se converter num refúgio em cujo cenário a acção ganha eficácia sem colocar a vida em perigo; a segurança liberta o ser humano dos incidentes ameaçadores do quotidiano e multiplica a sua energia. A angústia e a ansiedade são reduzidas a dimensões controláveis, abrindo-se múltiplas formas de acção. O ser humano adquire maiores perspectivas vitais e aumenta o espectro das suas (possíveis) decisões[31]. Mediante uma sustentadora segurança, o Direito alheia-se do azar circunstanciado, do imprevisível não razoável. A vigência da lei e os seus efeitos de estabilidade, devem ser conhecidos com a previsão normal dos seus resultados. Assim, a sociedade sente que as suas condutas obterão prémios e castigos. É, afinal, a afirmação do contrato social. Quando a comunidade sente que não existe certeza valorativa e legal para as suas condutas futuras, perde o interesse por fazer o que é devido, o que é socialmente suposto em termos de inte-

---

[29] Enfim, aceita-se que o caso dos Estados Unidos é um caso de configuração especial, porque moldado, actualmente, em circunstâncias estratégico-políticas específicas.
[30] NESTOR SAGUES, "*Seguridad Jurídica y Confiabilidad en las Instituciones Judiciales*", Revista L.L., 1996, "E", Bs. As.
[31] NESTOR CIPRIANO, "*La Seguridad Jurídica: Generalidades*", Revista L.L., 2002.

resses globais, entra em descrença das condutas dos outros, e em especial da classe governante, e tal moldura contribui, assim o cremos, para uma sensação de corrupção.

Será interessante analisar como é que a pessoa entende a segurança jurídica. Sem cair em extremismos conceptuais, pode afirmar-se que a pessoa apreende a segurança jurídica primeiramente com uma impressão conducente a uma atitude reflexiva: o não pensar que possa[32] existir a insegurança jurídica. Concorda-se, no adequado, com o pensamento de Mario Cortés Casas[33], quando refere *"O afirmativo é, também a inadvertência da possível negativa irrazoável"*. Diz, por seu lado, Ângel Latorre: *"Seria contrário às relações dos indivíduos que, em qualquer momento, estivéssemos expostos a ser desconhecidos no respeitante àquilo que, com justiça, cremos nosso"*[34].

A segurança jurídica implica, em primeiro lugar, ter Direito e, logo, poder prever a actuação para o seu consequente exercício. Como bem afere Sebastian Soler[35] *"Assim como não existe relação humana eficaz sem cálculo das relações naturais, tão pouco existirá relação eficaz sem cálculo jurídico"*, adensando, ainda que *"...a segurança jurídica é o saber antecipado e antecipatório. O homem está sempre disposto a despender esforços; contudo, necessita de saber quais"*. Vejamos, então, quais os indicadores de ausência de segurança jurídica, pelo que seguiremos, nesta matéria, o jurista argentino Júlio Cueto Rua que, de uma maneira taxativa, enumera causas e consequências da insegurança jurídica:

- A divisão de poderes não é respeitada. O Poder Executivo legisla; os juízes ignoram legisladores e funcionários; os legisladores interferem no curso das actividades administrativas;
- Os legisladores emendam ou derrogam a legislação vigente sem identificar as respectivas normas; os legisladores sancionam leis contrárias a disposições constitucionais;
- Os juízes revogam precedentes, examinam normas legislativas e invalidam-nas em casos submetidos à sua consideração; os juízes invadem a esfera de actuação própria dos dirigentes e funcionários administrativos;
- Os funcionários do Estado ignoram os precedentes judiciais; os funcionários administrativos do Estado consentem comportamentos colectivos contrários a práticas e aos costumes estabelecidos. Os funcionários do

---

[32] Julio Cueto Rua, *"Seguridad Juridica"*, L.L., 1994. Bs. As.
[33] Mario Casas, *"Texto y Contexto"*, México, 1969.
[34] Ângel Latorre, *"Introduction al Derecho"*, Barcelona, 1968.
[35] Sebastian Soler, *"Las palavras de la Ley"*, México, 1969.

Estado permanecem omissos quando as regras do Direito vigente exigem acção. Os membros da comunidade violam os acordos contratuais ou infringem regras legais e as autoridades judiciais competentes abstêm-se se impor sanções em tais circunstâncias;
– Atribui-se efeito retroactivo aos regulamentos legislativos e regras administrativas; aplicam-se novas regras a situações já definidas e consolidadas no passado;
– Alteram-se ou mudam-se normas impositivas.

Tais indicadores demonstram-nos, em maior ou menor grau, como contribuem para a descrença social, pois a ausência de segurança jurídica arrasta o aumento de discricionariedade da parte dos entes estatais, gerando, desta forma, que o exercício do poder se transforme em personalista, permitindo, em muitos casos, a vulnerabilidade dos direitos dos cidadãos. O princípio da moralidade mais elementar de um Estado de Direito exige encaminhar a acção política à criação de molduras jurídico-institucionais credíveis e socialmente adaptáveis, respeitando e fazendo respeitar o quadro normativo. Numa sociedade liberal e democrática, os princípios éticos impõem-se através da emissão do voto que outorga a representatividade política, mediante um conjunto de normas jurídicas que a acção política utiliza como instrumento último para influir em tais princípios. O princípio da legalidade democrática é o primeiro princípio ético que deve reger a vida política; mas o Estado de Direito não consiste, apenas, em respeitar e fazer respeitar as normas, pois tal corresponderia a minimizar a sua função e a sua *missão*. A ética de governo requer dotar a acção política de originalidade e antecipação do futuro para maximizar o Estado de Direito criando a norma, a lei, mais como algo que se descobre do que algo que se publica, elevando, assim, o tecto da justiça de molde a que nunca existam acções ao lado ou acima da lei. Nesse impulso de criação ética, vão-se abrindo caminhos de futuro que, ao indiciar o cidadão a assumir a sua responsabilidade ético-social, arrastam a opinião pública a actuar, e geram uma tal acção que, governando como pano de fundo, e persuadindo através da forma, assume a responsabilidade política dos seus resultados.

Actualmente, a realidade mostra-nos que foi preciso aparecerem casos de corrupção para reconhecer zonas de impunidade devidas à insuficiência de normas que – como o controlo de fundos reservados, a tipificação de delitos económicos, a contratação pública, entre outros casos – apontam para responsabilidades políticas, pela falta de antecipação quando ao aparecimento de tais áreas de impunidade. Sem controlo político há Estado de Direito; contudo, sem controlo judicial não há Estado de Direito. A existência desta discricionariedade exige maior responsabilidade política de Governo para impedir, por um lado, que se *politize* a justiça e, por outro, que se judicialize a política, e quando esta responsabilidade se não assume, produz-se um maior atrincheiramento no poder, radicalizando a sua normal alternância.

Se a evolução até ao Estado de Direito encontra-se marcada por um governo das leis mais do que pelo governo dos homens, o excesso de *prerrogativas discricionárias* não parecem situar-se nesta linha evolutiva. Se tivéssemos que antecipar uma conclusão no âmbito desta importante zona de impunidade, diríamos que chegámos a uma situação em que somos governados por homens, mas através de um quadro legislativo que torna muito difícil invocar a lei contra eles. Trata-se, se quisermos, de uma moderna *tirania*, dentro de uma estrutura perfeitamente legal; o próprio Maquiavel não teria sido capaz de engendrar um artifício tão engenhoso. E, nesse quadro, a noção de lei perde certeza, e o cidadão não sabe quais são as consequências jurídicas das suas decisões, pelo que a ética do Governo se inverte: por um lado, no respeitante ao cidadão, cria incerteza em vez de estabilidade; quanto às suas próprias acções, obriga a invocar – desde logo, e *a priori* – a razão de Estado[36] perante essa outra razão pela qual o Estado resulta criador de normas e regras de jogo, e pela qual o Governo, além de se submeter a elas, assume a responsabilidade pelo seu bom funcionamento. A realidade revela-nos, contudo, que o Governo actua como mais um jogador, dando lugar a uma série de actuações político-administrativas nas quais a ênfase não está em evitar a actuação discricionária, mas em neutralizá-la. Nesta nova linha de tirania burocrática, o *"volte amanhã ..."* transformou-se, além do mais, em *"se não está de acordo, recorra"*. Este tipo de burocracia, sustentada numa "descontracção impugnatória", unida à grande discricionariedade dos poderes do Estado, envolveu, sem dúvida, o indivíduo, numa esfera em que percebe perfeitamente a insegurança jurídica, a qual, como referimos, resulta altamente perigosa em termos de crescimento dos níveis e espaços da corrupção.

A responsabilidade político-económica

Interessa-nos, nesta fase, como causa da corrupção, pois a observação das sociedades contemporâneas demonstra-nos que, não raro, os sistemas económicos escudam, nos seus projectos, grandes esferas de corrupção. Assim,

---

[36] Justificando aquela moderna tirania, defendendo a falta de sustento com a discricionariedade.

observa-se que o dano material produzido pela corrupção é alarmante, pelo que entendemos que se impõe referirmo-nos, neste ponto, à responsabilidade político-económica.

Como meros comentadores sociais, podemos referir que a doutrina social da Igreja expôs a questão nos seguintes termos: *" a livre concorrência destruiu-se a si mesma. A ditadura económica apoderou-se do mercado livre, por conseguinte, ao desejo de lucro sucedeu uma desenfreada ambição de poder, a economia toda se tornou em ferozmente dura, cruel, atroz. A este se somam os danos gravíssimos que surgiram com a deplorável mistura e confusão entre as atribuições e cargos do Estado e as da economia, entre os quais, um dos mais graves, a queda de prestígio do próprio Estado que, livre de todo o interesse de parte, e atento exclusivamente ao Bem Comum e à Justiça, deveria ocupar a distante posição de árbitro supremo das coisas; faz o contrário, resultando escravizado e vendido à paixão e às ambições humanas."* E ainda, *"... salta aos olhos de todos aqueles que, nos nossos tempos, não só acumulam riquezas, que se acumula uma tirânica e descomunal política económica nas mãos de muito poucos, que a maior parte das vezes não são donos mas depositários, gestores e administradores de uma riqueza que manejam à sua vontade e arbítrio. Tal acumulação de riquezas e poder origina, por sua vez, três tipos de luta: em primeiro lugar, luta-se pela hegemonia económica: entrava-se o rude combate para se assenhorar do poder público e para poder abusar da sua influência e autoridade nos conflitos económicos:....finalmente, acordam entre si, diferentes Estados, porque as Nações empregam a sua força e as suas políticas para promover os interesses económicos dos seus súbditos, ou porque tratam de dirimir as controvérsias entre Nações recorrendo ao seu poderio e recursos económicos..."*[37].

Sem dúvida, os tempos actuais revelam-nos que a ciência económica e os economistas vêm colocando mais ênfase nos processos económicos (produção, consumo, distribuição e estabilidade) que nos interesses políticos e económicos subjacentes nas actuações e decisões dos protagonistas dos mesmos, como disse Galbraith[38]: *"um dos logros mais firmes da teoria económica, não necessariamente dos mais distinguidos, é a sua capacidade para acomodar interesses políticos e económicos concretos à sua visão do processo económico, o ensinamento do mesmo e a adequada acção pública. Sempre existirão artesãos....dispostos a prestar esse serviço"*. O poder com que decidem tais artesãos ou actores não foi objecto de tanta atenção no sector público como em âmbito do sector privado. Atrás de cada decisão, contudo, atrás de cada conduta, encontram-se convicções e crenças que consti-

---

[37] Citado em *"Princípios y Orientaciones del Magisterio Social de la Iglesia"*, CIES (Centro de Estudio de Ética Social), Bs. AS.
[38] J. K. GALBRAITH, *"La Cultura de la Satisfacción"*.

tuem os esquemas preferenciais, cujos critérios de valoração existem em função do quadro ético-normativo em que se desenvolve a actividade dos que tomam decisões públicas. Estas condutas económicas revelam-se num conjunto de restrições, regras ou de quadro institucional que não é independente do contexto ou matriz sócio-política e ético-cultural em que se desenvolve o sistema económico.

É por ele que a realidade actual dos países com maiores índices de corrupção nos demonstra que a economia tomou um caminho bem distante do dos processos sociais, desconfigurando a posição do Estado como representante último da salvaguarda económica das Nações.

Partidocracia

A moldura e o perfil do Estado contemporâneo baseia-se na função que o poder desempenha, podendo estar representado por democracias caracterizadas pela multiplicidade de partidos, ou pela ideia de partido único, ao serviço de uma única concepção de ordem social, podendo distinguir o totalitarismo, ou, preferindo-se, as autocracias com base popular. Isto proporciona-nos a chave da situação do Poder na estrutura do Estado actual.

Ora, será importante analisar a democracia e, mais precisamente, a postura dos partidos políticos e a forma com tal afecta os níveis de corrupção.

O tema sobre os esquemas dos grupos que *actuam sobre* a decisão política é um instrumento de aproximação à análise da sua génese. Permite mostrar, desde logo, a correlação e o condicionamento recíproco em que se encontram a Sociedade e o Estado, através dos grupos e forças sociais que actuam na realidade concreta. Demonstra, também, que o Poder se encontra enquadrado por uma pluralidade de forças políticas e sociais, e aqueloutras que se podem denominar como possuindo poderes de *acto,* que tendem a tirar-lhe força e a dispersar a sua função, ao mesmo tempo, paradoxalmente, que acrescentam tais funções ao Poder. As grandes uniões de trabalhadores, com poder social suficiente para paralisar, designadamente mediante greves gerais, a vida da Comunidade; os partidos políticos, cuja estrutura facilita que os comités executivos decidam sobre legislação; e as forças armadas – quando, de subordinadas, se desagregam conceptualmente e operam como subordinantes –, proporcionam uma nova visão do Estado e incidem na função que este deve cumprir dentro da organização política, multiplicando a sua actividade e competência nas áreas sociais e económicas, na mesma medida em que se exponenciam os poderes interiores e resultam mais imperativos os seus requisitos.

Em estruturas de cariz pluralista, de partidos e ideologias múltiplas, o governo realiza-se por meio das pretensões, tensões e pressões das forças sociais e respectivos interesses, que configuram a realidade social e política. As eleições são, afinal, técnicas de selecção do dirigismo político, mediante as quais o povo elege as suas autoridades[39]. O carácter representativo das autoridades depende, precisamente, de a sua designação ter tido, ou não, origem em sufrágio, sendo este uma expressão do poder eleitoral que tem por função a selecção e nomeação das pessoas que exercerão o poder nos órgãos do Estado. Os que mandam, fazem-no em obediência à ordem impessoal em que fundam as suas decisões; os que obedecem, fazem-no através da mesma ordem legal em cuja formulação participam.

Diferentemente da democracia tradicional, a democracia contemporânea amplia a participação do povo no *governo*. Isto realiza-se através da função da participação implementadas através do sufrágio, do referendo e da iniciativa popular; permite à Comunidade Política actuar sobre o Poder, delimitar as suas funções, tornar os governantes responsáveis pelos seus actos e conservar a sua autonomia, assegurando que o Poder emane do Povo. Deste modo, o sufrágio garante o autogoverno da Comunidade Política. Um olhar mais atento demonstra-nos que o processo político na democracia ocidental é realizado através do sistema de partidos, chegando os analistas, com posições mais extremadas, a afirmar que os partidos políticos são *"os donos do poder de Estado"*. Assim argumenta Duverger[40], afirmando que *"... como os partidos são dominados pela hierarquia e pela burocracia, os dirigentes políticos, querendo, dominam o Estado"*. A vida política corre perigo de ficar aprisionada dentro das estruturas partidárias, e é esta ditadura paradoxal dos partidos políticos que a doutrina denominou partidocracia.

Uma sólida opinião pública, um formato de eleição de primárias abertas ou um sistema semelhante de participação na pré-selecção de candidatos e a manutenção da possibilidade de candidaturas independentes, parecem, de entre

---

[39] As autoridades, perceba-se, em relação às quais esteja constitucionalmente determinado que sejam eleitas. Em sentido macro, há sectores de exercício de determinados poderes do Estado que não conhecem esta forma de aquisição de poder; as autoridades judiciárias e as autoridades policiais são, disso, o melhor exemplo. É, também, por tal ordem de razões que, actualmente, não raro, se assiste a comentários e opiniões publicamente assumidas por autarcas quando – face à justiça – entendem que o poder jurisdicional não pode ter a capacidade de os demitir, ou suspender de funções, sendo eles candidatos directamente eleitos pelo povo, e os titulares do poder judicial não. Com as devidas adaptações, é esta uma questão filosófica para reflectir, de facto.
[40] Citado por Carlos Fayt, *"La realidad política de nuestro tiempo"*, L.L., 1995.

alguns outros, mecanismos adequados para deter a hipertrofia dos partidos no processo político global. Não parece haver dúvidas que a evolução geral dos partidos, ao acentuar a centralização, a disciplina interior, privando de liberdade de acção aos militantes e parlamentares, se alheia, progressivamente, do mais profundo ideal democrático. Os parlamentares, na opinião de Duverger, transformam-se em máquinas de votar, conduzidas pelos chefes do partido; os órgãos legislativos compõem-se de homens do partido, submetidos a disciplina própria e programa partidário. Isto modificou, na essência, o regime parlamentar. Voltando aos partidos, sublinhe-se que quando se organizam em estruturas fechadas e encerradas em si, vão tomando o carácter de um *exército* ou de uma *igreja*. A sua disciplina *"... descansa sobre o manuseamento das armas, mais do que os corpos. O ardor, a fé, o entusiasmo e a intolerância reinam nestas igrejas dos tempos modernos: as lutas partidárias convertem-se em guerras de religião"*. De qualquer modo, o eleitor terá sempre a última palavra, o que indicia a fundamental importância da educação política, que também poder ser, por outra face, a pedra de toque para que a democracia se converta, serenamente, em partidocracia.

Seguindo esta linha de pensamento, Gustavo Beliz expressa que a crise de representação é o centro nevrálgico da crise do sistema democrático[41]. Dos três elementos clássicos que derivam do voto popular, a representação, a representatividade e a responsabilidade, apenas nos fica uma frágil recordação. A representação, como mandato imperativo que liga e obriga imediatamente o eleito ao eleitor, converte-se, assim, uma teoria jurídica que pouco (ou mesmo nada) tem que ver com a representação, depois daquele estar eleito graças ao voto cívico. As plataformas eleitorais não constituem, hoje, um contrato através do qual se possa estabelecer um vínculo fiável, a não ser no mero aspecto de que, no momento de exercer o poder, parece primar a lógica de *"não há alternativa"*. A representação fica reduzida a um exercício de justificação frente aos incumprimentos de promessas de campanhas eleitorais.

A representatividade também se encontra em juízo final, sobretudo pelo carácter – absolutamente – exclusivo que os partidos têm para determinar e indicar os candidatos que virão a ocupar um cargo público. Maurice Duverger já alertava na Europa pós-Guerra para a dupla tensão, ou duplo mandato, que parece algemar o legislador na forma de representar: *Pode mais a obediência ao partido que o nomeou, ou a soberania do eleitor que o consagrou através do voto?* O problema da representatividade – do consenso social que expressa determinado candidato ou funcionário –, interliga-se com um outro elemento nuclear, o

---

[41] GUSTAVO BELIZ, Obra citada.

qual se explicita quando os partidos se convertem em estruturas autistas, deixando de ser filtros instituídos para seleccionar candidaturas para se converter em *reis*, que exercem de forma absoluta e despótica tal prerrogativa.

A responsabilidade, por último, significa a capacidade de resposta do governante relativamente ao governado. Implica tanto uma questão de competência e eficácia no exercício da administração como uma questão de compromisso na relação pessoal com o eleitor. É aqui que aparece, claramente, o elemento distorcido da corrupção; um governo corrupto é um governo ineficaz, que desatende ao emprego correcto dos dinheiros públicos. Ora, perante esta falta de representatividade e responsabilidade dos governos, e perante a questão da corrupção interna e pública dos partidos políticos, atenta a imprescindibilidade dos mesmos para um sistema democrático, dever-nos-emos questionar se estamos em presença de uma democracia com partidos ou de uma democracia de partidos. A distinção não é, unicamente, de cariz terminológico, porquanto a actuação dos partidos políticos é cada vez mais relevante desprezando, por vezes, o conceito último da democracia.

Assim, podemos observar que as relações entre sociedade e poder revelam-se e suscitam-se por adesão ou lealdade a líderes ou grupos, sendo os conflitos éticos remetidos aos fins perseguidos por aqueles que ostentam o *Poder*, valorando as suas actuações, não por boa ou má gestão dos interesses *encomendados,* mas pela sua procedência, o que gera uma rigidez nos processos eleitorais que, ao impedir que se vão diluindo neles certos factos que repugnam, se acumulam até se manifestarem, bruscamente por vezes, através de sulcos eleitorais. Sucede de forma diferente quando a relação entre sociedade e poder se fundamenta numa autêntica participação democrática, na qual as reacções sociais perante os conflitos éticos se manifestam, paulatinamente, em cada processo eleitoral.

A primeira debilidade dessa falta de ética pública aparece quando os programas e promessas eleitorais não são cumpridos. Tal situação coloca-nos numa democracia débil, pela manifesta incoerência entre a legitimidade da origem e a legitimidade do exercício. Por outro lado, o facto da nossa sociedade ser pouco competitiva exige análises que permitam a existência de princípios integradores. A competência, e a forma como a mesma se reparte, não resulta num processo fácil, razão pela qual a falta de transparência e competitividade no quadro político – até ao nível das responsabilidades pedidas – se traduz na apresentação de programas que depois se não cumprem, figurino que acaba, indubitavelmente, por se transmitir aos âmbitos social e político. No âmbito político como no social e no económico, a competência requer, além de programas, hábitos e formas do seu exercício, pois a falta dos mesmos tende a confundir o adversário legal com o inimigo *a abater* e a considerar lícito utilizar qualquer tipo de armas e de desqualificações verbais que impedem uma verdadeira e ponderada reflexão nacional sobre a qualidade das *ofertas* eleitorais[42].

Podemos concluir, na breve reflexão efectuada, que os partidos políticos possuem uma tendência para não canalizar as aspirações sociais, mas a bloqueá-las quando convertem a organização num fim em si, sendo este, claramente, um perigo grave, e actual, da partidocracia.

A impunidade

Sem dúvida o termo impunidade não poderá deixar de ser aventado com algum empenho no quadro da nossa reflexão, atendendo a que a corrupção não poderia existir sem o seu sustento. Como indício de análise, etimologicamente, a palavra deriva do latim e significa *"sem castigo"* e tem a sua origem no vocábulo *punire,* sinónimo de castigo. O direito coincide com a definição etimológica, quer dizer, considera *impune* o que escapa ao castigo previsto pelas sanções da lei positiva. Se bem que a impunidade que ora nos interessa é aquela que se dá nos estratos do poder, o certo é que nas sociedades em que se instala como uma sensação, como um mal circundante, vai-se gerando em todos as áreas sociais, desde a educação familiar ou escolar até às relações laborais e, inclusive, cívicas. Assim, a impunidade imiscui-se como um quisto inextripável porquanto na consciência das comunidades existe a percepção social de que, se os mais poderosos não são reprimidos por grandes causas e razões, então menos o serão por razões ou causas menores, que serão, eventualmente, a base da rotina do *acto corrupto.*

Tal situação leva a que, inelutavelmente, se forme uma sociedade que vai enfermando de um mal degenerativo, que lhe retira a consciência ética que respeita aos valores e conceitos exigidos pela convivência social e pelo Estado de Direito. Neste sentido, Rodriguez Kauth afirma que *"a impunidade produzida pela corrupção fere a sensibilidade colectiva e facilita o aparecimento de uma imaginário social no qual* tudo é permitido *"já que, se os que roubam milhões de dólares não são culpados, então porque razão não posso eu levar as coisas do meu gabinete para casa que os meus filhos a usem?"*. Esta perigosa forma de impunidade[43] é, sobretudo, dada

---

[42] Os centralismos políticos das democracias débeis e pouco avançadas, com o seu excessivo intervencionismo, não permitem o jogo de modelos sociais e económicos descentralizados, próprios de uma ordem de competência real.

[43] Sobretudo com impacto na saúde do *corpo social.*

a conhecer por aqueles casos em que, sendo conhecidos os autores, estes não são perseguidos por razões de ordem política, que são sempre abusivas e próprias de Estados em que as liberdades foram encerradas e cerceadas, a imprensa amordaçada, os tribunais transfigurados e o poder entregue nas mãos de uma minoria sustenida pela coacção, pelo medo e pela cobardia geral. Interessa-nos, contudo, abordar a corrupção estatal sustentada pela impunidade dos governos, tendo, já, aludido no pensamento que vimos expondo, às áreas de impunidade presentes nos estratos de poder; podemos, assim, diferenciar, quatro tipos: social, político, económico e jurídico.

Do ponto de vista social, a corrupção gera-se nos pequenos actos quotidianos, produto, como vimos, das descrenças populares, uma vez que a desconfiança no sistema gera, obviamente, impotência. Assim, o esqueleto social quebra-se, colocando-se os indivíduos e os grupos de molde a salvar-se cada um por si, fórmula infeliz que reflecte, claramente, a perda da solidariedade social, substituindo-se esta pelo reinado do *individualismo social*, um dos factores de quebra da *verdadeira* concepção democrática.

Politicamente, já expusemos as deficiências actuais que minam os partidos políticos e a quantidade de práticas corruptas que podem estar envolvidas nos processos eleitorais, descuidando-se, desta forma, a representatividade e o respectivo cumprimento das obrigações assumidas perante o povo eleitor; assim, pode dizer-se que tais práticas vão desde o nepotismo[44] até ao desvio, descarado, de fundos públicos para fins particulares.

Do ponto de vista económico, observámos que a responsabilidade que cabe aos grupos dirigentes pela selecção de programas e planos económicos sustentados por altos níveis de corrupção os quais interferem, e vingam, em detrimento dos interesses nacionais.

Finalmente, em termos jurídicos, devemos restringir-nos especificamente ao direito penal, porquanto será em tal quadro sancionatório que recai a responsabilidade principal de reprimir o ilícito. Desde logo, estarão em causa discussões do foro ideológico que oscilam entre sistemas garantísticos ou mais opressores. Não obstante a discussão fundamental neste ponto nos parecer ser a preocupante falta de preservação da divisão de poderes e, designadamente, a forma de nomeação dos juízes, pilares funcionais fundamentais do Estado de Direito. É, precisamente, nos países com níveis mais acentuados de corrupção, aqueles onde se suscitam as maiores questões sobre o funcionamento da jus-

---

[44] Atendendo à acomodação e ingresso dos funcionários e/ou colaboradores, sem ter minimamente em conta a respectiva idoneidade para os cargos.

tiça, seja por uma paupérrima selecção de magistrados, ou seja porque a aplicação da lei pelos mesmos, aos quadros de corrupção, não tem o rigor exigível a tal função e a tal fim jurídico. O mau funcionamento da justiça é, sem dúvida, a causa principal da impunidade. Aliás, recordando-nos de que a sua génese significa *sem castigo*, quem mais será responsável senão a entidade encarregada de o aplicar?

Analisadas as áreas mais destacadas de impunidade, resta-nos aferir o acto concreto da corrupção *amparado pela impunidade*, sabendo de antemão que não estamos perante um episódio fugaz e marginal, uma vez que, ao encarar a corrupção nas grandes esferas do poder político ou privado, é notório que a mesma se converte, infelizmente, num enredo no qual um grupo de indivíduos se unem com o fim de cometer delitos sem castigo. Incluem-se os poderosos, mais ou menos cultos, com maior ou menor acento intelectual, organizados com vista ao enriquecimento e ao reforço do poder, incluindo-se, ainda, partidos políticos e seus representantes e/ou dirigentes, *lobys* económicos, grupos protegidos, entes estatais, bancos e comissionistas. O acto corrupto praticado por tais sujeitos inicia-se com um corruptor e um corrupto, não se esgotando, contudo, em tal fórmula. Precisa de um sistema que garanta a impunidade do facto ilícito e que continue a sua protecção até à resguarda dos fundos (e objectivos) obtidos.

Em tal sentido, Conil Paz[45] sustenta que existe uma maquinaria perfeita que oculta a titularidade e origem dos fundos entregues, ressalvando tanto quem os dá, como o ente que os recebe, acrescentando, ainda que "... *sem a mais absoluta e completa impunidade a corrupção é impensável*". Muitos políticos viveram durante dezenas de anos, e vivem ainda, em perfeita tranquilidade, sem o menor assalto de temor e sem a menor dúvida de que poderão ser castigados. A prova é que em tais países a responsabilidade penal nunca ascende a níveis muito assinaláveis.

Ora, não basta receber o dinheiro, há que o preservar. Tal regra, já difícil por si quanto a um homem honesto, complica-se com o corrupto, uma vez que tem uma preocupação acrescida em ocultar (desde que com fácil e garantido acesso à sua disponibilização). Em tais processos, poderão estar em causa circuitos de protecção mundial, seja através da lavagem de capitais, ou através da estrutura financeira internacional que, sob a capa do sigilo bancário, *limpa* qualquer nome. O acto corrupto, como o entendemos, tem como guia de base a impunidade, sem a qual nada conseguiria; é por tal ordem de razões que refe-

---

[45] ALBERTO CONIL PAZ, "*Justicia o corrupción*", em L.L., 1998.

rimos que se a falta de castigo é o problema a justiça é, sem dúvida, a solução. A impunidade configura-se, assim, como a causa maior da corrupção, pelo que estará no âmbito das sociedades verdadeiramente livres empreender o caminho para a transfiguração e adaptação do sistema judicial a fim de ser restabelecido, de facto, o Estado de Direito.

*A mediação como caminho da Justiça – A mediação penal**

CONSELHEIRO J. O. CARDONA FERREIRA

I

A proclamada crise da Justiça, na medida em que afecta o sistema judicial, posto que está feito o diagnóstico dos seus males, deve fazer pensar nos remédios que melhorem o sistema, ou seja, que *nele* se introduzam com intuitos de melhoria. E, no âmbito destes *remédios*, estão os chamados *meios alternativos*, inclusive a mediação.

Só que a expressão *meios alternativos* tem *criado, ela própria, sentidos alternativos*, isto é, sentidos diferentes.

A Justiça pode ser *impositiva, injuntiva;* ou *dialogada, cooperante*.

A mediação vem a ser um meio de Justiça dito alternativo mas, a meu ver, não pode deixar de ser um mecanismo, um instrumento, embora funcionalmente autónomo, harmonizado com a Jurisdição.

A Justiça, constitucionalmente, compete aos Tribunais, face à reserva constitucional da sua aplicação[1].

Portanto, o carácter *alternativo* deve estar *no modo* de fazer a Justiça – tendencialmente dialogada, cooperante – *e não no Órgão* ou num aparente "paralelismo" que, além de nunca o ser verdadeiramente, a meu ver, equivaleria a um sentido redutor da unidade da Justiça ou, numa outra perspectiva, controversa à luz do princípio da separação de Poderes do Estado[2].

---

* Este texto foi aquele com que colaborei nos Estudos comemorativos dos 90 anos do insigne Mestre, "decano dos civilistas portugueses", Prof. Doutor Inocêncio Galvão Telles.
[1] Artigo 202.º da Constituição da República Portuguesa; GOMES CANOTILHO, *Direito Constitucional e Teoria da Constituição*, 6.ª ed., 653 e segs.
[2] Artigo 111.º, n.º 1, da Constituição.

De todo o modo, a mediação, de que sou adepto, surge, hoje, com uma grande dinâmica mas, tal como os Julgados de Paz ou a Arbitragem ou a Conciliação – esta já, tradicionalmente, integrada no sistema judiciário – é algo que provém de séculos passados embora, naturalmente, revisitada e revestida com roupagens do nosso tempo.

Haja em vista, designadamente, o Regimento de *1519*, dito "Ordenação e Regimento dos Concertadores de demandas"[3], que é um verdadeiro regulamento sobre Julgados de Paz e mediação.

A meu ver, hoje, a mediação é, como resulta do que já expressei, um excelente mecanismo que deveria ser *utilizável por qualquer Tribunal*, sempre sem prejuízo das funções do Juiz, mormente da sua competência para homologar – ou não – qualquer acordo, posto que a homologação de acordo é acto próprio de sentença, vale dizer, de um Juiz[4].

Vai neste sentido, o Direito Comparado, designadamente o Direito francês[5]; e o projectado Direito Comunitário[6].

São da natureza da mediação certas características, como a circunstância de ser feita por quem não irá julgar a causa se tiver de haver julgamento *contencioso* – o que não quer dizer que um Juiz não possa ser mediador mas, apenas, que quem aja como mediador não deve fazer julgamento *contencioso* da mesma causa[7]. Por tudo isto e o mais que poderia ser acrescentado, tenho por adequado que a mediação seja, desejavelmente, inserida no âmbito da Jurisdição, ganhando, com isso, incontroversa *mais valia* que pode, e deve, concorrer para a confiança dos cidadãos. Jurisdição e mediação só têm a ganhar com a sua conjugação e, com isso, ganharão os cidadãos: o que é o mais importante.

II

Tudo isto vem a propósito da Proposta de Lei sobre mediação penal.

A mediação penal é, talvez, a mais controversa modalidade de mediação.

---

[3] Meu livro *Justiça de Paz*, da Coimbra Editora, págs. 113 e segs., *ut* PESSOA VAZ, *Poderes e Deveres do Juiz na Conciliação Judicial*.
[4] V.g. princípio ínsito no artigo 300.º do CPC, como verdadeiro direito processual judicial comum.
[5] Lei 95-125, de 08.02.1995; artigo 131-12 do Novo CPC francês; artigo 41-2 do CPP francês.
[6] Artigo 5.º da Proposta de Directiva [SEC(2004)1314].
[7] Algo semelhante ao que acontece na separação de funções entre os Juízes de instrução e de julgamento.

Mas, nem por isso menos adequada, desde que muito cuidada e, a meu ver, respeitante a crimes não públicos que, naturalmente, são graves e em que difícil é a concepção de acordo entre infractor e *ofendido*, principalmente a própria colectividade.

De todo o modo, a mediação penal de adultos decorre, directamente, da Decisão-Quadro da União Europeia (do Conselho), de 15.03.2001 (2001/220/JAI), e tem suscitado largo consenso.

Dúvidas acontecem, apenas, quanto ao *modo* de implementar a mediação penal.

As observações que seguem restringem-se ao que expus quando tive a honra de ser ouvido acerca da Proposta de Lei sobre mediação penal de adultos.

Quero deixar claro – e, isto, expresso ao longo do texto – que, a meu ver, se trata de uma inovação positiva. Apenas acresce que gostaria de uma maior ênfase de valores que tenho por nucleares.

O que pretendo é, tão só, cooperar no caminho a que chamo de Justiça cooperativa.
Por natureza, legisladores são os titulares do Poder Legislativo do Estado.

Mas, em verdade, penso que o melhor modo de, efectivamente, cooperar, civicamente, com o Poder Legislativo do Estado consiste em sugerir o que parece adequado.

Dito isto.

III

A Proposta de Lei de mediação penal de adultos, cujos estudos têm sido aprofundados e deverão ser concluídos, crê-se, em 2007, enraíza – tal como, perfunctoriamente, já reflecti – numa Decisão-Quadro da U.E., *qua tale* vinculativa. Mas não é demais insistir que, para além disso, existe – creio – um espectro alargado de consenso sobre justificação de inovações na resolução de conflitos.

Também eu sou adepto da medida em causa, a mediação, absolutamente convicto da sua necessidade, razoabilidade, e no equilíbrio geral da Proposta em apreço; pesem embora algumas sugestões que vêm na linha dos Pareceres, sobre a matéria, do Conselho de Acompanhamento dos Julgados de Paz, a que tenho a honra e o gosto de presidir.

Não querendo alargar demasiado este texto, não entrarei senão em três questões, que me parecem mais relevantes, embora, creio, as mais difíceis. Mas há que enfrentá-las claramente e assumir opções.

Não entrarei portanto, em problemáticas que considero secundárias, ainda que mais fáceis de abordar e, aliás, também com importância, de que me limito, muito brevemente, a enunciar algumas:

1. Porque não prever-se para a mediação, também, iniciativa do ofendido ou do arguido, *no decurso do processo penal*[8] (artigo 3.º, n.º 1)?
2. Porque não admitir que o mediador possa ser designado independentemente de regra "sequencial" ponderando as circunstâncias concretas da causa [artigos 3.º e 11.º, n.º 2, *c*)]?
3. Porque não, o M.P., dever esclarecer e auscultar os interessados antes de remeter o processo para mediação, evitando actos porventura inúteis (artigo 3.º, n.ºs 1 e 2)?
4. Porque não prever que o M.P. possa insistir pela mediação, apesar de posição contrária do mediador (artigo 3.º, n.º 3)?
5. Porque não, perante um sistema dito informal, não prescindir da formalidade de escrito de consentimento da mediação (artigos 3.º, n.º 4 e 4.º, n.º 1)?
6. Porque não incluir, *também,* solicitador nas possibilidades de acompanhamento do arguido e (ou) do ofendido *além* de advogado ou advogado estagiário (artigo 8.º)?
7. Porque não repensar a comissão de fiscalização da actividade dos mediadores, prevista no n.º 6 do artigo 33.º da Lei n.º 78/2001, que não chegou a ser constituída (artigo 10.º, n.º 6)?
8. Porque não aplicar o regime de mediação penal, inclusive, a processos pendentes à data de entrada em vigor da futura lei, já que se trata de medida positiva[9]?
9. Porque não incluir, na própria lei, o Conselho de Acompanhamento dos Julgados de Paz no elenco das entidades avaliadoras do exercício da mediação penal na medida em que ocorra, como é natural, nos Julgados de Paz (artigo 14.º, n.º 2)?

IV

O esquema projectado revela, a meu ver, uma significativa melhoria quanto ao Anteprojecto.

---

[8] Os artigos citados, quando não refiram a origem, são do texto da Proposta de Lei.
[9] Reconheço que, nesta matéria, haveria que cuidar em não congestionar os serviços de mediação logo no início.

Aliás, como disse, apoio a Proposta na sua intencionalidade e nos seus contornos gerais. As interrogações que deixo e o que direi a seguir resultam da intenção de, modestamente embora, procurar contribuir para o justo e necessário êxito da mediação penal, à luz, designadamente, da referida Decisão-Quadro da U.E., da Recomendação 99 (19) do Conselho da Europa (Comité de Ministros), de 15.09.1999 e, mesmo da Proposta de Directiva da U.E. [SEC (2004) 1314], de 22.10.2004 que, embora, directamente, sobre mediação dita civil e comercial, se reveste de princípios e valores ponderáveis em qualquer tipo de mediação, aliás numa perspectiva tendencialmente uniformizadora no âmbito da União[10].

Como assim, considero pontos principais, ainda que, como já disse, os mais difíceis ou (e) controversos, os seguintes.

1. *A dimensão do carácter confidencial da mediação (artigos 4.º, n.º 3 e 11.º, n.º 3)*

Sei perfeitamente – todas as pessoas que se têm dedicado a estudar os sistemas extrajudiciais de Justiça o sabem – que a confidencialidade é um atributo indispensável da mediação. Já o citado Regimento de 1519, que é um texto notável sobre "concertadores de demandas", verdadeiros Juízes de Paz[11], o frisava.

Mas esse atributo da mediação é absoluto?

Creio que não pode sê-lo.

Aliás, implicitamente e, a meu ver, de forma a suscitar dúvidas de interpretação e aplicação que convém evitar, o n.º 3 do artigo 4.º parece apontar neste sentido ao prever a não valoração "como prova em processo penal".

Que quer isto dizer?

Analisando textos sobre o assunto e a *razão da confidencialidade*, torna-se claro que tal característica tende a criar confiança nos interessados, confere com a sua vontade presumível e significa que as conversações em mediação não podem servir de prova, em processo penal, em especial *no caso que esteja em apreço*. Isto, como princípio garantístico dos interessados.

Mas, atentos, justamente, os pressupostos da confidencialidade, creio que não podem deixar de ficar fora da confidencialidade hipóteses de *acordo* dos

---

[10] V.g. artigo 95.º do Tratado da U.E. vigente.
[11] José Dias Ferreira, *Novíssima Reforma Judiciária*, 54.

próprios mediados e do mediador *quanto à utilização dessas conversações* mesmo no próprio processo, se prosseguir. Friso: *acordo dos interessados e, com isto,* não deixando de se garantir o valor da confiança.

E, para além disso, como resulta da citada Proposta de Directiva da U.E., devem relevar, mais do que uma genérica confidencialidade, os valores atinentes a "imperiosas razões de ordem pública, em especial quando necessárias para assegurar a protecção de crianças ou evitar danos à integridade física ou psicológica de uma pessoa", aliás, diria para evitar a prática de qualquer acção delituosa[12].

Significativamente, o n.° 4 do Código Europeu de Conduta dos Mediadores, da U.E., de 2 de Julho de 2004, embora sem carácter impositivo, prescreve, como princípio, que as sessões de mediação são confidenciais mas ressalva "obrigação legal" ou "acordo" das partes interessadas. Na linha de certa excepção ao regime de confidencialidade em mediação já se encontra o artigo 13.° do Regulamento da mediação em Julgados de Paz, aprovado pela Portaria n.° 1112/2005, de 28 de Outubro.

Outrossim, é de reflectir que o artigo 135.° do C.P.P. reporta-se, como é natural, a *tramitação* sobre segredo profissional, mas não prescinde de normatividade *substantiva* sobre a entidade profissional que estiver em causa.

Naturalmente, como se sabe, a redacção normativa tem de ser cuidada porque a confidencialidade é princípio seguro da mediação. Só que, a meu ver, não pode ser absoluto. Para além da hipótese de acordo dos interessados, suponha-se que, durante a mediação, é revelada a *futura* prática de um crime. Mais melindrosa é a revelação de *anterior*[13] prática de outro crime que não o da causa em questão.

Conclusão:

Creio que se justifica explícita clarificação do n.° 3 do artigo 4.°, e do n.° 3 do artigo 10.° (segredo profissional), assumindo o princípio da confidencialidade, mormente no processo em causa, mas ressalvando *acordo* dos interessados e motivos de *interesse e ordem pública*.

---

[12] Em sentido clarificador, por exemplo, FERREIRA PINTO, *A Introdução da Mediação Vítima-Agressor no Ordenamento Jurídico Português*, 79.
[13] A meu ver, a merecer idêntico tratamento, pelo menos se se tratar de crime público.
Ou mesmo, por estranho, mas não impossível, que fosse, admita-se a hipótese de ilícito praticado *durante* a mediação: ficaria, necessariamente, "confidencializado"?

2. *A restrição da mediação penal à fase de inquérito (artigo 3.º)*

Bem sei que o projecto é experimental.
Aliás, *nenhuma lei é definitiva.*
A questão está em que, exactamente porque se diz experimental, a meu ver, mais seria desejável um passo maior.

Penso que importante é a Justiça. Não são os sistemas. Estes são, apenas, *meios* para se atingir aquele *fim*. Nesta perspectiva, deve haver interdisciplinariedade entre os vários sistemas. *Não deve haver concorrência mas, sim, confluência.* Isto vale por dizer, concretizando que, face à já citada reserva constitucional da aplicação da Justiça, *que compete aos Tribunais*, a mediação deve ser uma *ferramenta* utilizável para ajudar à realização da Justiça, sem excessivos limites, muito menos com afastamento das jurisdições.

Conjugada esta ideia com a não restrição da mediação a qualquer fase do processo penal à luz da Decisão-Quadro de 15 de Março de 2001 e, mais claramente, atendendo aos *termos não limitativos da Recomendação do Conselho da Europa N.º R (99) 19*, que se reporta, explicitamente, a que a mediação em matéria penal deveria ser possível em todas as fases do processo penal; creio que melhor seria não limitar, desde já, a possibilidade de mediação penal à fase do inquérito. *Se a medida é justa e útil (e é), é-o em qualquer fase processual.* Naturalmente, isto levaria, justamente, a que também o Juiz pudesse propor a mediação aos interessados. O que, aliás, nada impediria a possível iniciativa do M.P.

Conclusão:

Alargaria a possibilidade de mediação penal, desde já, e ainda que experimentalmente, a qualquer fase processual.

3. Finalmente e numa linha de interdisciplinariedade e de harmonização que deve haver entre os intervenientes processuais, *não afastaria o Juiz da inovação projectada.*

O Juiz é um servidor dos seus concidadãos, posto que decide em nome do Povo[14]. Todos os magistrados e, portanto, todos os Juízes, devem ter formação adequada clara também em sistemas extrajudiciais de Justiça, como é o caso da mediação. E, se essa formação escasseia, então não é só aos Juízes que escasseia. De resto, tudo começa por ser uma questão de sensibilidade que ou se tem ou não se tem.

---

[14] Artigo 202.º, n.º 1 da Constituição.

Por outro lado, e bem, *o processo penal caracteriza-se por uma linha de harmonização processual entre a acção do Juiz e a do M.P.* – o que, obviamente, não retira, ao M.P., a titularidade da acção penal[15] e, ao Juiz, a independência jurisdicional[16].

Acresce que, em qualquer situação de mediação penal que alcance um acordo, estão em causa não só a percepção de *consciência* clara dos intervenientes mas, também, *limites legais, proporcionalidade* e, essencialmente, *dignidade humana* (artigo 6.º, n.º 2 da Proposta) e, assim, um princípio constitucional (justamente, o da dignidade[17]). Penso mesmo que, num tal contexto, a homologação deve ser feita na presença e face aos interessados.

E, importantíssimo, normalmente, estarão em causa *condições sancionatórias do arguido*. O crime pode ser "particular", mas uma *condição sancionatória é algo, tipicamente, jurisdicional*.

Repare-se, designadamente, no artigo 4.º, n.º 1, da Proposta: "... acordo que permita a *reparação dos danos* causados pelo facto ilícito e contribua para a restauração da paz social"; e no artigo 6.º, n.º 2: "No acordo *não podem incluir-se sanções* privativas da liberdade ou deveres que ofendam a dignidade do arguido ou cujo cumprimento se possa prolongar por mais de seis meses".

Isto significa que *podem ser impostos deveres ao arguido não só de reparação de danos mas, também, de carácter alternativo à prisão*, desde que respeitem a dignidade do arguido e tenham um limite temporal. Mas, isto, também significa, creio, que tem de haver *proporcionalidade concreta* não só quanto à essência das sanções mas, também, quanto à sua dimensão temporal.

Esta orientação pode trazer à colação, em concreto, opções idênticas às próprias da suspensão provisória do processo penal, descritas no n.º 2 do artigo 281.º do CPP[18]:

---

[15] Artigo 219.º da C.R.P.
[16] Artigo 203.º da C.R.P.
[17] Artigo 1.º da C.R.P.; JORGE MIRANDA e RUI MEDEIROS, *Constituição Portuguesa Anotada*, I, 53.
[18] A redacção transcrita, do n.º 2 do artigo 281.º do CPP, era vigente ao tempo em que este texto foi escrito. Hoje, a redacção do n.º 2 do artigo 281.º do CPP, decorrente da Lei n.º 48/2007, de 29 de Agosto, tem literalidade algo diversa, que não altera o sentido do texto, a saber:

São oponíveis ao arguido, cumulativa ou separadamente, as seguintes injunções e regras de conduta:

    a) Indemnizar o lesado;
    b) Dar ao lesado satisfação moral adequada;
    c) Entregar ao Estado ou instituições privadas de solidariedade social certa quantia ou efectuar prestação de serviço de interesse público;

São oponíveis ao arguido as seguintes injunções e regras de conduta:

a) Indemnizar o lesado;
b) Dar ao lesado satisfação moral adequada;
c) Entregar ao Estado ou a instituições privadas de solidariedade social certa quantia;
d) Não exercer determinadas profissões;
e) Não frequentar certos meios ou lugares;
f) Não residir em certos lugares ou regiões;
g) Não acompanhar, alojar ou receber certas pessoas;
h) Não ter em seu poder determinados objectos capazes de facilitar a prática de outro crime;
i) Qualquer outro comportamento especialmente exigido pelo caso.

Em semelhante orientação encontram-se situações de deveres relativos à suspensão da execução da pena de prisão[19].

Aliás, *tudo sem esquecer as regras específicas do instituto em causa, designadamente, o que resultar dos citados artigos 4.º, n.º 1 e 6.º, n.º 2, da Proposta sob análise.*

Neste contexto, uma homologação de acordo com os seus contornos naturais é, assim e por definição, um acto próprio de intervenção jurisdicional[20]. Não vai, nisto, a mínima desconsideração pelas indispensáveis intervenções dos outros intervenientes nos sistemas de Justiça, para além do Juiz. Todos são necessários e todos têm a sua importância. E a ninguém está vedado, dentro dos respectivos pressupostos, que opte pela função jurisdicional. O que já seria menos aceitável seria uma certa confusão entre titularidades e actuações.

Por outro lado, se procurarmos uma visão *analítica* do texto projectado, o que se infere, na essência do que subjaz à literalidade – aquela, bem mais importante do que esta, em qualquer hermenêutica jurídica[21] – *na altura da*

---

d) Residir em determinado lugar;
e) Frequentar certos programas ou actividades;
f) Não exercer determinadas profissões;
g) Não frequentar certos meios ou lugares;
h) Não residir em certos lugares ou regiões;
i) Não acompanhar, alojar ou receber certas pessoas;
j) Não frequentar certas associações ou participar em determinadas reuniões;
l) Não ter em seu poder determinados objectos capazes de facilitar a prática de outro crime;
m) Qualquer outro comportamento especialmente exigido pelo caso.

[19] V.g. artigo 51.º do C.P.
[20] Princípio de Direito Processual: v.g. art. 300.º, n.º 3 do C.P.C.
[21] Artigo 9.º do C. Civil.

homologação de acordo mediado, o que resulta não é tanto uma imediata desistência de queixa – que, a sê-lo, teria consequências irreversíveis – mas, sim, com um ou outro nome, um certo tipo de suspensão procedimental ou, se se quiser, o que substancialmente vem a resultar no mesmo, uma espécie de desistência *sob condição resolutiva*, a troco de *condicionantes-sanção substitutivas de pena*. Claro que, se se tratasse de verdadeira e própria desistência de queixa, viriam ao caso, designadamente, o artigo 116.º do C.P. e o artigo 51.º do C.P.P.[22]: artigos 4.º, n.º 1 e 6.º, n.º 2, do Projecto.

O modelo do relevo do acordo parece-me certo. O que, consequentemente, pondero é o seu *real significado* e as *consequências, na harmonia da ordem jurídica*.

Ora se, na essência das coisas, o que está em causa é algo do tipo suspensão procedimental, mediante condicionantes da conduta do arguido, segue-se que, à luz do artigo 32.º da C.R.P. e na linha dos artigo 280.º e 281.º do C.P.P., *não pode deixar de ser considerada a posição de um Juiz* antes da decisão do M.P., admitindo que, atendendo à fase processual, a decisão será do M.P. (sem prejuízo de a constitucionalidade do sistema pressupor concordância jurisdicional, vale dizer de um Juiz: citado Acórdão do Tribunal Constitucional n.º 7/87, de 9 de Janeiro de 1987, in D.R., 1ª série, sup., de 09.02.1987; Acórdão da Relação de Guimarães de 16 de Janeiro de 2006, Proc. 541/05-1). É aliás, uma situação *paralela* à de pena suspensa (artigo 492.º e segs. do C.P.P.; artigo 51.º do C.P.) e de processo penal sumaríssimo (artigo 392.º e segs. do C.P.P.), *mutatis mutandis*.

O que se deve, penso, acrescentar é que *desistir de uma queixa é uma coisa; estipulação de condicionantes é outra*.

Creio, assim, que não é o acordo ou a homologação que, efectivamente, levam ao termo do processo e à definitividade de desistência. Ou seja, é o cumprimento dos *condicionalismos – substitutivos de pena –* pelo arguido, ou o decurso de prazo de um mês após incumprimento: alcance do artigo 5.º, n.º 4.

---

[22] Não retomo, directamente, a problemática sobre constitucionalidade, ou não, da arquitectura do inquérito face ao artigo 32.º, n.º 4 da C.R.P., a que se reporta, p.ex., o importante voto de vencido de Vital Moreira no Acórdão n.º 7/87, do Tribunal Constitucional, de 9 de Janeiro de 1987 (D.R., 1ª série, sup., de 9 de Fevereiro de 1987). Mas, significativamente, segundo GOMES CANOTILHO e VITAL MOREIRA, na 4ª edição da *Constituição da República Anotada*, pág. 521, reportando-se à cisão pela lei ordinária, entre "inquérito" e "instrução": "… a decisão ficou longe de convencer e de encerrar a controvérsia. No entanto, sempre se deve entender, pelo menos, que *na fase pré-instrutória carecem de intervenção do juiz os actos que afectem os direitos, liberdades e garantias*". Este último segmento é, especialmente, importante no que concerne ao tema, aqui e agora, sob análise.

Quando muito, dir-se-ia, como aflorei, uma situação do tipo *desistência sob condição resolutiva*. Mas nem isto, todavia, chega a redundar num "provisório termo" do inquérito porque, entretanto, o M.P. tem de controlar o cumprimento do acordo: artigo 6.º, n.º 3.

A ideia de simples suspensão dos efeitos da queixa inicial está reflectida, designadamente, no artigo 6.º, n.º 2, respeitante à *suspensão* dos prazos de prescrição de procedimento criminal até à data fixada para cumprimento do acordo, pressupondo que este cumprimento virá a ocorrer.

Tudo isto faz considerar uma situação de *real* suspensão provisória do procedimento criminal numa orientação do tipo prescrito pelo artigo 281.º do C.P.P.

E a questão radica aqui.

Mesmo admitindo uma leitura mais literal da situação e portanto, mesmo para quem entenda que não se trata de suspensão condicionada, creio claro que a situação concreta é, claramente, *análoga* à da suspensão – muito mais do que à imediatista desistência, na generalidade dos casos – e, assim sendo, creio que o regime a trazer à colação é o da *harmonização M.P. – Juiz* e, assim, intervenção *também* de Juiz, posto que está em causa a homologação de *condicionantes-sanção substitutivas de pena*. Em verdade, creio que *não seria razoável desarmonizar a ordem jurídica optando por soluções diferentes em situações idênticas*. Ora, o artigo 281.º da Constituição é expresso quanto à necessidade de intervenção de um Juiz, mesmo na fase de inquérito; sem que possamos esquecer toda a dinâmica constitucional que lhe subjaz, a partir do sentido do artigo 32.º da CRP e do Acórdão n.º 7/87 do Tribunal Constitucional.

Por outro lado, em *Direito comparado*, a legislação francesa, sem prejuízo da iniciativa do M.P., prevê que, realizado o acordo penal mediado, o Procurador da República requeira ou proponha ao Presidente do Tribunal a validação do acordo: artigo 41-2 do C.P.P. francês.

E, se formos ver a Proposta de Directiva da U.E. [SEC (2004) 1314], embora dita sobre mediação civil e comercial, mas com regras gerais, justamente, creio, algumas mais relevantes em Direito público, lá encontramos a *privilegiada* confirmação por sentença (artigo 5.º), que é um acto típico de Juiz[23].

Voltando a Portugal, a ordem jurídica portuguesa já tem medidas de mediação de raiz penal, embora tutelar, sem exclusão da intervenção jurisdicional: artigos 42.º e 104.º da Lei n.º 166/99, de 14 de Setembro (sobre esta temá-

---

[23] Artigo 156.º do Código de Processo Civil, diploma de sentido básico comum em matéria processual (v.g. artigo 4.º do CPP).

tica, existe um conjunto normativo muito interessante, do Instituto de Reinserção Social, de 2004).

Outrossim, nos Tribunais[24] que são os Julgados de Paz, o sistema também é o de homologação de acordo pelo Juiz, mesmo obtido em mediação e, mesmo, em matéria de raiz criminal[25].

O sistema básico, creio, deverá ser harmónico. Caso contrário e, por exemplo, tendo sido obtidos acordos em mediações realizadas em Julgado de Paz, *mesmo nos casos da competência do Juiz de Paz*, este teria a sua competência restringida, ou não, por razões simplesmente formais, o que também desigualaria situações idênticas.

Naturalmente, uma lei ordinária pode ter orientação diferente de outra lei ordinária. Mas não creio que se pretenda desequilibrar o sistema, tanto mais quanto é certo que deve haver unidade[26] ou uniformidade na globalidade do sistema de Justiça que, na problemática sob análise, é coerente, razoável e respeita princípios constitucionais.

A meu ver, os diversos sistemas de Justiça, mesmo os ditos "alternativos" ou extrajudiciais, não podem ser *portas de edifícios* diferentes. Têm de ser *portas do mesmo edifício.*

A Justiça Restaurativa é, seguramente, desejável.

Mas penso que o seu êxito decorre da confiança das jurisdições[27] e dos cidadãos. Para esta desejável e desejada confiança concorrerá a realização daquilo a que se vai chamando o *direito ao Juiz*[28].

A mediação penal é um caminho inserível nas vias da Justiça, perspectivável como algo, embora específico, abrangível pelo conceito lato de "diversão", para utilizar uma expressão cara a José de Faria Costa[29]. Ora, os caminhos de "diversão", em matéria processual – penal são raiz de medidas, entre outras, do tipo arquivamento com dispensa de pena ou de suspensão procedimental.

Por outro lado, a mediação, para sê-lo, tem de primar por um sentido de cooperação.

A cooperação entre arguido e ofendido, potenciada pelo mediador, só terá a ganhar se se lhe juntar *a mais valia da cooperação entre M.P. e Juiz,* sem prejuízo, antes em sintonia com afloramento do princípio da oportunidade.

---

[24] Artigo 209.º, n.º 2 da Constituição.
[25] Artigos 9.º, n.º 2 e 56.º da Lei n.º 78/2001, de 13 de Julho.
[26] Regra geral do artigo 9.º do Código Civil.
[27] Temáticas de um colóquio em que estive, recentemente, em França.
[28] O Juiz é o Guardador de Promessas, na expressão de ANTOINE GARAPON.
[29] "Diversão (desjudicialização) e mediação: que rumos?", *in* Boletim da Faculdade de Direito de Coimbra, volume LXI, 91 e segs.

Não posso, aliás, esquecer a idiossincrasia do País que somos. Por isso, pondero o possível alcance das palavras de José de Faria Costa no estudo citado, ao falar dos rumos da "diversão" e mediação (B.F.D.U.C., LXI, 155/156), que cito com a devida vénia:

> (...) Sucede, todavia, que, neste particular, o recurso a um juiz que está acima das partes em conflito, ungido, ainda que formalmente, pela força da imparcialidade que o múnus lhe confere, dá à decisão por aquele proferida uma dignidade indesmentível cuja ressonância se reflecte no facto de largos sectores da comunidade a considerarem ainda como a única expressão válida e legítima da aplicação da justiça, mormente quando se trata de problemas criminais (...).

Em verdade, tenho como certo que *a intervenção jurisdicional, longe de desvalorizar a mediação, potencia a sua relevância, aceitabilidade e, portanto, eficiência restauradora de Paz.*

Diria, assim, *resumindo*:

– Quer por força de existência de uma situação típica de *suspensão* de procedimento penal;
– Quer, *pelo menos*, pela verificação de uma situação, sem dúvida, absolutamente *análoga* à suspensão do procedimento penal;
– Quer ponderando o princípio da intervenção do Juiz mesmo em fase de inquérito, por razões constitucionais;
– Quer considerando o princípio da *harmonização* processual penal entre funções jurisdicional e do M.P;
– Quer atendendo ao Direito *comparado*;
– Quer perspectivando a orientação *comunitária* de conjugação entre Jurisdição e mediação;
– Quer sem *prejuízo* da autonomia funcional da mediação, ponderando a segura mais *valia que resulta da cooperação de um Juiz na validação de um acordo obtido em sede de mediação*;
– Quer considerando o sentido de interesse e ordem pública do Direito Processual Penal e do Direito Penal.

Diria, *concluindo*:

Creio que, *para completude do edifício da mediação* e concorrendo para se gerar harmonia e confiança no novo sistema, tudo justificaria que se fizesse intervir um Juiz no processo de validação de acordo mediado: ou o Juiz de Paz se a mediação tiver ocorrido no Julgado de Paz e se a questão se inserir no n.º 2 do artigo 9.º da Lei n.º 78/2001; ou o Juiz de Instrução nos outros casos: isto, na fase do inquérito. Em fase de julgamento, claro que a validação competiria ao Juiz do julgamento.

V

Finalizando:

Sublinho, numa expressão, *a ideia-força de tudo o que penso: cooperação ou Justiça cooperante*: mais do que coabitação dos sistemas de Justiça, a hora é de cooperação.

Cooperação, numa visão não conflituante, não sectária, não beligerante, *na perspectiva de uma nova fronteira do Direito Processua*l, inclusive Penal.

Cooperação entre demandante e demandado, e entre estes e o mediador.

Cooperação entre mediação e Jurisdição.

Cooperação entre Juiz e M.P.

Cooperação entre os Poderes do Estado.

Coo*peração* é a postura cívica que pretendo ter ao pronunciar-me sobre esta temática, sugerindo certas modificações, justamente porque aplaudo a iniciativa tendente à mediação penal de adultos. Oxalá seja, *totalmente*, cooperante.

Janeiro de 2007

Nota: Entretanto, foi publicada a Lei n.º 21/2007, de 12 de Junho, sobre mediação penal. Foi fixado um período experimental de dois anos, passado o qual o regime será revisto (artigo 14.º). Portanto, as observações que antecedem são já uma contribuição também para o futuro.

O Direito de Conflitos das obrigações extracontratuais entre a comunitarização e a globalização – Uma primeira apreciação do Regulamento comunitário Roma II*

PROF. DOUTOR LUÍS DE LIMA PINHEIRO

> SUMÁRIO: *Introdução. I. Âmbito de aplicação. II. Liberdade de escolha. III. Norma de conflitos geral sobre responsabilidade extracontratual. IV. Normas de conflitos especiais sobre responsabilidade extracontratual: A) Responsabilidade por produtos defeituosos; B) Concorrência desleal e actos que restrinjam a livre concorrência; C) Danos ambientais; D) Violação de direitos de propriedade intelectual; E) Acção colectiva. V. Normas de conflitos sobre enriquecimento sem causa, gestão de negócios e* culpa in contrahendo*: A) Aspectos gerais; B) Enriquecimento sem causa; C) Gestão de negócios; D)* Culpa in contrahendo. *VI. Regras auxiliaries: A) Âmbito da lei aplicável; B) Normas de aplicação necessária e regras de segurança e de conduta; C) Outras regras auxiliares. VII. Relações com outros instrumentos: A) Relações com outros instrumentos comunitários; B) Relações com convenções internacionais. VIII. Apreciação*

Introdução

I. Os sistemas jurídicos nacionais apresentam diferenças profundas no domínio da responsabilidade extracontratual. Estas diferenças são ainda mais acentuadas com respeito a outras fontes de obrigações extracontratuais tais como a gestão de negócios. As obrigações extracontratuais estão frequentemente em contacto com mais de um Estado soberano. Por exemplo, um acidente de viação que ocorre em França envolvendo o condutor francês de um veículo

---

* O presente trabalho foi elaborado com vista aos Estudos em Honra do Prof. Doutor José de Oliveira Ascensão.

matriculado em França e o condutor britânico de um veículo matriculado no Reino Unido; a emissão de poluentes por uma fábrica situada na Alemanha que causa danos a pessoas e bens na Polónia. Em casos como estes coloca-se um problema de determinação do Direito aplicável à obrigação extracontratual.

Até agora o Direito aplicável às obrigações extracontratuais tem sido determinado, nos países da União Europeia, por regras de conflitos de fonte interna (designadamente de fonte legal e jurisprudencial), bem como, em certas matérias, por convenções internacionais tais como as Convenções da Haia sobre a Lei Aplicável aos Acidentes de Viação e sobre a Lei Aplicável à Responsabilidade por Produtos Defeituosos. Com a publicação do Regulamento comunitário n.° 864/2007[1], Relativo à Lei Aplicável às Obrigações Extracontratuais (Regulamento Roma II), as regras de conflitos aplicáveis nos Estados-Membros da União Europeia passam a estar unificadas.

II. O Regulamento Roma II foi adoptado com referência à competência legislativa atribuída ao Conselho da União Europeia e ao Parlamento Europeu pelos artigos 61.°, 65.°/b, 67.° e 251.° do Tratado da Comunidade Europeia[2].

De acordo com artigo 61.°/c, a fim de criar progressivamente um espaço de liberdade, de segurança e de justiça, o Conselho adoptará medidas no domínio da cooperação judiciária em matéria civil, previstas no artigo 65.°. Este preceito estabelece que as medidas no domínio da cooperação judiciária em matéria civil que tenham uma incidência transfronteiriça devem incluir, na medida do necessário ao bom funcionamento do mercado interno, (b) a promoção da compatibilidade das normas aplicáveis nos Estados-Membros em matéria de conflitos de leis e de jurisdição.

Há certamente razões para duvidar de que a extensiva comunitarização do Direito Internacional Privado, empreendida pelos órgãos comunitários, seja abrangida pela letra do artigo 65.° e seja conforme com os princípios da subsidiariedade e da proporcionalidade[3]. No entanto, parece despiciendo insistir

---

[1] JOCE L 199/40, 31/7/2007.
[2] Sobre os antecedentes deste Regulamento, ver Exposição de Motivos da Proposta da Comissão, 2 e segs. Ver também RUI MOURA RAMOS – "Le droit international privé communautaire des obligations extra-contractuelles", *Révue des Affaires Européennes* 11/12 (2001/2002) 415-423, 417-418.
[3] Ver LIMA PINHEIRO – "Federalismo e Direito Internacional Privado – Algumas reflexões sobre a comunitarização do Direito Internacional Privado" (2003), in *Estudos de Direito Internacional Privado*, 331-356, Almedina, Coimbra, 333 e segs., com mais referências. Ver também, com respeito ao Regulamento Roma II, MICHAEL BOGDAN – "General Aspects of the Future Regula-

nestas dúvidas quando a generalidade dos Estados-Membros (com a notável excepção da Dinamarca ao abrigo do Protocolo anexo ao Tratado da União Europeia) tem aceitado o exercício da competência putativa dos órgãos comunitários.

Como marcos do complexo processo legislativo que conduziu ao Regulamento Roma II são de mencionar a Proposta apresentada pela Comissão em 2003[4], com uma Exposição de Motivos, a Posição do Parlamento Europeu aprovada em primeira leitura em 2005, a Posição Comum adoptada pelo Conselho em 2006, a Proposta Alterada apresentada pela Comissão em 2006[5], também com uma Exposição de Motivos, que adapta a proposta originária à luz de certas alterações aprovadas pelo Parlamento e dos procedimentos realizados no âmbito do Conselho, e a Posição do Parlamento Europeu aprovada em segunda leitura em 2007[6]. Estes trabalhos são importantes elementos de interpretação dos preceitos contidos no Regulamento.

III. O presente estudo representa uma primeira avaliação do Regulamento Roma II, à luz das soluções adoptadas em vários Estados-Membros e do objectivo da universalização das regras de conflitos. Também será feita uma breve referência às principais tendências que se manifestam nos EUA. Principiarei com um breve exame do âmbito de aplicação do Regulamento (I). Em seguida, ocupar-me-ei das regras de conflitos do Regulamento: liberdade de escolha (II), norma de conflitos geral sobre responsabilidade extracontratual (III), normas de conflitos especiais sobre responsabilidade extracontratual (IV) e normas de conflitos sobre o enriquecimento sem causa, gestão de negócios e *culpa in contrahendo* (V). Passando a outras regras do Regulamento, analisarei as regras auxiliares (VI) e referirei brevemente as relações com outros instrumentos (VII). O estudo termina com uma apreciação do Regulamento como um instrumento de "comunitarização" e globalização do Direito Internacional Privado (VIII).

---

tion", in *The Unification of Choice of Law Rules on Torts and Other Non-Contractual Obligations in Europe. The "Rome II" Proposal*, org. por Alberto Malatesta, 33-44, Pádua, 2006, 37; FAUSTO POCAR – "Concluding Remarks", in *The Unification of Choice of Law Rules on Torts and Other Non-Contractual Obligations in Europe. The "Rome II" Proposal*, org. por Alberto Malatesta, 301-305, Pádua, 2006, 304-305.
[4] COM(2003) 427 final.
[5] COM(2006) 83 final.
[6] Ver GERHARD WAGNER – "Internationales Deliktsrecht, die Arbeiten and der Rome II – Verordnung und der Europäische Deliktsgerichtsstand", *IPRax* (2006) 372-390, 373-374.

I. Âmbito de aplicação

No que se refere ao âmbito de aplicação do Regulamento, deve ser traçada uma distinção entre âmbito material, âmbito especial e âmbito temporal.

O artigo 1.º diz respeito ao *âmbito material*, estabelecendo, em primeiro lugar (n.º 1), que "O presente regulamento é aplicável, em situações que envolvam um conflito de leis, às obrigações extracontratuais em matéria civil e comercial. Não é aplicável, em especial, às matérias fiscais, aduaneiras e administrativas, nem à responsabilidade do Estado por actos e omissões no exercício do poder público (*acta iure imperii*)".

Por um lado, este preceito está coordenado com o artigo 1.º/1 da Convenção de Roma sobre a Lei Aplicável às Obrigações Contratuais e com o artigo 1.º/1 da Proposta da Comissão para um Regulamento sobre a Lei Aplicável às Obrigações Contratuais[7]. Este último preceito determina que o Regulamento deve aplicar-se "in any situations involving a conflict of laws, to contractual obligations in civil and commercial matters". Mais adiante será examinado o significado da frase "situações que impliquem um conflito de leis".

Por outro lado, o artigo 1.º/1 do Regulamento Roma II está alinhado com o âmbito de aplicação do Regulamento comunitário Relativo à Competência Judiciária, ao Reconhecimento e à Execução das Decisões em Matéria Civil e Comercial (Bruxelas I) (artigo 1.º/1 deste Regulamento) e deve ser interpretado do mesmo modo. A jurisprudência do Tribunal de Justiça das Comunidades (TCE) com respeito ao artigo 1.º/1 do Regulamento Bruxelas I, bem como a jurisprudência do mesmo tribunal com respeito ao artigo 1.º/1 da Convenção Bruxelas I, são, portanto, relevantes para a aplicação do artigo 1.º/1 do Regulamento Roma II[8].

O conceito de obrigação extracontratual varia de um Estado-Membro para outro. O Regulamento não contém uma definição do conceito relevante. Em qualquer caso, a qualificação de uma relação como obrigação extracontratual deve ser "autónoma", i.e., deve ser baseada numa interpretação autónoma do conceito (ver Considerando n.º 11)[9]. Isto significa que não deve ser feita referência ao Direito de um dos Estados em presença, mas antes "aos objectivos e ao sistema" do Regulamento e aos "princípios gerais que decorrem do

---

[7] COM(2005) 650 final.
[8] Cf. Exposição de Motivos da Proposta da Comissão, 8.
[9] Ver também TCE 14/10/1976, no caso *Eurocontrol* [*CTCE* (1976) 629].

conjunto dos sistemas jurídicos nacionais"[10]. O Considerando n.º 11 afirma expressamente que o conceito inclui as obrigações extracontratuais resultantes de responsabilidade objectiva.

No contexto da Convenção Bruxelas I, o TCE decidiu que a expressão "matéria contratual", empregue no artigo 5.º/1 da Convenção, deve ser entendida no sentido de não abranger situações em que não existe nenhum compromisso livremente assumido por uma parte relativamente à outra[11], tais como a acção intentada pelo subadquirente de uma coisa contra o fabricante, que não é o vendedor, em razão dos defeitos da coisa ou da sua inadequação à utilização a que se destina[12] e a acção de indemnização por avarias de carga intentada pelo destinatário da mercadoria ou o segurador sub-rogado nos seus direitos contra o transportador marítimo efectivo e não contra o emitente do conhecimento de carga[13].

Mas será sempre suficiente, para incluir a situação no conceito de matéria contratual, que haja uma obrigação assumida por um compromisso de uma parte perante a outra, designadamente um negócio unilateral? A recente decisão do TCE no caso *Engler* aponta nesta direcção quando afirma que está incluída uma acção em que um consumidor pretende obter o pagamento do prémio que lhe foi prometido na condição de celebrar um contrato de venda[14].

O ponto é controverso relativamente ao âmbito material de aplicação da Convenção Roma I, mas, de acordo com a melhor opinião, o conceito de "obrigação contratual" deve ser entendido em sentido amplo, por forma a incluir as obrigações resultantes de negócios unilaterais[15].

---

[10] Cf. TCE 14/10/76, no caso *Eurocontrol* [*CTCE* (1976) 629], n.º 5.
[11] Cf. TCE 17/6/1992, no caso *Handte* [*CTCE* (1992) I-3967], n.º 15.
[12] *Idem* n.º 21.
[13] Cf. TCE 27/10/1998, no caso *Réunion européenne* [*CTCE* (1998) I-6511].
[14] Ver TCE 20/1/2005 [*CTCE* (2005) I-481]. Ver também FRANÇOIS RIGAUX e MARC FALLON – *Droit international privé*, 3.ª ed., Bruxelas, 2005, 770, e PETER MANKOWSKI – "Special Jurisdictions", in *European Commentaries on Private International Law*, org. por Ulrich Magnus e Peter Mankowski, 2007, Artigo 5 n.ºs 34 e segs. Ver ainda JAN KROPHOLLER – *Europäisches Zivilprozessrecht. Kommentar*, 8.ª ed., Francoforte-sobre-o-Meno, 2005, Artigo 5 n.º 10.
[15] Cf. PETER MANKOWSKI – "Die Qualikation der culpa in contrahendo – Nagelprobe für den Vetragsbegriff des europäischen IPR und IPR", *IPRax* (2003) 127-135, 128 e segs.; DIETER MARTINY, in *Internationales Vertragsrecht*, org. por CHRISTOPH REITHMANN and DIETER MARTINY, 6.ª ed., Colónia, 2004, n.º 8; e BERND VON HOFFMANN e KARSTEN THORN – *Internationales Privatrecht einschliesslich der Grundzüge des Internationalen Zivilverfahrensrechts*, 8.ª ed., Munique, 2005, 427. Cp., em sentido contrário, ALFONSO-LUIS CALVO CARAVACA e JAVIER CARRASCOSA GONZÁLEZ – *Derecho Internacional Privado*, vol. II, 8.ª ed., Granada, 400.

Esta jurisprudência afigura-se relevante para a interpretação do conceito de "obrigação extracontratual" empregue pelo Regulamento Roma II. Parece que por "obrigação extracontratual" se deve entender qualquer obrigação que não é assumida por um compromisso de uma parte perante a outra (ou perante qualquer pessoa que esteja numa determinada situação ou que pratique certo acto). A intenção do legislador comunitário é aparentemente que a Convenção Roma I (bem como o futuro Regulamento Roma I) e o Regulamento Roma II sejam complementares e abranjam, em princípio, todas as obrigações que não são expressamente excluídas[16]. Roma I deve abranger a generalidade das obrigações voluntárias e Roma II a generalidade das obrigações involuntárias. Todavia, a inclusão no Regulamento de um preceito sobre a validade formal de "actos jurídicos unilaterais relativos a obrigações extracontratuais" (artigo 21.º) suscita alguma dúvida sobre este ponto. Até melhor clarificação, eu defenderei que o artigo 21.º se refere apenas a situações especiais em que uma obrigação resulta de um acto unilateral de uma das partes[17] mas este acto unilateral não é um compromisso perante a outra parte ou perante o público.

O Regulamento Roma II também é aplicável às obrigações extracontratuais susceptíveis de surgir (artigo 2.º/2).

O artigo 2.º contém ainda algumas regras de interpretação dos termos "dano" e "facto que dá origem a um dano" empregues no Regulamento. "Dano" deve abranger todas as consequências decorrentes da responsabilidade extracontratual, do enriquecimento sem causa, da gestão de negócios e da *culpa in contrahendo* (n.º 1). Qualquer referência a "facto que dá origem a um dano" deve incluir os factos susceptíveis de ocorrer que dêem origem a danos (n.º 3/a). E qualquer referência a "dano" deve incluir os danos susceptíveis de ocorrer (n.º 3/b). Isto mostra que o Regulamento, à semelhança do artigo 5.º/3 do Regulamento Bruxelas I, também abrange acções preventivas como, por exemplo, as acções inibitórias[18].

De acordo com o Considerando n.º 8 e anterior jurisprudência do TCE, pode ser afirmado que a natureza das partes processuais e do tribunal é irrelevante para a qualificação da obrigação extracontratual como relativa a "matéria civil e comercial"[19].

---

[16] Cf. Exposição de Motivos da Proposta da Comissão, 8.
[17] Ver Exposição de Motivos da Proposta da Comissão, 28.
[18] Ver Exposição de Motivos da Proposta da Comissão, 12.
[19] Cf. TCE 21/4/93, no caso *Sonntag* [CTCE (1993) I-1963], n.º 19.

A responsabilidade do Estado por actos ou omissões no exercício do poder público encontra-se excluída. Esta exclusão abrange as acções contra funcionários que agem em nome do Estado e a responsabilidade por actos praticados no exercício de poderes públicos, incluindo a responsabilidade de funcionários oficialmente mandatados (Considerando n.º 9).

O artigo 1.º/2 exclui do âmbito de aplicação do Regulamento certas obrigações extracontratuais em matéria civil e comercial.

Parte destas exclusões dizem respeito a matérias que não são geralmente encaradas como pertencendo ao Direito das Obrigações. Primeiro, obrigações extracontratuais que decorrem de relações de família, obrigações de alimentos e sucessões por morte (a e b)[20]. Segundo, obrigações extracontratuais que decorrem de títulos negociáveis na medida em que estas obrigações resultem do seu carácter negociável (c)[21]. Terceiro, obrigações extracontratuais que decorrem do Direito das Sociedades e do Direito aplicável a outras entidades dotadas ou não de personalidade jurídica (d)[22]. Por último, obrigações extracontratuais que decorrem das relações entre os instituintes, os *trustees* e os beneficiários de um *trust* voluntariamente criado (d)[23].

Outra parte dessas exclusões diz principalmente respeito a tipos específicos de responsabilidade extracontratual. É este o caso das obrigações extracontratuais que decorrem de dano nuclear (e) e da violação de direitos de perso-

---

[20] De acordo com o artigo 1.º/2/a e b a exclusão abrange relações que, segundo a lei aplicável, tenham efeitos equiparados ao casamento. O Considerando n.º 10 especifica que as relações de família deverão abranger a filiação, o casamento, a afinidade e o parentesco em linha colateral e que a referência a relações com efeitos equiparados ao casamento e a outras relações de família deverá ser interpretada de acordo com a lei do Estado-Membro do tribunal em que a acção é proposta. Ver ainda Exposição de Motivos da Proposta da Comissão, 8-9. BOGDAN (n. 3) 41 sustenta que a referência a relações com efeitos equiparados ao casamento tem em vista as uniões registadas existentes em alguns Estados-Membros e a união de facto quando seja considerada uma relação de família.

[21] Ver Exposição de Motivos da Proposta da Comissão, 9.

[22] *Ibidem*.

[23] *Ibidem*. A referência ao "*trust* voluntariamente criado" foi introduzida na sequência de um proposta do Parlamento Europeu, com vista a assegurar uma maior consistência com a Convenção da Haia sobre a Lei Aplicável aos *Trusts* e ao seu Reconhecimento (1985) e para evitar a dificuldade que resulta da utilização do *trust* como um instrumento para lidar com situações como as de enriquecimento sem causa nos sistemas do *Common Law* – ver PETER STONE – *EU Private International Law. Harmonization of Laws*, Cheltenham, UK, e Northampton, MA, USA, 2006, 333.

nalidade (g)[24]. A Proposta inicial da Comissão incluía um preceito sobre violações da vida privada e dos direitos de personalidade (artigo 6.º)[25]. Devido a divergências irreconciliáveis com o Parlamento Europeu, a Comissão optou, na sua Proposta Alterada, pela exclusão desta matéria do âmbito de aplicação do Regulamento[26].

Naturalmente que as regras de conflitos do Regulamento só actuam para questões substantivas. O artigo 1.º/3 confirma que o Regulamento não se aplica à prova e ao processo, sem prejuízo dos artigos 21.º e 22.º com respeito a actos jurídicos unilaterais relativos a uma obrigação extracontratual e às regras sobre presunções legais, ónus da prova e meios de prova de actos jurídicos.

Passando agora ao *âmbito espacial*, o Regulamento é aplicável em situações que envolvam conflitos de leis, "ou seja, situações que compreendem um ou mais elementos estranhos à vida social interna de um país e que são susceptíveis de desencadear a aplicação de vários sistemas jurídicos"[27]. Esta definição é similar à definição dada, com respeito ao artigo 1.º/1 da Convenção Roma I, pelo Relatório Giuliano/Lagarde[28]. Ela não evita as dúvidas relativamente a situações internas em que o único elemento de estraneidade é a escolha de uma lei estrangeira pelas partes[29]. Este ponto está relacionado com a interpretação do artigo 14.º/2 do Regulamento e será examinado a propósito deste preceito (*infra* II).

Por outro lado, a formulação do artigo 1.º/1 do Regulamento, à semelhança da formulação do artigo 1.º/1 da Convenção Roma I, indica que o

[24] Ver Exposição de Motivos da Proposta da Comissão, 10. A responsabilidade decorrente de dano nuclear é objecto da Convenção de Paris sobre Responsabilidade Civil no Domínio da Energia Nuclear (1960) e da Convenção de Viena sobre Responsabilidade Civil por Dano Nuclear (1963). Portugal só é parte na Convenção de Paris. Ver ainda *Hamburg Group for Private International Law* – "Comments on the European Commission's Draft Proposal for a Council Regulation on the Law Applicable to Non-Contractual Obligations", *RabelsZ.* 67 (2003) 1-56, 6 e segs.
[25] Com respeito a este preceito, ver Exposição de Motivos da Proposta da Comissão, 18 e segs.
[26] *Explanatory Memorandum of the Amended Commission's Proposal*, 6. Ver ainda artigo 30.º/2. Para uma apreciação das propostas da Comissão e do Parlamento Europeu ver WAGNER (n. 6) 383-386.
[27] Exposição de Motivos da Proposta da Comissão, 8, com correcção da versão portuguesa que visivelmente não contém uma tradução exacta dos textos originais.
[28] Report on the Convention on the law applicable to contractual obligations por MARIO GIULIANO e PAUL LAGARDE [*OJ* C 282/1, 31.10.1980], 10.
[29] Ver LIMA PINHEIRO – *Contrato de Empreendimento Comum (Joint Venture) em Direito Internacional Privado*, Almedina, Coimbra, 1998, 512 e segs.; Id. – *Direito Comercial Internacional*, Almedina, Coimbra, 2005, 68 e segs.

Regulamento pode ser aplicado a conflitos entre sistemas locais no seio de um Estado-Membro que comporte mais de um sistema jurídico (ordem jurídica complexa). Não obstante, também em paralelo com a Convenção Roma I, este Estado-Membro não está vinculado a aplicar o Regulamento nestes conflitos internos (artigo 25.°/2 do Regulamento)[30].

Por acréscimo, o Regulamento tem um carácter universal porque deve ser aplicado pelos tribunais de qualquer Estado-Membro, com excepção da Dinamarca (artigo 1.°/4), sempre que a situação caia dentro do seu âmbito material de aplicação (e do seu âmbito temporal de aplicação) e envolva um conflito de leis. Para este efeito é irrelevante que a relação não tenha conexão com um Estado-Membro ou que a lei designada pelas regras de conflitos do Regulamento seja a lei de um terceiro Estado (artigo 3.°)[31].

Enfim, no que toca ao *âmbito temporal*, o Regulamento aplica-se aos factos danosos que ocorram após a sua entrada em vigor (artigo 31.°), i.e., a partir de 11 de Janeiro de 2009 (artigo 32.°).

II. Liberdade de escolha

A única regra de conflitos que se aplica à generalidade das obrigações extracontratuais é a contida no artigo 14.°, que permite a escolha pelas partes da lei aplicável. Constituem excepções a concorrência desleal e actos que restrinjam a livre concorrência na medida em que os interesses afectados não se limitem a um concorrente específico (artigo 6.°/4), e a violação de direitos de propriedade intelectual (artigo 8.°/3[32].

De acordo com o artigo 14.°/1 as partes podem acordar em subordinar as obrigações extracontratuais à lei da sua escolha:

a) mediante convenção posterior ao facto que dê origem ao dano; ou,

---

[30] Ver Relatório GIULIANO/LAGARDE (n. 28) 38.
[31] Ver também Exposição de Motivos da Proposta da Comissão, 9-10, e STEFANIA BARIATTI – "The Future Community Rules in the Framework of the Communitarization of Private International Law", in *The Unification of Choice of Law Rules on Torts and Other Non-Contractual Obligations in Europe. The "Rome II" Proposal*, org. por Alberto Malatesta, 5-32, Pádua, 2006, 16 e segs.
[32] Sobre o fundamento destas exclusões ver KARL KREUZER – "Tort Liability in General", in *The Unification of Choice of Law Rules on Torts and Other Non-Contractual Obligations in Europe. The "Rome II" Proposal*, org. por Alberto Malatesta, 45-72, Pádua, 2006, 55-56.Ver ainda MARTA PERTEGÁS – "Intellectual Property and Choice of Law Rules", *in* op. cit., 221-247, 237.

b) caso todas as partes desenvolvam actividades económicas, também mediante uma convenção livremente negociada, anterior ao facto que dê origem ao dano[33].

O acordo feito por uma parte que não desenvolva uma actividade económica só é válido se for celebrado após a ocorrência do facto que dê origem ao dano. Esta limitação é justificada pela preocupação de proteger as partes mais vulneráveis, designadamente consumidores e trabalhadores (Considerando n.º 31)[34].

A exigência de que um acordo celebrado por partes que desenvolvam actividades económicas antes da ocorrência do facto danoso seja "livremente negociado" significa aparentemente a exclusão de acordos baseados na adesão a formulários[35].

Do ponto de vista lógico, esta é a regra de conflitos primária, embora na prática ela só actue num número reduzido de casos porquanto é difícil para as partes em litígio acordar sobre a lei aplicável e a cláusula de designação da lei aplicável contida num contrato celebrado por partes que desenvolvam actividades económicas nem sempre abrangerá as pretensões extracontratuais.

A escolha pode ser expressa ou tácita. No segundo caso, a escolha deve decorrer de modo razoavelmente certo das circunstâncias do caso (n.º 1/§ 2).

A escolha não prejudica os interesses de terceiros (idem). O exemplo de escola é a obrigação de o segurador reembolsar a indemnização devida pelo segurado: o acordo entre o lesado e o segurado com respeito à lei aplicável não pode prejudicar os direitos do segurador[36].

A permissão da autonomia conflitual em matéria de obrigações extracontratuais é uma manifestação da tendência no sentido da expansão da autonomia privada no Direito Internacional Privado[37]. A extensão da autonomia conflitual às obrigações extracontratuais tem sido defendida por vários autores, entre os quais me encontro incluído[38], e foi acolhida na Alemanha pelo artigo

---

[33] Ver WAGNER (n. 6) 387.
[34] Cp. as considerações críticas de WAGNER (n. 6) 388.
[35] Ver, em sentido convergente, KREUZER (n. 32) 52.
[36] Cf. Exposição de Motivos da Proposta da Comissão, 24.
[37] Ver VON OVERBECK – "L'irrésistible extension de l'autonomie en droit international privé", in Hommage à François Rigaux, 619-636, Bruxelas, 1993, 627 e segs., e ERIK JAYME – "Identité culturelle et intégration: le droit international privé postmoderne", RCADI 251 (1995) 9-268, 152 e segs.
[38] Direito Internacional Privado – Parte Especial (Direito de Conflitos), Almedina, Coimbra, 1999, 231;

42.º da Lei de Introdução do Código Civil, na redacção dada em 1999. Em minha opinião, não há razão para excluir a autonomia conflitual em matéria de relações disponíveis.

Em contraste com a Convenção Roma I (artigo 3.º/1/§ 2), o Regulamento Roma II não menciona a possibilidade de *dépeçage* da obrigação extracontratual por meio da escolha da lei aplicável a um determinado aspecto da situação. A omissão é certamente intencional e significa que as partes não podem designar a lei aplicável apenas a uma parte da obrigação extracontratual. Esta atitude negativa é difícil de compreender e não parece justificada: o *dépeçage* comporta dificuldades mas, à semelhança do que se verifica em matéria contratual, as partes podem ter boas razões para escolher este caminho[39].

O artigo 14.º/2 contém um preceito semelhante ao do artigo 3.º/3 da Convenção Roma I, mas está redigido com maior rigor. Este preceito determina que "Sempre que todos os elementos relevantes da situação se situem, no momento em que ocorre o facto que dá origem ao dano, num país que não seja o país da lei escolhida, a escolha das partes não prejudica a aplicação das disposições da lei desse país não derrogáveis por acordo".

Este preceito é entendido na Exposição de Motivos da Proposta da Comissão – na esteira do Relatório Giuliano/Lagarde sobre a Convenção Roma I[40] – como referindo-se a situações puramente internas a um Estado-Membro que só são abrangidas pelo âmbito de aplicação do Regulamento pelo facto de as partes terem escolhido uma lei estrangeira[41]. No entanto, a letra do artigo 14.º/2 ainda dá menos apoio a este entendimento do que o correspondente preceito da Convenção Roma I, uma vez que não refere a lei escolhida pelas partes como uma "lei estrangeira". Ela tão-pouco sugere que o país em que todos os elementos da situação estão localizados seja o país do foro.

Na minha opinião, este entendimento entra em contradição com o âmbito espacial de aplicação estabelecido no artigo 1.º/1 do Regulamento, que se reporta a situações envolvendo um conflito de leis[42]. As situações internas não envolvem um conflito de leis. A designação de uma lei estrangeira pelas partes

---

Direito Internacional Privado, vol. I – Introdução e Direito de Conflitos/Parte Geral, Almedina, Coimbra, 2001, 247; *Direito Internacional Privado, vol. II – Direito de Conflitos/Parte Especial*, 2.ª ed., Almedina, Coimbra, 2002, 251-252.
[39] Ver ainda SYMEON SYMEONIDES – "Tort Conflicts and Rome II: A View from Across", *in FS Erik Jayme*, 935-954, 2004, n.º 2.4.
[40] 18.
[41] 24. Ver também WAGNER (n. 6) 386-387.
[42] Ver op. cit. n. 29.

de um contrato interno só constitui uma referência material, i.e., a incorporação das regras da lei estrangeira como cláusulas do contrato. O ponto é menos claro com respeito às obrigações extracontratuais. Nesta matéria, é concebível que a referência a uma lei estrangeira para regular um litígio emergente de uma situação interna seja vista como a incorporação das regras da lei estrangeira num acordo de transacção. A seguir-se tal entendimento, esta incorporação é permitida pela liberdade contratual e não pelo artigo 14.º/2.

O artigo 14.º/2 tem sentido útil para outro tipo de situações: aquelas em que os tribunais de um Estado-Membro decidem um litígio emergente de uma "situação meramente estrangeira", i.e., uma situação que está exclusivamente conectada com um Estado estrangeiro, e as partes escolheram a lei do foro ou de um terceiro Estado. Neste caso, há uma situação envolvendo um conflito de leis, porquanto o tribunal tem de determinar a lei aplicável. A escolha feita pelas partes deve ser respeitada pelo tribunal, mas o seu alcance é limitado pela aplicação das regras imperativas do Estado estrangeiro em que a situação está localizada.

O legislador comunitário também quis assegurar a aplicação das regras imperativas de Direito Comunitário quando todos os elementos da situação estão localizados em dois ou mais Estados-Membros[43]. Esta preocupação é inteiramente justificada, mas a letra do artigo 14.º/3 suscita algumas dúvidas: "Sempre que todos os elementos relevantes da situação se situem, no momento em que ocorre o facto que dá origem ao dano, num ou em vários Estados-Membros, a escolha, pelas partes, de uma lei aplicável que não a de um Estado-Membro, não prejudica a aplicação, se for esse o caso, das disposições de direito comunitário não derrogáveis por convenção, tal como aplicadas pelo Estado-Membro do foro".

Quando todos os elementos estão localizados no mesmo Estado-Membro a situação deveria cair no âmbito do § 2.º e as disposições de Direito Comunitário deveriam ser aplicadas no contexto da ordem jurídica deste Estado-Membro e não no contexto da ordem jurídica do Estado-Membro do foro. Não é claro se este desvio é intencional ou se baseia antes na suposição de que o Estado do foro é também o Estado da localização[44].

---

[43] Ver Exposição de Motivos da Proposta da Comissão, 24.
[44] Ver também KREUZER – "La comunitarizzazione del diritto internazionale privato in materia di obbligazioni extracontrattuali ('Roma II')", *in Diritto internazionale privato e diritto comunitario*, org. por Paolo Picone, 421-447, Pádua, 2004, 428-429.

III. **Norma de conflitos geral sobre responsabilidade extracontratual**

O Capítulo II do Regulamento, relativo à responsabilidade extracontratual, contém uma norma de conflitos geral e um conjunto de normas de conflitos especiais que têm por objecto a responsabilidade por produtos defeituosos, a concorrência desleal e actos que restrinjam a livre concorrência, danos ambientais, violação de direitos de propriedade intelectual e acção colectiva.

A regra geral encontra-se estabelecida no artigo 4.º. Para compreender o artigo 4.º, bem como as valorações subjacentes, é útil ter em conta os Considerandos n.ºs 15 a 18.

O Considerando n.º 15 sublinha que o princípio da *lex loci delicti commissi* é a solução básica para as obrigações extracontratuais na quase totalidade dos Estados-Membros, mas a concretização deste princípio varia quando elementos do caso estão dispersos por vários países. Isto verifica-se principalmente quando o facto que causa o dano ocorre num Estado e o dano é sofrido num Estado diferente. Por exemplo, um erro feito por um controlador aéreo que opera no aeroporto de um Estado pode conduzir a uma colisão de aeronaves no espaço aéreo de outro Estado. Outro exemplo é o de o produto defeituoso adquirido num país, por uma pessoa que se encontrava aí temporariamente, causar um dano ao comprador no país da sua residência.

O Considerando n.º 16 afirma que as regras uniformes deverão reforçar a previsibilidade das decisões judiciais e assegurar um equilíbrio razoável entre os interesses da pessoa alegadamente responsável e os interesses do lesado. De acordo com este Considerando, a conexão com o país do lugar onde o dano directo ocorreu (*lex loci damni*) estabelece um justo equilíbrio entre os interesses do agente e os do lesado e reflecte a concepção moderna da responsabilidade civil, assim como a evolução dos sistemas de responsabilidade objectiva.

Alguns Estados-Membros, designadamente a Alemanha[45] e a Itália[46] concedem ao lesado a faculdade de escolha entre a lei do facto e a lei do dano. A Exposição de Motivos da Proposta da Comissão esclarece as razões pelas quais não foi adoptado este princípio de favorecimento do lesado enquanto regra básica[47]: tal solução vai além das expectativas legítimas do lesado e reintroduziria uma incerteza jurídica que prejudicaria o objectivo geral do Regulamento proposto. A solução adoptada constitui um compromisso entre as duas

---

[45] Artigo 40.º/1 da Lei de Introdução do Código Civil, com a redacção dada em 1999.
[46] Artigo 62.º/1 da Lei de Direito Internacional Privado.
[47] 11-12.

soluções extremas que seriam a aplicação da lei do facto gerador, por um lado, e a opção concedida ao lesado, por outro[48].

A mesma Exposição de Motivos sublinha que a solução adoptada "corresponde à concepção moderna do Direito da responsabilidade civil que já não se orienta, como na primeira metade do século, para a punição de uma conduta com base na culpa: actualmente, é dada primazia à função indemnizadora, orientação esta que se reflecte sobretudo no desenvolvimento de sistemas de responsabilidade objectiva"[49].

A solução, bem como a sua justificação, são claramente inspiradas pela principal doutrina francesa[50]. Também é, no essencial, a solução adoptada no Reino Unido pela Section 11 do Private International Law (Miscellaneous Provisions) Act 1995.

Embora se possa dizer que há uma tendência no Direito da responsabilidade extracontratual para melhorar a posição do lesado por meio da restrição ou até do abandono do princípio da culpa[51], não parece exacto generalizar o domínio da função compensatória e a proliferação de sistemas de responsabilidade objectiva[52]. As funções punitiva, preventiva e compensatória são geralmente importantes, ainda que em grau variável, nos sistemas jurídicos dos Estados-Membros.

Para justificar o recurso à lei do lugar do dano parece suficiente o argumento de que esta regra exprime um melhor equilíbrio entre os interesses do agente e os do lesado. A aplicação da lei do país em que a conduta é realizada mostra-se conveniente para o agente mas priva o lesado da protecção concedida pela lei do país onde o dano ocorre, promovendo o estabelecimento de pessoas que realizam actividades causadoras de danos transnacionais em países com baixos níveis de protecção[53]. Uma conexão opcional ou alternativa é one-

---

[48] Ver, em sentido convergente, MOURA RAMOS (n. 2) 419.

[49] 12, com correcção da versão portuguesa que visivelmente não contém uma tradução exacta dos textos originais.

[50] Ver HENRI BATIFFOL e PAUL LAGARDE – Droit international privé, vol. II, 7.ª ed., Paris, 1983, 246-247; ver também PIERRE MAYER and VINCENT HEUZÉ – Droit international privé, 8.ª ed., Paris, 2004, 505-506. Em sentido convergente, na Alemanha, KREUZER (n. 44) 430 e (n. 32) 62; em Espanha, CALVO CARAVACA/CARRASCOSA GONZÁLEZ (n. 15) 610.

[51] Cf. KONRAD ZWEIGERT and HEIN KÖTZ – An Introduction to Comparative Law, 3.ª ed., Oxford, 1998, 671.

[52] Ver GERHARD WAGNER – "Comparative Tort Law", in The Oxford Handbook of Comparative Law, org. por Mathias Reimann and Reinhard Zimmermann, Oxford, 2006, 1003-1041, maxime 1023, 1030 e seg. e 1036 e seg.

[53] Ver ainda Hamburg Group for Private International Law (n. 24) 11, e WAGNER (n. 6) 376 e segs., assinalando que a regra do lugar do dano também é mais conveniente do ponto de vista da concorrência e da coincidência entre a jurisdição competente e o Direito aplicável.

rosa para o agente que tem de respeitar cumulativamente as regras do país em que a conduta é realizada e as regras do lugar do dano. Por acréscimo, o lesado não tem fundamento para confiar na lei do lugar da conduta e não há razão para colocar o lesado em melhor posição em situações transnacionais do que em situações internas[54]. A regra do lugar do dano é apropriada à protecção do lesado (que tem uma razão objectiva para confiar na lei do lugar do dano) e é razoável para o agente que, *em princípio*, pode prever que o dano ocorre naquele país e pode ter em conta só as regras da sua lei.

Não obstante, surgem dificuldades quando a lei do lugar da conduta contém regras de conduta que reclamam aplicação numa base territorial, i.e., a todas as condutas que ocorrem no Estado que as criou. Regressarei mais adiante a este ponto (*infra* VI.B).

O Considerando n.º 17 esclarece que lei aplicável deverá ser determinada com base no local onde ocorreu o dano, independentemente do país ou países onde possam ocorrer as consequências indirectas do mesmo. Assim sendo, em caso de danos patrimoniais ou não patrimoniais, o país onde os danos ocorrem deverá ser o país em que o dano tenha sido infligido, respectivamente, ao património ou à pessoa.

Assim, pode dizer-se que, no contexto do Regulamento, o dano directo é a lesão do bem jurídico (por exemplo, a vida ou a propriedade)[55]. Em alguns países da Europa continental fala-se neste sentido de dano real. Uma vez que o bem jurídico, sendo uma realidade jurídica, não tem uma localização física, a localização da sua lesão é operada pelo resultado prático directo da conduta lesiva. Por exemplo, se um português morre atropelado em Espanha, a lesão do bem juridicamente tutelado produz-se em Espanha, embora os danos patrimoniais e não patrimoniais sofridos pelos familiares residentes em Portugal se verifiquem em Portugal[56].

Quando a responsabilidade não seja baseada na lesão de um bem jurídico, deve atender-se também ao lugar em que se produz o efeito prático da conduta causadora do dano, por exemplo, a residência habitual ou o estabelecimento do lesado no caso de dano puramente económico (se não for possível localizar o seu património noutro país).

---

[54] Ver também JAN KROPHOLLER – *Internationales Privatrecht*, 5.ª ed., Tubinga, 2004, 514. Cp. as observações críticas formuladas por SYMEONIDES (n. 39) n.º 9.3.
[55] Cf. KREUZER (n. 32) 63.
[56] Ver Exposição de Motivos da Proposta da Comissão, 12.

Em suma, pode afirmar-se que a regra geral é a competência da lei do país em que se produz o efeito lesivo (*lei do lugar do efeito lesivo*)[57].

O Considerando n.º 18 apresenta a estrutura do artigo 4.º como consistindo numa regra geral contida no n.º 1 (*lex loci damni*); numa excepção a esta regra geral, estabelecendo uma conexão especial quando o agente e o lesado tenham a sua residência habitual no mesmo país, consagrada no n.º 2; e uma "cláusula de excepção", estabelecida no n.º 3, que actua quando resulte claramente do conjunto das circunstâncias do caso que a responsabilidade extracontratual apresenta uma conexão manifestamente mais estreita com outro país.

Em rigor, porém, o artigo 4.º/1, em conjugação com o artigo 14.º (*supra* II), constitui uma conexão sucessiva ou subsidiária: a lei do lugar do efeito lesivo só é aplicável quando as partes não tenham feito uma escolha válida da lei competente.

A excepção a favor da lei da residência habitual comum do agente e do lesado (n.º 2) introduz um primeiro factor de flexibilidade em relação à regra "rígida" do n.º 1, que toma em conta a convergência de elementos de conexão pessoais com um Estado que não é aquele em que se produz o efeito lesivo. Esta técnica evoca a doutrina da *the most significant relationship* e a aplicação que dela foi feita no caso estadounidense *Babcock v. Jackson*[58].

Regra semelhante encontra-se consagrada no artigo 133.º/1 da Lei suíça de Direito Internacional Privado. Uma solução convergente, mas alargada à nacionalidade comum, já tinha sido anteriormente adoptada pelo artigo 45.º/3 do Código Civil português. A Lei italiana de Direito Internacional Privado também contempla uma regra convergente, mas exige simultaneamente a nacionalidade comum e a residência habitual comum (artigo 62.º/2). É aceitável que a residência habitual comum seja a condição necessária e suficiente para desencadear a excepção. A nacionalidade não é um elemento de conexão importante em matéria de responsabilidade extracontratual. Se o agente e o lesado têm uma nacionalidade comum mas residências habituais diferentes dificilmente se pode dizer que a conexão com o Estado da nacionalidade é mais significativa que a conexão com o Estado do efeito lesivo.

No caso de uma pluralidade de agentes e/ou de lesados, em que apenas alguns deles têm uma residência habitual comum, deve aplicar-se a regra geral;

---

[57] Cf. SYMEONIDES (n. 39) n.º 3.1.
[58] 12 N.Y.2d 473, 240 N.Y.S.2d 743, 191 N.E.2d 279 (N.Y. 1963). Ver EUGENE SCOLES, PETER HAY, PATRICK BORCHERS and SYMEON SYMEONIDES – *Conflict of Laws*, 4.ª ed., St. Paul, Minn., 2004, 770 e segs., e RUI MOURA RAMOS – *Da Lei Aplicável ao Contrato de Trabalho Internacional*, Coimbra, 1991, 377 e segs. n. 19 e 399 e segs.

de outro modo seríamos levados a aplicar diferentes leis à responsabilidade emergente do mesmo dano[59].

A excepção estabelecida no artigo 4.º/2 não contempla o caso em que o agente e o lesado tenham residência habitual em países com leis substancialmente idênticas que diferem da lei do lugar do efeito lesivo[60]. Creio que o carácter excepcional da regra não exclui a possibilidade de uma aplicação analógica a este caso.

Um segundo factor de flexibilidade é introduzido pelo n.º 3 que contém uma *cláusula de excepção*.

Uma cláusula de excepção é uma proposição jurídica que permite a não aplicação da lei de um Estado, primariamente competente, quando a situação apresenta uma conexão manifestamente mais estreita com outro Estado. A primeira parte do n.º 3 consagra tal proposição, que é de aplicação excepcional[61]. Mas a segunda parte acrescenta que uma "conexão manifestamente mais estreita com um outro país poderá ter por base, nomeadamente, uma relação preexistente entre as partes, tal como um contrato, que tenha uma ligação estreita com a responsabilidade fundada no acto lícito, ilícito ou no risco em causa". Isto parece introduzir uma ideia diferente da cláusula de excepção: o respeito da interdependência de complexos normativos. Esta ideia, conjugada com a promoção da previsibilidade, justifica que nos casos em que existe uma relação jurídica prévia entre as partes, com ligação estreita à responsabilidade extracontratual, a lei aplicável a essa relação deva, em princípio, ser chamada a disciplinar a responsabilidade extracontratual[62]. Alguns autores alemães, que falam neste contexto de "conexão acessória" [*akzessorische Anknüpfung*], há muito que advogam esta solução[63]. Eu venho defendendo o mesmo ponto de

---

[59] Ver, em sentido convergente, ISABEL DE MAGALHÃES COLLAÇO – *Direito Internacional Privado. Sistema de Conflitos Português (Obrigações Não Voluntárias)*, Lisboa, 1971, 20, e TITO BALLARINO e ANDREA BONOMI – *Diritto internazionale privato*, 3.ª ed., Pádua, 1999, 724-725.

[60] Ver, designadamente, artigo 3544.º/1 do Código Civil da Luisiana. Isto foi proposto *de lege ferenda* por SYMEONIDES (n. 39) n.º 5.4, e RUSSELL WEINTRAUB – "Rome II and the tension between predictability and flexibility", *RDIPP* 41 (2005) 561-572, 572.

[61] Cf. Exposição de Motivos da Proposta da Comissão, 13.

[62] Com respeito aos contratos com consumidores e aos contratos de trabalho a actuação deste preceito deve ter em conta os artigos 5.º e 6.º da Convenção Roma I (bem como os preceitos correspondentes do futuro Regulamento Roma I) – ver Exposição de Motivos da Proposta da Comissão, 14.

[63] Ver, designadamente, KROPHOLLER (n. 54) 519-520. Ver mais referências em MOURA RAMOS (n. 58) 378 n. 19.

vista desde 1999[64]. A Exposição de Motivos da Proposta da Comissão, porém, subordina esta ideia à cláusula de excepção[65]. A relação preexistente é apenas "um factor que pode ser tomado em conta tendo em vista determinar se existe uma conexão manifestamente mais estreita com um outro país do que com aquele designado pelas regras rígidas. Em contrapartida, a lei aplicável a essa relação preexistente não se aplica automaticamente e o juiz dispõe de uma margem de manobra para apreciar se existe uma conexão significativa entre a obrigação extracontratual e a lei aplicável a essa relação preexistente".

Esta "conexão acessória" foi adoptada pela Lei suíça de Direito Internacional Privado (artigo 133.°/3) e pela Lei de Introdução do Código Civil alemão (artigo 41.°/2/1), na redacção dada em 1999, esta última inserindo-a também numa cláusula de excepção e alargando-a ao caso em que só existe uma relação fáctica entre as partes[66]. Por conseguinte, parece claro que o artigo 4.°/3 do Regulamento foi inspirado pela lei alemã, mas é questionável que a segunda parte do preceito deva ser entendida no sentido de incluir uma relação meramente fáctica entre as partes[67].

É digno de nota que a aplicação da lei do país em que se produz o efeito lesivo não depende da exigência de previsibilidade, pelo agente, da produção do efeito lesivo nesse país[68]. Esta exigência é formulada por alguns sistemas nacionais para a aplicação da lei do lugar do efeito lesivo[69]. Presumivelmente,

---

[64] N. 31 (1999) 230-231; n. 31 (2002) 251. Uma primeira aproximação a esta solução pode ser encontrada em ANTÓNIO FERRER CORREIA – *Direito Internacional Privado. Alguns Problemas*, Coimbra, 1981, 105 e segs. Ver ainda DÁRIO MOURA VICENTE – *Da Responsabilidade Pré-Contratual em Direito Internacional Privado*, Coimbra, 2001, 498 e segs.

[65] 13.

[66] A Section 12.ª do *United Kingdom's Private International Law (Miscellaneous Provisions) Act 1995* também contém uma cláusula de excepção. Em sentido convergente ver MAYER/HEUZÉ (n. 50) 505, com referência à decisão da *Cour de cassation* 11/5/1999 no caso *Mobil North Sea* [R. crit. (2000) 199 an. BISCHOFF]. Ver ainda as observações críticas de STONE (n. 23) 352 e segs.

[67] Temos duas indicações contraditórias a este respeito. Por um lado, não foi adoptado o texto proposto pelo Parlamento Europeu (artigo 4.°/3 da Posição do Parlamento Europeu aprovada em primeira leitura), que especificava que a relação preexistente podia ser jurídica ou fáctica. Por outro lado, a Exposição de Motivos da Proposta da Comissão [13 e seg.] sugere que o tribunal pode ter conta uma relação contratual apenas previsível. No sentido da exclusão de relações meramente fácticas ver WAGNER (n. 6) 378.

[68] Mas cp. WAGNER (n. 6) 377.

[69] Ver, designadamente, artigo 45.°/2 do Código Civil português e artigo 133.°/2 da Lei suíça de Direito Internacional Privado. Ver também BATIFFOL/LAGARDE (n. 50) 247.

considerou-se que a cláusula de excepção obstará à aplicação da lei do lugar do efeito lesivo quando este lugar for acidental e, portanto, imprevisível.

A regra *lex loci damni* implica, quando o efeito lesivo se produza em vários países, que as leis de todos os países envolvidos devam ser distributivamente aplicadas[70]. Na Alemanha isto é conhecido como "perspectiva de mosaico" [*Mosaikbetrachtung*]. De acordo com esta perspectiva, o Direito de cada país envolvido aplica-se apenas ao dano causado pela violação do bem jurídico que ocorreu no seu território[71]. Isto converge com o entendimento seguido pelo TCE em matéria de competência internacional (artigo 5.º/3 do Regulamento Bruxelas I) pelo menos no caso de difamação perpetrada através de meios de comunicação social[72].

De harmonia com a metodologia anteriormente enunciada (*supra* I), o termo "tort/delict" deve ser interpretado autonomamente por referência aos "objectivos e ao sistema" do Regulamento e aos princípios comuns aos sistemas jurídicos dos Estados-Membros. O mesmo foi entendido pelo TCE, no caso *Kalfelis*, em relação ao artigo 5.º/3 da Convenção Bruxelas I[73]. No mesmo caso, o TCE decidiu que o conceito de "matéria extracontratual" – empregue no artigo 5.º/3 da Convenção Bruxelas I – abrange todas as acções que tenham em vista actuar a responsabilidade civil do réu e não se relacionam com "matéria contratual" na acepção do artigo 5.º/1.

Este ponto de vista também parece válido com respeito ao Regulamento Roma II. Em princípio, o artigo 4.º deve abranger todas as obrigações extracontratuais para as quais os artigos seguintes não estabelecem regras especiais, tendo em conta que o conceito de "obrigação contratual" deve ser entendido em sentido amplo (*supra* I). Isto vale seguramente para a responsabilidade por dano causado pela violação de um bem jurídico ou de um dever geral de cuidado ou que consista num prejuízo puramente económico[74].

---

[70] Ver Exposição de Motivos da Proposta da Comissão, 12.
[71] Ver GERHARD KEGEL e KLAUS SCHURIG – *Internationales Privatrecht*, 9.ª ed., Munique, 2004, 732, e ABBO JUNKER – "Ausservertragliche Schuldverhältnisse", in *Münchener Kommentar zum Bürgerlichen Gesetzbuch*, vol. X – *EGBGB*, 4.ª ed., Munique, 2006, Artigo 40 n.º 33. Ver também BATIFFOL/LAGARDE (n. 50) 246 e MAYER/HEUZÉ (n. 50) 505.
[72] Cf. TCE 7/3/1995, no caso *Shevill* [*CTCE* (1995) I-0415], n.ºs 25 e segs.
[73] Cf. TCE 27/7/1988 [*CTCE* (1988) 5565], n.º 16: "Por conseguinte, impõe-se considerar o conceito de matéria extracontratual como conceito autónomo que, para a aplicação da convenção, deve ser interpretado principalmente por referência ao seu sistema e objectivos, a fim de garantir-lhe plena eficácia".
[74] Para um exame comparativo do âmbito de protecção do Direito da responsabilidade extracontratual ver WAGNER (n. 52) 1012 e segs.

Em certos Direitos estrangeiros surge uma responsabilidade com função puramente sancionadora, de que não é pressuposto a produção de um dano reparável[75]. Porquanto o artigo 4.º se centra na noção de dano (incluindo o dano susceptível de ocorrer) poderia pensar-se que a responsabilidade não compensatória estaria excluída do relevante conceito de responsabilidade extracontratual. Todavia, isto não é seguro, uma vez que o Considerando n.º 32 afirma que "a aplicação de uma disposição da lei designada pelo presente regulamento que tenha por efeito dar origem à determinação de indemnizações não compensatórias exemplares ou punitivas de carácter excessivo pode, em função das circunstâncias do caso e da ordem jurídica do Estado-Membro do tribunal em que a acção é proposta, ser considerada contrária à ordem pública do foro". Isto pode ser entendido apenas no sentido de que indemnizações exemplares ou punitivas [*exemplary or punitive damages*] não são *ipso facto* contra a ordem pública comunitária[76]. Mas é concebível que se vá mais longe, considerando que a responsabilidade não compensatória, no seu conjunto, não está excluída do âmbito de aplicação do Regulamento, embora haja uma lacuna no Regulamento quando não ocorre nem seja susceptível de ocorrer um dano. Neste caso, pode pensar-se que deve ser aplicado o Direito do país em que a conduta lesiva teve lugar, uma vez que é a única conexão significativa em presença. A reserva de ordem pública internacional actuará *a posteriori* quando o Direito aplicável que estabelece uma responsabilidade não compensatória atribuir uma indemnização de montante excessivo.

IV. Normas de conflitos especiais sobre responsabilidade extracontratual

A) *Responsabilidade por produtos defeituosos*

O artigo 5.º contém três preceitos sobre responsabilidade por produtos defeituosos: uma conexão sucessiva ou subsidiária e uma remissão para o artigo 4.º/2, no n.º 1, e uma cláusula de excepção, no n.º 2.

Segundo o Considerando n.º 20, a norma de conflitos em matéria de responsabilidade por produtos defeituosos deverá responder aos objectivos que

---

[75] Cf. WAGNER (n. 52) 1006.
[76] Cp. artigo 24.º da Proposta da Comissão, Exposição de Motivos da Proposta da Comissão, 30 e seg., e Exposição de Motivos da Proposta Alterada da Comissão, 4-5.

consistem na justa repartição dos riscos inerentes a uma sociedade moderna de alta tecnologia, na protecção da saúde dos consumidores, na promoção da inovação, na garantia de uma concorrência não falseada e na facilitação das trocas comerciais. O elemento de conexão lugar do efeito lesivo não é adequado a esta matéria porque a lei assim designada pode não ter uma ligação significativa com a situação real, ser imprevisível para o produtor e não garantir uma protecção adequada ao lesado[77].

A criação de uma conexão sucessiva ou subsidiária, acompanhada de uma cláusula de previsibilidade, é então vista como uma solução equilibrada[78].

O primeiro elemento de conexão a ter em conta é o lugar onde o lesado tenha a sua residência habitual no momento em que ocorre o dano, se o produto tiver sido comercializado nesse país (n.º 1/a).

Se o produto não tiver sido comercializado nesse país, aplica-se o Direito do país onde o produto tenha sido adquirido, se o produto tiver sido comercializado neste país (n.º 1/b).

Se o produto não tiver sido comercializado nesse país, aplica-se o Direito do país onde o dano tenha ocorrido, se o produto tiver sido comercializado neste país (n.º 1/c).

Esta conexão sucessiva é triplamente condicionada.

Primeiro, por uma excepção a favor da lei da residência habitual comum das partes (artigo 4.º/2 *ex vi* artigo 5.º/1).

Segundo, por uma cláusula de previsibilidade (artigo 5.º/1/2.º §) que determina que "a lei aplicável é a lei do país onde a pessoa cuja responsabilidade é invocada tenha a sua residência habitual, se essa pessoa não puder razoavelmente prever a comercialização do produto, ou de um produto do mesmo tipo, no país cuja lei é aplicável, ao abrigo das alíneas a), b) ou c)"[79].

Terceiro, pela dita cláusula de excepção (artigo 5.º/2 semelhante ao artigo 4.º/3) (*supra* III). Quando houver um contrato entre as partes para o fornecimento do produto a actuação desta cláusula significará geralmente que qualquer pretensão de responsabilidade extracontratual será regida pela lei aplicável ao contrato[80].

---

[77] Cf. Exposição de Motivos da Proposta da Comissão, 14-15. Ver também Convenção da Haia sobre a Lei Aplicável à Responsabilidade por Produtos Defeituosos.
[78] Ver ainda WAGNER (n. 6) 382.
[79] De acordo com a Exposição de Motivos da Proposta da Comissão [15], a expressão "pessoa cuja responsabilidade é invocada" não designa necessariamente o fabricante de um produto acabado; pode tratar-se do produtor de uma matéria-prima ou de um componente, ou mesmo de um intermediário ou retalhista.
[80] Ver STONE (n. 23) 360 e segs., com mais considerações.

Embora se possa dizer que estamos em presença de uma disposição bastante complexa não é menos certo que é difícil obter um justo equilíbrio dos interesses em jogo de um modo mais simples.

A conexão sucessiva estabelecida no artigo 5.º/1 não é exaustiva. Surge uma lacuna quando o produto não tenha sido comercializado no país da residência habitual do lesado, nem no país onde o produto tenha sido adquirido, nem no país onde o dano tenha ocorrido. Neste caso parece que de acordo com um argumento *a fortiori* em relação ao artigo 5.º/1/2.º § se deve aplicar o Direito da residência habitual do agente.

Os termos "produto" e "produto defeituoso" devem ser interpretados em conformidade com os artigos 2.º e 6.º da Directiva 85/374/CEE Relativa à Aproximação das Disposições Legislativas, Regulamentares e Administrativas dos Estados-Membros em Matéria de Responsabilidade Decorrente dos Produtos Defeituosos[81].

B) *Concorrência desleal e actos que restrinjam a livre concorrência*

A concorrência desleal e os actos que restrinjam a livre concorrência são objecto do artigo 6.º. As normas especiais aí contidas não constituem um desvio à norma geral do artigo 4.º/1 mas antes uma clarificação desta norma.

De acordo com o Considerando n.º 21, em matéria de concorrência desleal, a norma de conflitos deverá proteger os concorrentes, os consumidores e o público em geral, bem como garantir o bom funcionamento da economia de mercado. A conexão com a lei do país onde as relações concorrenciais ou os interesses colectivos dos consumidores sejam afectados ou sejam susceptíveis de ser afectados cumpre, em geral, estes objectivos[82]. O "país onde as relações concorrenciais ou os interesses colectivos dos consumidores são, ou são susceptíveis de ser, afectados" é o país onde funciona o mercado em que os con-

---

[81] JOCE L 210/29, 7/8/1985. Cf. Exposição de Motivos da Proposta da Comissão, 14. "Produto" significa qualquer bem móvel, excluindo as matérias-primas agrícolas e os produtos da caça, mesmo se estiver incorporado noutro bem móvel ou imóvel. Por "matérias-primas agrícolas" entende-se os produtos do solo, da pecuária e da pesca, excluindo os produtos que tenham sido objecto de uma primeira transformação. A palavra "produto" designa igualmente a electricidade.

[82] Quanto ao conceito de "interesses colectivos dos consumidores", ver Exposição de Motivos da Proposta da Comissão, 16-17.

correntes actuam para ganhar a preferência dos clientes[83]. Esta solução corresponde às expectativas dos lesados já que a regra designa geralmente o Direito que rege o seu "ambiente económico". Mas ela também assegura a igualdade de tratamento entre todos os operadores de um mesmo mercado[84].

A norma contida no artigo 6.º/1 é adequada tanto a sistemas jurídicos em que o Direito da Concorrência Desleal protege só os interesses colectivos (numa economia de mercado baseada na livre concorrência de fornecedores de bens e serviços) e os interesses dos concorrentes como a sistemas em que este instituto também protege os interesses colectivos dos consumidores.

Deve ser sublinhado que a norma especial sobre concorrência desleal só é aplicável quando o acto de concorrência desleal afecte interesses que não se limitam a um concorrente específico. Caso contrário, são aplicáveis as normas gerais do artigo 4.º (artigo 6.º/2).

As obrigações extracontratuais resultantes de restrições da concorrência, previstas no artigo 6.º/3, deverão abranger as violações da legislação nacional e comunitária da concorrência[85]. Segundo o Considerando n.º 23, para efeitos do presente Regulamento, o conceito de restrição à concorrência deverá abranger as proibições de acordos entre empresas, decisões de associações de empresas e práticas concertadas que tenham por objectivo ou efeito impedir, restringir ou falsear a concorrência no território de um Estado-Membro ou no interior do mercado interno, bem como as proibições relativas ao abuso de posição dominante no território de um Estado-Membro ou no interior do mercado interno, caso tais acordos, decisões, práticas concertadas ou abusos sejam proibidos pelos artigos 81.º e 82.º do Tratado ou pela lei de um Estado-Membro.

Aparentemente, o legislador comunitário não contemplou a possibilidade de os tribunais de um Estado-Membro serem chamados a apreciar uma violação do Direito da Concorrência que restringe a concorrência num terceiro

---

[83] A Exposição de Motivos da Proposta da Comissão [17] sublinha que no "que diz respeito à apreciação dos efeitos sobre este mercado, a doutrina admite, em geral, que apenas os efeitos directos e significativos de um acto de concorrência desleal são tomados em consideração. Este aspecto é pertinente, nomeadamente em situações internacionais, na medida em que o comportamento anticoncorrencial implica frequentemente efeitos sobre vários mercados e leva a uma aplicação distributiva das leis em presença". Na expressão de STONE [(n. 23) 365] a norma sobre concorrência desleal substitui o "teste do efeito lesivo", aplicável ao abrigo da norma geral, pelo teste do efeito directo sobre o mercado.
[84] Cf. Exposição de Motivos da Proposta da Comissão, 17.
[85] Cf. Considerando n.º 22.

Estado, possibilidade que, porém, resulta claramente do artigo 5.º/3 do Regulamento Bruxelas I tal como é entendido pelo TCE. Presumivelmente, o Considerando n.º 23 não exprime uma intenção limitativa do legislador, mas uma mera clarificação de que o conceito de "actos que restrinjam a livre concorrência" inclui todos os actos que são proibidos pelo Direito da Concorrência seja ao nível comunitário seja ao nível dos Estados-Membros.

O Direito aplicável a estas obrigações extracontratuais é o do país em que o mercado seja afectado ou seja susceptível de ser afectado (artigo 6.º/3/a)[86]. Nos casos em que o mercado seja afectado ou seja susceptível de ser afectado em mais do que um país, a pessoa que requer a reparação do dano pode em certas circunstâncias optar por basear o seu pedido na lei do tribunal em que acção é proposta (b)[87].

C) *Danos ambientais*

No que se refere aos danos ambientais, o artigo 7.º contém uma conexão optativa a favor da pessoa que requer a reparação. A lei aplicável à obrigação extracontratual que decorra de danos ambientais ou de danos decorrentes daqueles é, em princípio, a lei determinada com base no artigo 4.º/1. No entanto, o requerente pode escolher basear o seu pedido na lei do país onde tiver ocorrido o facto danoso.

O momento em que a pessoa que pede a indemnização pode escolher a lei aplicável deverá ser determinado pela lei do Estado-Membro do tribunal em que a acção é proposta[88].

---

[86] Ver também *Hamburg Group for Private International Law* (n. 24) 19.

[87] O artigo 6.º/3/b é do seguinte teor: "Quando o mercado for afectado ou for susceptível de ser afectado em mais do que um país, a pessoa que requer a reparação do dano e propõe a acção no tribunal do domicílio do réu pode optar por basear o seu pedido na lei do tribunal em que a acção é proposta, desde que o mercado desse Estado-Membro seja um dos directa e substancialmente afectados pela restrição à concorrência de que decorre a obrigação extracontratual em que se baseia o pedido. Caso o requerente proponha nesse tribunal, de acordo com as regras aplicáveis em matéria de competência judiciária, uma acção contra mais do que um réu, só pode optar por basear o seu pedido na lei desse tribunal se a restrição à concorrência em que se baseia a acção contra cada um desses réus também afectar directa e substancialmente o mercado do Estado-Membro em que se situa esse tribunal".

[88] Cf. Considerando n.º 25.

Esta conexão optativa não é estranha aos sistemas jurídicos dos Estados-Membros. Com efeito, soluções deste tipo foram adoptadas, para a responsabilidade extracontratual em geral, no artigo 40.º/1 da Lei de Introdução do Código Civil alemão, com a redacção de 1999, e no artigo 62.º/1 da Lei italiana de Direito Internacional Privado. Fora da União Europeia, pode também mencionar-se o artigo 138.º da lei suíça de Direito Internacional Privado com respeito a emissões danosas provenientes de um imóvel.

De acordo com o Considerando n.º 25, relativamente aos danos ambientais, o artigo 174.º do Tratado da Comunidade Europeia, que estabelece como objectivo um nível elevado de protecção fundado nos princípios da precaução e da acção preventiva, da correcção, prioritariamente na fonte, e do poluidor-pagador, justifica plenamente o recurso ao princípio de discriminação a favor do lesado.

Esta *ratio* é desenvolvida na Exposição de Motivos da Proposta da Comissão[89]. "A conexão de princípio à lei de lugar do dano é conforme com os recentes objectivos da política legislativa em matéria de protecção do ambiente que favorece a responsabilidade objectiva em sentido estrito. A solução favorece igualmente uma política preventiva, obrigando os operadores instalados num país de reduzido nível de protecção a ter em conta o nível mais elevado previsto nos países vizinhos, reduzindo assim o interesse para o operador em instalar-se num país com um reduzido nível de protecção. A regra contribui, portanto, para o reforço geral do nível de protecção do ambiente.

"Todavia, a conexão exclusiva ao lugar do dano significaria igualmente que uma vítima estabelecida num país de reduzido nível de protecção não beneficiaria do nível mais elevado de protecção existente nos países vizinhos. Tendo em consideração os objectivos mais gerais da União em matéria de ambiente, não se trata apenas de respeitar as expectativas legítimas da vítima, mas de estabelecer uma política legislativa que contribua para aumentar o nível de protecção do ambiente em geral, tanto mais que o autor do dano ambiental, contrariamente a outros ilícitos, retira em geral um benefício económico da sua actividade danosa. A aplicação unicamente da lei do lugar do dano, com efeito, poderia incitar um operador a instalar-se na fronteira para aí introduzir produtos nocivos num rio, beneficiando da regulamentação menos estrita do país vizinho. Tal solução seria contrária à filosofia subjacente do direito material europeu em matéria de ambiente e do seu princípio do 'poluidor-pagador'"[90].

---

[89] 20-21.
[90] Cp. as considerações críticas de WAGNER (n. 6) 380.

O facto de uma pessoa ser responsável pelo dano ocorrido num Estado, de acordo com a lei deste Estado, por causa de uma actividade autorizada e legítima noutro Estado, pode ser tomado em consideração no quadro do artigo 17.º (*infra* VI.B).

O conceito de danos ambientais deve ser entendido como significando a alteração adversa de um recurso natural, como a água, o solo ou o ar, ou a deterioração da função realizada por um recurso natural em benefício de outro recurso natural ou do público, ou a deterioração da variabilidade entre organismos vivos[91].

D) *Violação de direitos de propriedade intelectual*

O artigo 8.º, relativo à violação de direitos de propriedade intelectual, baseia-se no princípio amplamente aceite da *lex loci protectionis*. Para efeitos do presente Regulamento, a expressão direitos de propriedade intelectual deverá ser interpretada como abrangendo, nomeadamente, o direito de autor, os direitos conexos, o direito *sui generis* para a protecção das bases de dados, bem como os direitos de propriedade industrial[92].

O Direito aplicável à obrigação extracontratual que decorra da violação de um direito de propriedade intelectual é o Direito do país para o qual a protecção é reivindicada (n.º 1)[93].

Além da sua justificação à luz dos valores em jogo na protecção da propriedade intelectual[94] e do princípio da territorialidade dos direitos de propriedade intelectual[95], esta regra apresenta duas vantagens. Primeiro, em muitos sistemas nacionais o princípio da *lex loci protectionis* aplica-se à escolha da lei reguladora do próprio direito de propriedade intelectual. Neste caso, são evitados os problemas de delimitação entre a lei aplicável ao direito e a lei aplicável à sua violação[96]. Segundo, em matéria de inscrição ou de validade de direitos de propriedade intelectual sujeitos a depósito ou a registo têm competência exclusiva os tribunais do Estado-Membro em cujo território o depósito ou o

---

[91] Cf. Considerando n.º 24.
[92] Cf. Considerando n.º 26.
[93] Com respeito a violações múltiplas, ver MARTA PERTEGÁS (n. 32) 242 e segs.
[94] Ver, designadamente, JOÃO BAPTISTA MACHADO – *Lições de Direito Internacional Privado*, 2.ª ed., Coimbra, 384-385, e LIMA PINHEIRO (n. 31 [2002]) 278.
[95] Ver *Hamburg Group for Private International Law* (n. 24) 21-22.
[96] Ver também MARTA PERTEGÁS (n. 32) 238.

registo tiver sido requerido, efectuado ou considerado efectuado nos termos de um instrumento comunitário ou de uma convenção internacional (artigo 22/4/1.º § do Regulamento Bruxelas I). No caso *GAT*, com referência ao anterior artigo 16.º/4 da Convenção Bruxelas I, o TCE decidiu que esta competência exclusiva se verifica quando o réu numa acção de violação de patente ou o autor numa acção de declaração de não violação de patente suscita a questão da invalidade desta patente[97]. Por conseguinte, esta regra conduz frequentemente a uma concorrência do foro competente com a lei aplicável.

No caso de obrigação extracontratual que decorra da violação de um direito de propriedade intelectual comunitário com carácter unitário, a lei aplicável a qualquer questão que não seja regida pelo instrumento comunitário pertinente é a lei do país em que a violação tenha sido cometida (artigo 8.º/2)[98]. Como actos que estabelecem direitos de propriedade intelectual comunitários com carácter unitário são de referir o Reg. (CE) n.º 40/94, de 20/12/93, sobre a Marca Comunitária, o Reg. (CE) n.º 2100/94, de 27/7/94, Relativo ao Regime Comunitário de Protecção das Variedades Vegetais e o Reg. (CE) n.º 6/2002, de 12/12/2001, Relativo aos Desenhos ou Modelos Comunitários.

E) *Acção colectiva*

A última norma de conflitos especial tem por objecto a acção colectiva. O conceito exacto de acção colectiva, como a greve ou o *lock-out*, varia de Estado-Membro para Estado-Membro e rege-se pelas normas internas de cada um deles[99]. O artigo 9.º assume como princípio geral que deve ser aplicável a lei do país onde ocorre a acção colectiva, a fim de proteger os direitos e obrigações dos trabalhadores e empregadores[100]. Abre-se uma excepção a favor da lei da residência habitual comum das partes.

De acordo com o Considerando n.º 28, a regra especial sobre acção colectiva não prejudica as condições do exercício dessas acções de acordo com a lei nacional e não prejudica o estatuto jurídico das organizações representativas dos trabalhadores ou dos sindicatos, tal como previsto na lei dos Estados-Membros.

---

[97] Cf. TCE 13/7/2006 [*CTCE* (2006) I-6509).
[98] Cp. *Hamburg Group for Private International Law* (n. 24) 22-23 e MARTA PERTEGÁS (n. 32) 246-247.
[99] Cf. Considerando n.º 27.
[100] *Ibidem*.

V. Normas de conflitos sobre enriquecimento sem causa, gestão de negócios e *culpa in contrahendo*

A) *Aspectos gerais*

O capítulo III do Regulamento contém as normas de conflitos sobre enriquecimento sem causa, gestão de negócios e *culpa in contrahendo*. Estas regras não são aplicáveis a obrigações extracontratuais decorrentes da violação de um direito de propriedade intelectual (artigo 13.º). Isto implica, por exemplo, que uma obrigação baseada em enriquecimento sem causa resultante da violação de um direito de propriedade intelectual é regulada pela mesma lei que a própria violação[101].

B) *Enriquecimento sem causa*

O artigo 10.º segue a teoria que distingue entre enriquecimento associado a uma relação jurídica entre as partes e outros tipos de enriquecimento, tal como foi adoptada pela Lei suíça de Direito Internacional Privado (artigo 128.º). A ideia de distinguir entre diferentes tipos de enriquecimento já surgira anteriormente no Anteprojecto português de 1964 e na Lei austríaca de Direito Internacional Privado (artigo 46.º) e foi plenamente desenvolvida na redacção dada em 1999 ao artigo 38.º da Lei de Introdução ao Código Civil alemão. Eu também defendi esta solução no quadro do Direito vigente em Portugal (artigo 44.º do Código Civil)[102].

O Regulamento não define enriquecimento sem causa, limitando-se a ilustrar o conceito com o pagamento de montantes indevidamente recebidos. Também aqui a interpretação deve ser autónoma. O conceito é geralmente entendido no sentido de abranger situações em que uma pessoa obtém um benefício à custa de outra pessoa sem uma causa juridicamente justificativa[103].

Quando o enriquecimento sem causa esteja associado a uma relação existente entre as partes, como a que resulta de um contrato ou de responsabilidade extracontratual, que apresente uma conexão estreita com o enriquecimento sem causa, deve ser regulado pela lei que rege essa relação (artigo 10.º/1).

---

[101] Cf. Exposição de Motivos da Proposta da Comissão, 23.
[102] Ver LIMA PINHEIRO (n. 31 [2002]) 245-246.
[103] Ver, designadamente, ZWEIGERT/KÖTZ (n. 51) 537 e segs.

Nos outros casos, aplica-se a lei do país onde tenha ocorrido o enriquecimento sem causa (n.º 3), a menos que as partes tenham a sua residência habitual no mesmo país no momento em que ocorre o facto que dá origem ao enriquecimento sem causa, hipótese em que se aplica a lei desse país (n.º 2)[104].

Por acréscimo, o artigo 10.º estabelece uma cláusula de excepção no seu n.º 4.

C) *Gestão de negócios*

A *negotiorum gestio* é objecto do artigo 11.º. O recurso ao termo latino mostra que não se trata de um instituto jurídico conhecido de todos os sistemas jurídicos dos Estados-Membros. Nos países do *Common Law* estes casos são abrangidos, pelo menos parcialmente, pelo instituto da *agency*, sendo então referidos como *"agency without authority"*. O Regulamento apenas oferece um ponto de partida para a interpretação do conceito: um acto praticado sem a devida autorização relativamente a negócios alheios (artigo 11.º/1). Alguns sistemas jurídicos exigem adicionalmente que a actividade seja realizada no interesse e por conta do dono do negócio.

Reencontramos aqui a distinção entre a gestão de negócios associada a uma relação jurídica existente entre as partes e outros casos de gestão de negócios. Esta distinção já era traçada pelo Anteprojecto português de 1964 mas não foi recebida pelo Código Civil.

Quando a obrigação extracontratual decorra da gestão de negócios associada a uma relação existente entre as partes, como a resultante de contrato ou de responsabilidade extracontratual, que apresente uma conexão estreita com essa obrigação extracontratual, aplica-se a lei que rege essa relação (n.º 1).

Nos outros casos, aplica-se a lei do país onde tenha sido praticado o acto (n.º 3), a menos que as partes tenham a sua residência habitual no mesmo país no momento em que corre o facto que dá origem ao dano, hipótese em que é aplicável a lei desse país (n.º 2).

O n.º 4 estabelece uma cláusula de excepção.

A gestão de negócios encontra-se dentro do âmbito de aplicação da Convenção da Haia Sobre a Lei Aplicável aos Contratos de Mediação e à Repre-

---

[104] Cp. as considerações críticas de GABRIELLA CARELLA – "The Law Applicable to Non-Contractual Obligations other than Tort or Delict", in *The Unification of Choice of Law Rules on Torts and Other Non-Contractual Obligations in Europe. The "Rome II" Proposal*, org. por Alberto Malatesta, 73-84, Pádua, 2006, 83.

sentação (1978)[105]. Alguns Estados-Membros são partes nesta Convenção (França, Holanda e Portugal), bem como um Estado terceiro. De acordo com o artigo 28.º/1 do Regulamento, a Convenção prevalece sobre o Regulamento. Não obstante, a Convenção só regula a relação que resulte de actos jurídicos praticados por conta de outrem e a gestão de negócios abrange a gestão de facto, em que o gestor só realiza actos materiais. Por conseguinte, parece que mesmo o tribunal de um Estado-Membro que seja parte contratante da Convenção deve aplicar o Regulamento quando se trate de uma mera gestão de facto.

D) *Culpa in contrahendo*

O Considerando n.º 30 reafirma que a *culpa in contrahendo* deve ser entendida como um conceito autónomo. Deverá incluir a violação do dever de informação e a ruptura de negociações contratuais. O artigo 12.º apenas abrange as obrigações extracontratuais que tenham uma relação directa com as negociações realizadas antes da celebração de um contrato. Isso significa que, se uma pessoa sofrer danos não patrimoniais enquanto um contrato é negociado, serão aplicáveis o artigo 4.º ou outras disposições relevantes do Regulamento.

A lei aplicável a uma obrigação extracontratual decorrente de negociações realizadas antes da celebração de um contrato, independentemente de este ser efectivamente celebrado, é a lei aplicável ao contrato ou que lhe seria aplicável se tivesse sido celebrado (artigo 12.º/1).

Esta regra converge com a doutrina que eu tenho vindo a defender: a partir do momento que a responsabilidade pré-contratual pressuponha a existência de uma relação jurídica entre as partes, deve aplicar-se a lei reguladora desta

---

[105] Cf. I. KARSTEN – "Explanatory Report", in *Conférence de La Haye de droit international privé. Actes et documents de la Treizième session*, 1979, n.º 36; JÜRGEN BASEDOW – "Das Vertretungsrecht im Spiegel konkurrierender Harmonisierungsentwürf", *RabelsZ*. 45 (1981) 196-217, 207; H. VERHAGEN – *Agency in Private International Law*, A Haia, Boston e Londres, 1995, 143 e segs. Este último autor defende que só deve considerar-se dentro do domínio de aplicação da convenção a gestão de negócios que tenha lugar "no quadro" de um "contrato de mediação" preexistente, sem prejuízo da aplicação analógica das normas de conflitos do Cap. III a outros casos de gestão de negócios [150]. Este entendimento, porém, não encontra apoio no texto da convenção e contradiz o relatório de KARSTEN.

relação[106]. O artigo 12.º/1 deve, em princípio, ser entendido como uma remissão para as normas de conflitos da Convenção Roma I (bem como para o futuro Regulamento Roma I). Isto também converge com a melhor doutrina[107].

As regras estabelecidas no artigo 12.º/2 são aplicáveis quando o Direito competente não puder ser determinado com base no n.º 1. Se as partes tiverem a sua residência habitual no mesmo país no momento em que ocorre o facto que dá origem ao dano, aplica-se a lei desse país (b). Nos outros casos, é aplicável a lei do país onde ocorre o dano (a). Esta disposição contém ainda uma cláusula de excepção que apenas actua com respeito às conexões estabelecidas pelo n.º 2.

Em princípio, o Direito regulador da *culpa in contrahendo* pode ser determinado com base numa aplicação, directa ou por analogia, da Convenção Roma I (bem como do futuro Regulamento Roma I). Apenas é concebível que em casos residuais não só não tenha sido celebrado um contrato como também faltem elementos suficientes sobre o contrato que teria sido celebrado para a actuação das regras do artigo 4.º da Convenção Roma I (bem como do futuro Regulamento Roma I). Não é claro se o legislador comunitário teve em vista outro tipo de coordenação entre os dois números do artigo 12.º.

VI. Regras auxiliares

A) *Âmbito da lei aplicável*

Os Capítulos V e VI do Regulamento contêm regras que são instrumentais em relação à interpretação e aplicação das normas de conflitos.

---

[106] Ver LIMA PINHEIRO (n. 31 [1999]) 141 e (n. 31 [2002]) 154-155. Em sentido convergente, ver MOURA VICENTE (n. 58) 445 e segs.
[107] Ver KEGEL/SCHURIG (n. 71) 612-613; DIETER MARTINY – "Artigo 32", in *Münchener Kommentar zum Bürgerlichen Gesetzbuch*, 3.ª ed., Munique, 1998, Artigo 32 n.º 33, e LIMA PINHEIRO (n. 21 [1999]) 155 and (n. 21 [2002]) 141, defendendo que a Convenção Roma I era aplicável directamente quando tenha sido celebrado um contrato (mesmo que tenha um mero carácter preparatório) e por analogia quando as negociações tenham sido interrompidas antes da celebração de um contrato. No sentido de uma aplicação directa da Convenção Roma I em ambos os casos, ver ANGELO DAVI – "Responsabilità non contrattuale nel diritto internazionale privato", in *Digesto priv. civ.*, vol. XVII, 1998, n.º 12, e MOURA VICENTE (n. 30) 445 e segs., 457 e segs. e 469 e segs. Cp. no sentido de uma diferenciação, REITHMANN/MARTINY (n. 15) n.ºs 282 e segs., e ULRICH SEPELLENBERG – "Artigo 31,32", in *Münchener Kommentar zum Bürgerlichen Gesetzbuch*, 4.ª ed., Munique, 2006, Artigo 32 n.ºs 59 e segs.

Quanto ao âmbito da lei aplicável, pode dizer-se que, de modo geral, ela compreende os pressupostos e as consequências da responsabilidade[108]. A imputabilidade também está submetida a esta lei.

Assim, o artigo 15.º determina que a lei aplicável às obrigações extracontratuais referidas no Regulamento rege, designadamente:

a) o fundamento e o âmbito da responsabilidade, incluindo a determinação das pessoas às quais pode ser imputada responsabilidade pelos actos que praticam;
b) as causas de exclusão da responsabilidade, bem como qualquer limitação e repartição da responsabilidade;
c) a existência, a natureza e a avaliação dos danos ou da reparação exigida;
d) nos limites dos poderes conferidos ao tribunal pelo seu Direito processual, as medidas que um tribunal pode tomar para prevenir ou fazer cessar o dano ou assegurar a sua reparação;
e) a transmissibilidade do direito de exigir indemnização ou reparação, incluindo por via sucessória;
f) as pessoas com direito à reparação do dano pessoalmente sofrido;
g) a responsabilidade por actos de outrem;
h) as formas de extinção das obrigações, bem como as regras de prescrição e caducidade, incluindo as que determinem o início, a interrupção e suspensão dos respectivos prazos.

Em matéria de responsabilidade extracontratual, se o bem juridicamente tutelado for um direito subjectivo, a questão da pretensão fundada em responsabilidade extracontratual, que se suscita a título principal, coloca a questão prévia da existência ou titularidade do direito. Esta questão prévia tem de ser resolvida do modo que seja estabelecido pelo Direito Internacional Privado do Estado-Membro do foro. A teoria dominante, que merece preferência, recorre a uma conexão autónoma, i.e., às normas de conflitos do foro[109]. Por exemplo, caso se invoque a violação de um direito real, a questão da titularidade e conteúdo deste direito será submetida à lei reguladora do direito real.

A pretensão indemnizatória por danos patrimoniais e morais causados pela morte do lesado a outras pessoas suscita frequentemente questões prévias. É a lei reguladora da responsabilidade extracontratual que define quem são os titu-

---

[108] Ver Exposição de Motivos da Proposta da Comissão, 25-26.
[109] Ver, designadamente, LIMA PINHEIRO (n. 31 [2001]) 423 e segs., com mais referências.

lares da pretensão indemnizatória. Na medida em que esta lei atribua direito à indemnização às pessoas que podem exigir alimentos do lesado ou aos seus familiares, pode suscitar-se, a título prejudicial, a questão de saber quem pode exigir alimentos ao lesado ou tem uma certa relação familiar com o lesado. Em conformidade com a teoria da conexão autónoma, esta questão é apreciada segundo a lei designada pelas normas de conflitos do foro para regular as obrigações alimentares e as relações de família em causa.

B) *Normas de aplicação necessária e regras de segurança e de conduta*

De acordo com o artigo 16.º, o disposto no Regulamento em nada afecta a aplicação das disposições da lei do país do foro que regulem imperativamente o caso concreto independentemente da lei normalmente aplicável à obrigação extracontratual. A Convenção Roma I contém uma regra paralela no artigo 7.º/2 e os comentários a esta regra são também relevantes para o Regulamento Roma II.

Deve assinalar-se que o Regulamento não estabelece uma cláusula geral sobre a relevância de normas de aplicação necessária de terceiros Estados paralela à do artigo 7.º/1 da Convenção Roma I. Esta omissão exprime uma clara intenção de excluir a admissibilidade de tal cláusula geral, uma vez que os preceitos que a continham constantes da Proposta da Comissão e da Proposta Alterada da Comissão foram suprimidos. Acresce que o Considerando n.º 32 sublinha a natureza excepcional do artigo 16.º. Esta atitude converge com o entendimento que eu tenho sustentado: as normas de aplicação necessária devem ser consideradas excepcionais[110] e uma cláusula geral sobre a relevância das normas de aplicação necessária de terceiros Estados é simultaneamente inapropriada e indesejável[111].

A tarefa do legislador deve ser a de determinar as conexões especiais que podem conduzir à aplicação de normas imperativas estrangeiras que não pertençam à lei competente e não a de dar um cheque em branco aos tribunais. Com respeito às obrigações extracontratuais pode pensar-se sobretudo nas regras de conduta em vigor no lugar do facto que dá origem à responsabilidade que são contempladas pelo artigo 17.º.

---

[110] Ver LIMA PINHEIRO (n. 31 [2001]) 199.
[111] Op. cit. 214 e segs. Ver também STONE (n. 23) 359.

Com efeito, o artigo 17.º estabelece que ao avaliar o comportamento da pessoa cuja responsabilidade é invocada, são tidas em conta, a título de matéria de facto e na medida em que for apropriado, as regras de segurança e de conduta em vigor no lugar e no momento em que ocorre o facto que dá origem à responsabilidade[112].

Segundo a Exposição de Motivos da Proposta da Comissão, esta regra baseia-se no facto de que o agente deve respeitar as normas de segurança e de comportamento em vigor no país em que actua, qualquer que seja a lei aplicável às consequências civis da sua acção, devendo essas normas ser igualmente tidas em conta na determinação da responsabilidade[113].

Segundo a mesma Exposição de Motivos[114], "Ter em conta a lei estrangeira não significa aplicá-la: o juiz aplicará exclusivamente a lei designada pela regra de conflito, mas deverá ter em conta uma outra lei como um simples dado de facto, por exemplo, quando se trata de avaliar, para a determinação do montante dos danos ressarcíveis, a gravidade da infracção praticada ou a boa ou má fé do autor".

Os termos "regras de segurança e de conduta" deverão ser interpretados como referindo-se a todas as regras relacionadas com a segurança e a conduta, incluindo, por exemplo, as relativas à segurança rodoviária em caso de acidente[115]. Para este efeito podem ser tidas em conta não só normas prescritivas ou proibitivas do lugar do facto mas também regras permissivas que conduzam, por exemplo, à autorização de uma actividade que causa dano noutro país[116].

Suscita no entanto dúvida se, em certos casos, a relevância das regras de conduta do lugar do facto na avaliação do comportamento da pessoa cuja responsabilidade é invocada não constituirá uma verdadeira aplicação dessas regras[117].

---

[112] Ver também artigo 7.º da Convenção da Haia sobre a Lei Aplicável aos Acidentes de Viação e o artigo 9.º da Convenção da Haia sobre a Lei Aplicável à Responsabilidade por Produtos Defeituosos.
[113] Cf. Exposição de Motivos da Proposta da Comissão, 27.
[114] *Ibidem*.
[115] Cf. Considerando n.º 34.
[116] Cf. Exposição de Motivos da Proposta da Comissão, 21.
[117] Ver LIMA PINHEIRO (n. 29) 1124, assinalando que não há tomada em consideração, mas verdadeira aplicação (a título prejudicial), nos casos em que a previsão de uma norma material da lei que regula a questão principal (*lex causae*) se reporta a um conteúdo jurídico que deve ser apurado segundo uma norma estrangeira, desencadeando o dito "efeito de pressuposição" [*Tatbestandswirkung*]. Ver ainda, sobre este ponto, KLAUS SCHURIG – "Zwingendes Recht, 'Eingriffsnormen' und neues IPR", *RabelsZ.* 54 (1990) 218-250, 240 e segs.

Por exemplo, se um tribunal italiano é chamado a pronunciar-se sobre uma pretensão indemnizatória resultante de um acidente de viação ocorrido em França que apenas envolveu pessoas residentes habitualmente em Itália, é aplicável a lei italiana (artigo 4.º/2), nas não devem ser utilizadas as regras de trânsito francesas para determinar quem é responsável pelo acidente[118]? Aqui é detectável uma dificuldade, resultante da aplicação de uma lei que não é a do lugar da conduta lesiva em matéria de responsabilidade extracontratual, que não foi encarada de modo claro. O que claramente resulta da letra do artigo 17.º é que o tribunal tem uma margem de apreciação quanto à aplicabilidade das regras do lugar da conduta[119].

Em minha opinião, é necessário ir mais longe, e traçar distinções. Primeiro, tem de distinguir-se conforme a lei primariamente competente estabelece uma responsabilidade por factos lícitos (caso em que só deve ser tida em conta esta lei) ou prevê apenas uma responsabilidade baseada na ilicitude da conduta (em que também as regras de conduta do lugar do facto podem ser tidas em conta). *Neste segundo caso*, deve distinguir-se entre regras permissivas, por um lado, e regras injuntivas (prescritivas ou proibitivas), por outro. As regras permissivas do lugar da conduta não podem excluir a responsabilidade fundada em regras do lugar do efeito lesivo e, por isso, só podem ser tidas em conta como um facto na determinação da indemnização na medida em que as regras do lugar do efeito lesivo o consintam[120]. Com respeito às regras injuntivas é concebível uma distinção adicional entre regras de conduta da lei do lugar do facto que reclamam aplicabilidade numa base estritamente territorial (i.e., a todas as condutas que tenham lugar no território do Estado que as edita), por exemplo, regras de trânsito, e outras regras de conduta. As regras da primeira categoria devem, em princípio, ser aplicadas ao passo que as da segunda categoria só podem ser "tidas em conta como um dado de facto".

---

[118] Em sentido afirmativo ver STONE (n. 23) 339. Ver ainda BOGDAN (n. 3) 44.
[119] Cf. Explanatory Memorandum to the Amended Commission's Proposal, 4.
[120] Ver considerações convergentes do *Hamburg Group for Private International Law* (n. 24) 43-44. Considerações de previsibilidade podem ser ponderadas quando se têm em conta essas regras – ver também SYMEONIDES (n. 39) n.º 4.5.

C) **Outras regras auxiliares**

O artigo 18.º determina que o lesado pode *demandar directamente o segurador* do responsável pela reparação, se a lei aplicável à obrigação extracontratual ou a lei aplicável ao contrato de seguro assim o prever.

Em matéria de *sub-rogação*, o artigo 19.º estabelece uma regra paralela ao artigo 13.º da Convenção Roma I mas que se aplica à sub-rogação legal em direitos extracontratuais (enquanto a Convenção Roma I se aplica só à sub-rogação legal em direitos contratuais)[121].

Com respeito à *responsabilidade múltipla*, o artigo 20.º determina que se o credor tiver um direito contra vários devedores responsáveis pelo mesmo direito e se um deles já tiver satisfeito total ou parcialmente o pedido, o direito de este devedor exigir reparação aos restantes condevedores rege-se pela lei aplicável às obrigações extracontratuais desse devedor para com o credor.

As dúvidas suscitadas pelo artigo 21.º (*validade formal de actos unilaterais*) foram atrás mencionadas (*supra* I). Segundo este preceito, os actos jurídicos unilaterais relativos a uma obrigação extracontratual são formalmente válidos desde que preencham os requisitos de forma prescritos pela lei que rege a obrigação extracontratual em causa ou pela lei do país em que o acto é praticado.

O artigo 22.º tem por objecto as *presunções legais, o ónus da prova e os meios de prova dos actos jurídicos*. As presunções legais e o ónus da prova são incluídos no âmbito da lei aplicável à obrigação extracontratual (n.º 1). Os actos jurídicos podem ser provados mediante qualquer meio de prova admitido, quer pela lei do foro, quer por uma das leis referidas no artigo 21.º, ao abrigo da qual o acto seja formalmente válido, desde que esse meio de prova possa ser produzido no tribunal do foro (n.º 2). Esta disposição é semelhante ao artigo 14.º da Convenção Roma I e os comentários a esta disposição são, em princípio, relevantes para o Regulamento Roma II.

O artigo 23.º contém definições da expressão "*residência habitual*" com respeito a entidades colectivas e pessoas singulares que actuem no exercício de uma actividade profissional. A residência habitual das sociedades e outras entidades com ou sem personalidade jurídica é o local onde se situa a respectiva

---

[121] "Se, por força de uma obrigação extracontratual, uma pessoa ("o credor"), tiver direitos relativamente a outra pessoa ("o devedor"), e um terceiro tiver a obrigação de satisfazer o direito do credor, ou tiver efectivamente satisfeito o credor em cumprimento dessa obrigação, a lei que rege esta obrigação do terceiro determina se e em que medida este pode exercer os direitos do credor contra o devedor, segundo a lei que rege as suas relações".

administração central. Caso o facto que dá origem ao dano seja praticado, ou o dano ocorra, no exercício da actividade de uma sucursal, agência ou outro estabelecimento, considera-se que a residência habitual corresponde ao local onde se situa a sucursal, agência ou outro estabelecimento (n.º 1).

A residência habitual de uma pessoa singular no exercício da sua actividade profissional é o local onde se situa o seu estabelecimento principal (n.º 2).

À semelhança do que se verifica com a Convenção Roma I (artigo 15.º), o *reenvio* é excluído (artigo 24.º). Esta solução é contrária ao princípio da harmonia internacional de soluções. Este princípio recomendaria fortemente que a referência à lei de um terceiro Estado abrangesse as suas regras de Direito Internacional Privado. Invocar a segurança jurídica para recusar a devolução é algo que só pode causar perplexidade[122].

Com respeito a *ordens jurídicas complexas*, o artigo 25.º/1 estabelece que sempre que um Estado englobe várias unidades territoriais, tendo cada uma normas de direito próprias em matéria de obrigações extracontratuais, cada unidade territorial é considerada um país para fins de determinação da lei aplicável por força do Regulamento. Este preceito é semelhante ao artigo 19.º/1 da Convenção Roma I e deve ser entendido do mesmo modo.

Por último, a cláusula de *ordem pública internacional* está contida no artigo 26.º, que é do seguinte teor "A aplicação de uma disposição da lei de qualquer país designada pelo presente regulamento só pode ser afastada se for manifestamente incompatível com a ordem pública do foro". À semelhança do que se verifica com a Convenção Roma I (artigo 16.º), este preceito refere-se à ordem pública do foro na acepção relevante para o Direito Internacional Privado, que é uma acepção muito mais restritiva do que a noção de ordem pública em Direito material[123]. Da exigência de manifesta incompatibilidade com a ordem pública do foro resulta que a actuação da reserva de ordem pública internacional deve ser excepcional[124]. Os relatórios e a jurisprudência do TCE com respeito à Convenção Bruxelas I e ao Regulamento Bruxelas I são relevantes para a actuação desta cláusula[125].

---

[122] Cp. Exposição de Motivos da Proposta da Comissão, 29.
[123] Cf. Exposição de Motivos da Proposta da Comissão, 30.
[124] *Ibidem*.
[125] *Ibidem*. Cf. TCE 2/5/2006, no caso *Eurofood* [*CTCE* (2006) I-3813], n.º 64. Ver, sobre este ponto, LIMA PINHEIRO – *Direito Internacional Privado*, vol. III – *Competência Internacional e Reconhecimento de Decisões Estrangeiras*, Almedina, Coimbra, 297 e segs.

VII. Relações com outros instrumentos

A) *Relações com outros instrumentos comunitários*

No Considerando n.º 35 o legislador comunitário manifestou a sua intenção de concentrar as normas de conflitos em instrumentos específicos de Direito Internacional Privado. O Regulamento Roma II, porém, não exclui a possibilidade de, em matérias específicas, se incluírem normas de conflitos sobre obrigações extracontratuais noutras disposições de Direito Comunitário. Por conseguinte, o artigo 27.º determina que o Regulamento não prejudica a aplicação das disposições do Direito Comunitário que, em matérias específicas, estabeleçam regras de conflitos de leis referentes a obrigações extracontratuais.

O mesmo Considerando afirma que o Regulamento não deverá prejudicar a aplicação de outros instrumentos que contenham disposições destinadas a contribuir para o bom funcionamento do mercado interno, na medida em que estas não possam ser aplicadas em conjugação com a lei designada pelas regras do Regulamento. A aplicação das disposições da lei aplicável designada pelas regras do Regulamento não deverá restringir a livre circulação de bens e serviços regulada por instrumentos comunitários como a Directiva sobre o Comércio Electrónico.

É claro que esta formulação reflecte um compromisso entre pontos de vista opostos com respeito ao significado das regras sobre liberdade de circulação de mercadorias e sobre liberdade de prestação de serviços para a determinação do Direito aplicável à responsabilidade extracontratual. A ideia de que o bom funcionamento do mercado interno implica a aplicação do Direito do "país de origem" (i.e., o país onde o bem é produzido ou onde o fornecedor de serviços está estabelecido) é completamente infundada[126] e foi recusada pelo Regu-

---

[126] Ver, designadamente, LIMA PINHEIRO – "Direito aplicável à responsabilidade extracontratual na Internet" (2001), in *Est. de Direito Internacional Privado*, Almedina, Coimbra, 213-223; Id. (n. 3) 347 e segs.; Id. – "O Direito de Conflitos e as liberdades comunitárias de estabelecimento e de prestação de serviços" (2005), in *Est. de Direito Internacional Privado*, Almedina, Coimbra, 357-387; MICHAEL WILDERSPIN e XAVIER LEWIS – "Les relations entre le droit communautaire et les règles de conflits de lois des États membres", *R. crit.* 91 (2002) 1-37 e 289-313, 13 e segs.; STEFANIA BARIATTI – "Prime considerazioni sugli effetti dei principi generalli e delle norme materiali del trattato CE sul diritto internazionale privato comunitario", *RDIPP* 39 (2003) 671-706, 687 e segs.; VINCENT HEUZÉ – "De la compétence de la loi du pays d'origine en matière contractuelle ou l'anti-droit européen", in *Mélanges Paul Lagarde*, 393-415, Paris, 2005. Ver ainda JÜRGEN BASEDOW – "Herkunftslandprinzip und Internationales Privatrecht im europäischen Binnenmarkt für Dienstleistungen", in *Ksiega pamiatkowa Maksymiliana Pazdana*, 29-44, Zakamycze, 2005.

lamento, como já o tinha sido pela Directiva sobre Serviços no Mercado Interno (ver *maxime* artigo 17.º/15)[127]. Esta conclusão é reforçada pela supressão da regra contida no artigo 23.º/2 da Proposta da Comissão que parecia abrir a porta a essa ideia[128]. O Direito aplicável à responsabilidade extracontratual é, em princípio, o Direito do país do efeito lesivo, o que geralmente significa, no caso da exportação de bens ou de serviços, o Direito do país de destino. Isto mostra que os valores do Direito Internacional Privado são em vasta medida incompatíveis com o "princípio do país de origem".

Por outro lado, o legislador comunitário não excluiu que algumas disposições estabelecidas por instrumentos comunitários se sobreponham ao Direito designado pelo Regulamento ou que a aplicação deste Direito seja sujeita a limitações impostas pelas liberdades de circulação de mercadorias ou de prestação de serviços. A Directiva sobre Comércio Electrónico é expressamente referida neste segundo contexto.

O significado desta Directiva para a determinação do Direito aplicável aos contratos que caem dentro do seu âmbito de aplicação bem como à responsabilidade extracontratual dos prestadores de serviços em linha tem suscitado larga controvérsia. O artigo 1.º/4 desta Directiva esclarece que a "presente directiva não estabelece normas adicionais de Direito Internacional Privado". Mas a Directiva não é coerente e dá uma certa margem para o entendimento de que adopta o princípio do país de origem com respeito ao Direito aplicável aos contratos e à responsabilidade extracontratual, ou pelo menos com respeito a esta responsabilidade, dentro do seu âmbito de aplicação[129].

---

[127] Dir. 2006/123/CE. Ver ALBERTO MALATESTA – "Principio dello stato di origine e norme di conflitto dopo la direttiva 2006/123/CE sui servizi nel mercato interno: una partita finita?", *RDIPP* 43 (2007) 293-312, 293 e segs.

[128] Ver Exposição de Motivos, 30. STONE [(n. 23) 336] refere-se a este preceito como sendo "evidently designed to reassure the e-commerce lobby, who have campaigned in favour of the absurd proposition that measures such as Directive 2000/31 on Electronic Commerce in some way affect judicial jurisdiction and choice of law in relation to claims under private law". Ver também as considerações críticas de STEFANIA BARIATTI (n. 31) 28 e segs. e POCAR (n. 3) 301-302.

[129] Ver, designadamente, EMMANUEL CRABIT – "La directive sur le commerce électronique. Le projet 'Mediterranée'", *R. Droit de l'Union Européenne* (4/2000) 749-833; PETER MANKOWSKI – "Herkunftslandprinzip und deutsches Umsetzungsgesetz zur e-commerce-Richtlinie", *IPRax* 22 (2002) 257-266 (só com respeito à responsabilidade extracontratual); MOURA VICENTE – "Comércio electrónico e responsabilidade empresarial", in *Direito Internacional Privado. Ensaios*, vol. I, 193-239, Coimbra, 2002, 218 e segs., e *Problemática Internacional da Sociedade da Informação*, Coimbra, 2005, 213 e segs.

Pelo contrário, de acordo com a opinião dominante, que respeita a intenção do legislador comunitário, o artigo 1.º/4 da Directiva deve prevalecer sobre os preceitos do mesmo instrumento que o contradigam, e o princípio do país de origem só se aplica a regras de Direito Público da Economia que afectem a liberdade de prestação de serviços[130]. O Regulamento Roma II confirma este ponto de vista porquanto além de não estabelecer qualquer excepção para o comércio electrónico só menciona a Directiva sobre Comércio Electrónico no contexto das limitações à aplicação das regras materiais do Direito designado.

As leis nacionais que, que de um modo mais ou menos feliz, transpuseram a Directiva devem ser interpretadas em conformidade com a Directiva. Qualquer interpretação no sentido de a responsabilidade extracontratual dos fornecedores de serviços em linha ser regida pela lei do "país de origem" é incompatível com esta máxima bem como incompatível com o Regulamento Roma II que tem primazia sobre o Direito ordinário de fonte interna. Por acréscimo, deve sublinhar-se que as regras materiais sobre obrigações extracontratuais não têm efeito, ou, pelo menos, não têm um efeito significativo, sobre o funcionamento do mercado interno e, portanto, não podem ser encaradas como restrições às liberdades de circulação de mercadorias e de prestação de serviços[131]. Por esta razão, não é de esperar que a aplicação destas regras fique sujeita a quaisquer limitações fundadas nas normas sobre as liberdades comunitárias.

B) *Relações com convenções internacionais*

O artigo 28.º estabelece que o Regulamento não prejudica a aplicação das convenções internacionais de que um ou mais Estados-Membros sejam partes

---

[130] Ver, designadamente, PETER STONE – "Internet Consumer Contracts and European Private International Law", *Information & Communications Technology Law* 9 (2000) 5; Id. – "The Treatment of Electronic Contracts and Torts in Private International Law under European Community Legislation", *Information & Communications Technology Law* 11 (2002) 121; Id. (n. 23) 336; ALFONSO CALVO CARAVACA e JAVIER CARRASCOSA GONZÁLEZ – *Conflictos de leyes y conflictos de jurisdicción en Internet*, Madrid, 2001, 34-35; SONNENBERGER – "Das Internationale Privatrecht im dritten Jahrtausend – Rüblick und Ausblick", *ZvglRWiss* 100 (2001) 107-136, 126 e segs.; LIMA PINHEIRO (n. 125 [2001]) 223 e (n. 125 [2005]); Id. – "Direito aplicável aos contratos celebrados através da internet", *ROA* 66 (2006) 131-190, 169 e segs.; STEFANIA BARIATTI (n. 125) 689; KROPHOLLER (n. 54) 464-465; HEUZÉ (n. 125) *maxime* 412 e 414; DIETER MARTINY – "Vor Artigo 27-Artigo 30", *in Münchener Kommentar zum Bürgerlichen Gesetzbuch*, vol. X – *EGBGB*, 4.ª ed., Munique, 2006, Artigo 34 Anh. III n.º 37.

[131] Ver também MALATESTA (n. 126) 304-305.

na data de aprovação do Regulamento e que estabeleçam regras de conflitos de leis referentes a obrigações extracontratuais (n.° 1)[132]. É este o caso da Convenção da Haia sobre a Lei Aplicável aos Contratos de Mediação e à Representação, como foi atrás assinalado (*supra* V.C), bem como das Convenções da Haia sobre a Lei Aplicável aos Acidentes de Viação e sobre a Lei Aplicável à Responsabilidade por Produtos Defeituosos. Todavia, entre Estados-Membros, o Regulamento prevalece sobre as convenções celebradas exclusivamente entre dois ou vários Estados-Membros, na medida em que estas incidam sobre matérias regidas pelo Regulamento (n.° 2).

VIII. Apreciação

Os comentadores europeus da Proposta e da Proposta Alterada da Comissão têm, com raras excepções, elogiado os traços principais do Regulamento proposto. Outros comentadores, designadamente dos EUA, têm sido mais críticos, embora aprovando algumas das soluções propostas[133]. A legislação de alguns países europeus tem tradicionalmente influenciado o Direito de países não europeus, designadamente na América Latina, na África e na Ásia. É de supor que a influência mundial da legislação comunitária sobre Direito Internacional Privado não vai ser menor.

Não obstante, deve ter-se presente a influência das leis dos EUA, bem como das suas escolas de pensamento inspiradas numa jurisprudência muito rica relativa a conflitos interlocais [*interstate conflicts*]. A matéria extracontratual foi um dos principais campos de aplicação da chamada revolução americana no domínio do Direito de Conflitos. A jurisprudência dá conta do progressivo abandono da regra *lex loci delicti*, adoptada pelo *First Restatement*, a favor de novas "técnicas" [*approaches*]: *Second Restatement*, a análise dos interesses dos Estados [*governmental interests analysis*] de Currie, as considerações que influenciam a determinação do Direito aplicável [*choice-influencing considerations*] de

---

[132] De acordo com o artigo 29.°, até 11 de Julho de 2008, os Estados-Membros devem comunicar à Comissão as convenções referidas no n.° 1 do artigo 28.°. Após essa data, os Estados-Membros devem comunicar à Comissão a denúncia dessas convenções (n.° 1). No prazo de seis meses após a sua recepção, a Comissão deve publicar no *JOCE* uma lista das convenções a que se refere o n.° 1 e as denúncias das convenções a que se refere o n.° 1 (n.° 2).
[133] Ver SYMEONIDES (n. 39); WEINTRAUB (n. 60); e PATRICK BORCHERS – "The Proposed 'Rome II' Regulamento and the U.S. Experience in Tort Choice of Law", in http://dianawallismep.org.uk/pages/Rome-II-seminars.html (2005).

Leflar e a *lex fori approach* de Ehrenzweig[134]. A evolução mais recente tem mostrado a tendência para soluções eclécticas ou de compromisso que rejeitam tanto a regra "rígida" da *lex loci delicti* como as "técnicas" que recusam qualquer norma de conflitos ou advogam uma preferência geral pelo Direito do Estado do foro.

Para oferecer uma panorâmica das principais tendências no Direito Internacional Privado dos EUA, será necessário começar pela distinção entre "regras que regulam a conduta" [*conduct-regulating rules*] e "regras que distribuem o prejuízo" [*loss-distributing rules*]. Segundo o *New York Court of Appeals*, as regras que regulam a conduta são aquelas que "têm o efeito profilático de regular a conduta por forma a evitar a ocorrência de efeitos lesivos"[135]. Esta categoria pode ser mais ampla do que a das "regras de segurança e de conduta" do Regulamento Roma II[136]. As regras que distribuem o prejuízo são aquelas que "proíbem, atribuem ou limitam a responsabilidade depois do facto danoso ocorrer", incluindo as regras sobre a determinação da indemnização compensatória[137].

Na maioria dos casos sobre conflitos de distribuição do prejuízo foi aplicado[138]:

– o Direito do domicílio comum e, na falta de domicílio comum,
– o Direito do Estado onde tanto a conduta como o efeito lesivo ocorreram e, se eles ocorreram em diferentes Estados,
– o Direito do Estado onde o efeito lesivo ocorreu e o lesado é domiciliado contanto que este Direito proteja o lesado e a ocorrência do efeito lesivo neste Estado seja objectivamente previsível.

A maioria dos casos sobre conflitos de regulação de conduta foi decidida segundo o Direito do Estado da conduta, salvo quando o efeito lesivo se produza previsivelmente noutro Estado que impõe um critério de conduta mais exigente, caso em que tem sido aplicado Direito deste último Estado[139].

---

[134] Sobre estas "técnicas" ver LIMA PINHEIRO – *Um Direito Internacional Privado para o Século XXI*, Lisboa, 2001, 35 e segs., e *Arbitragem Transnacional. A Determinação do Estatuto da Arbitragem*, Almedina, Coimbra, 2005, 589 e segs., com mais referências. Com respeito à jurisprudência dos EUA sobre o Direito aplicável à responsabilidade extracontratual, ver SCOLES/HAY/BORCHERS/SYMEONIDES (n. 58) 726 e segs.
[135] *Padula v. Lilarn Props. Corp*, 644 N.E.2d 1001, 1002 (N.Y. 1994).
[136] Cf. SYMEONIDES (n. 39) n.º 4.2.
[137] Ver decisão referida n. 135.
[138] Cf. SCOLES/HAY/BORCHERS/SYMEONIDES (n. 58) 841-842.
[139] Cf. SCOLES/HAY/BORCHERS/SYMEONIDES (n. 58) 850.

A esta luz, parece claro que o Regulamento Roma II e a jurisprudência recente dos EUA revelam uma tendência claramente convergente. O Regulamento Roma II oferece alguma da flexibilidade que caracteriza as "técnicas" estadounidenses e a opção pela regra do lugar do efeito lesivo tem em vasta medida correspondência na jurisprudência dos tribunais dos EUA. Os tribunais dos EUA estão a voltar as costas a "técnicas" mais radicais e a orientarem--se no sentido do desenvolvimento de novas normas de conflitos que asseguram uma determinada certeza e previsibilidade sobre o Direito aplicável. Um Estado (Luisiana) procedeu mesmo à codificação do Direito Internacional Privado, e a sua "técnica" é defendida por alguns autores eminentes[140]. O artigo 3542.º do Código Civil da Luisiana contém uma cláusula geral com o seguinte teor: "Except as otherwise provided in this Title, an issue of delictual or quasi-delictual obligations is governed by the law of the state whose policies would be most seriously impaired if its law were not applied to that issue "(n.º 1)[141]. Os artigos 3543.º-3546.º estabelecem normas de conflitos específicas baseadas nesse objectivo, que convergem com as tendências dominantes atrás referidas, e o artigo 3457.º contém uma cláusula de excepção que autoriza o tribunal a aplicar, excepcionalmente, a lei de outro Estado se à luz dos princípios do artigo 3542.º os fins de política legislativa [*policies*] destoutro Estado "would be more seriously impaired if its law were not applied to the particular issue".

As principais diferenças que subsistem dizem respeito ao grau de flexibilidade, à atitude em relação a uma análise individualizada de cada questão e à tomada em consideração dos fins de política legislativa subjacentes às leis em presença. Primeiro, os tribunais dos EUA mostram mais inclinação para "técnicas" flexíveis que os sistemas jurídicos europeus[142]. Muitos tribunais dos EUA seguem, em matéria de responsabilidade extracontratual, a "técnica" do *Second Restatement on the Conflict of Laws* que adopta as ditas "normas de conflitos abertas" [*open ended choice-of-law rules*] estabelecendo meras presunções da ligação mais significativa [*most significant relationship*] que podem ser afastadas

---

[140] Ver SYMEONIDES (n. 39) n.º 6.3; WEINTRAUB (n. 60) 571; BORCHERS (n. 132) 5 e segs.
[141] O n.º 2 determina que "That state is determined by evaluating the strength and pertinence of the relevant policies of the involved states in the light of: (1) the pertinent contacts of each state to the parties and the events giving rise to the dispute, including the place of conduct and injury, the domicile, habitual residence, or place of business of the parties, and the state in which the relationship, if any, between the parties was centered; and (2) the policies referred to in Article 3515, as well as the policies of deterring wrongful conduct and of repairing the consequences of injurious acts".
[142] Ver SYMEONIDES (n. 39) n.º 4.2.

sempre que o tribunal conclua que, com respeito à questão específica e à luz dos "contactos relevantes" (§ 145) e dos "factores relevantes" (§ 6), há uma ligação mais significativa com o Direito de outro Estado[143]. Em segundo lugar, o Direito Internacional Privado estadounidense determina a lei aplicável a cada questão em causa (i.e., a cada um dos aspectos do caso), enquanto as regras do Regulamento Roma II designam a lei que regula, em princípio, todos os aspectos extracontratuais do caso. Enfim, os tribunais dos EUA tomam frequentemente em consideração os fins de política legislativa subjacentes às leis em presença no caso concreto enquanto o legislador comunitário redigiu as cláusulas de excepção do Regulamento Roma II de um modo que aparentemente se refere apenas a elementos de conexão.

A exigência de previsibilidade e o objecto de unificação das normas de conflitos à escala comunitária parecem justificar a opção do legislador comunitário por regras gerais limitadas pela excepção da residência habitual comum das partes e por uma cláusula de excepção em lugar da adopção de meras "presunções" combinadas com uma cláusula geral[144]. Esta última técnica parece justificada quando seja difícil, ou mesmo impossível, seleccionar, de um modo geral e abstracto, um elemento de conexão mais significativo do que os outros (como é o caso com os contratos obrigacionais). Diferentemente, em matéria de responsabilidade extracontratual e de outras obrigações extracontratuais é normalmente possível seleccionar o elemento de conexão ou a combinação de elementos de conexão que é mais significativa em situações típicas.

Com respeito ao *dépeçage*, a atitude negativa assumida pelo Regulamento Roma II não é absoluta (recorde-se, nomeadamente, o preceito sobre regras de segurança e de conduta) mas pode ser questionado que as partes não possam escolher a lei aplicável a questões separáveis da responsabilidade extracontratual (à semelhança do que é admitido em matéria de contratos obrigacionais).

No que toca à rigidez das cláusulas de excepção do Regulamento, eu penso que elas não devem ser entendidas como referindo-se apenas a laços espaciais objectivos; certamente que outros laços podem ser tidos em conta, mesmo laços subjectivos. Talvez possa ser introduzida uma maior flexibilidade mediante a aceitação de uma margem de apreciação dos interesses das partes e

---

[143] Uma técnica convergente foi advogada pelo Grupo Europeu de Direito Internacional Privado na sua Proposta de um Convenção Europeia sobre a Lei Aplicável às Obrigações Não-Contratuais, adoptada na reunião do Luxemburgo, em 1998. Ver também POCAR (n. 3) 304 e STONE (n. 23) 353.
[144] Ver também *Hamburg Group for Private International Law* (n. 24) 13.

dos valores e finalidades que as leis dos países envolvidos visam promover[145]. Também é concebível que o baixo grau de previsibilidade da ocorrência do dano num certo país seja um dos factores que podem ser ponderados no afastamento da respectiva lei.

Em conclusão, o Regulamento Roma II é não só um marco na comunitarização do Direito Internacional Privado mas também um passo no sentido da globalização do Direito de Conflitos em matéria de obrigações extracontratuais. Os problemas e as finalidades da regulação de obrigações extracontratuais são os mesmos dentro da União Europeia e nas relações extracomunitárias. O âmbito de aplicação universal do Regulamento Roma II não obsta a que os tribunais de terceiros Estados cheguem a resultados diferentes com respeito ao Direito aplicável a situações que têm contactos com a União Europeia. Para promover a certeza e a previsibilidade sobre o Direito aplicável, bem como uma harmonia internacional de soluções, é necessária uma unificação do Direito Internacional Privado à escala planetária. O Direito Internacional Privado aspira a ser global. Para prosseguir em direcção a este objectivo é necessário mais debate, bem como uma concorrência mais transparente entre diferentes soluções.

---

[145] Uma referência expressa aos fins de política legislativa subjacentes à lei estrangeira aplicável e às consequências da sua aplicação foi proposta pelo Parlamento Europeu (artigo 4.º/3/e da Posição aprovada em primeira leitura). Ver também SYMEONIDES (n. 39) n.º 6.3.

*A fiança do arrendatário face ao NRAU**

PROF. DOUTOR MANUEL JANUÁRIO DA COSTA GOMES

SUMÁRIO: *1. Introdução. 2. Os regimes dos artigos 654 e 655 do CC: uma relação geral-especial? 3. O regime do artigo 655 CC. 4. As situações fidejussórias relativas a arrendamentos anteriores, face às "Normas Transitórias" da Lei 6/2006. 5. A fiança do arrendatário em arrendamento de duração indeterminada: 5.1. A fiança do arrendatário e o regime da denúncia pelo arrendatário; 5.2. A fiança do arrendatário e o regime da denúncia pelo senhorio; 5.3. A fiança do arrendatário em arrendamento de duração indeterminada e o regime (a um tempo geral e especial) do artigo 654 do CC. 6. A fiança de arrendatário de arrendamento com prazo certo: 6.1. O regime da oposição à renovação pelo senhorio e pelo arrendatário; 6.2. Fiança do arrendatário e o regime da oposição à renovação; 6.3. Fiança do arrendatário e o regime da denúncia pelo arrendatário. 7. Algumas situações específicas: 7.1. O destino da fiança no caso de trespasse; 7.2. O destino da fiança no caso de morte do arrendatário; 7.3. Agravamento da situação patrimonial do devedor.*

1. Introdução[1]

I. O artigo 655 do CC foi revogado pelo artigo 2 da Lei 6/2006, de 27 de Fevereiro, diploma que, entre outras medidas, aprovou o NRAU[2]. Como é

---

* Estudo destinado aos Estudos em Homenagem ao Prof. Doutor José de Oliveira Ascensão.
[1] Principais abreviaturas utilizadas: AAFDL=Associação Académica da Faculdade de Direito de Lisboa; AUJ=Acórdão de Uniformização de Jurisprudência; BFD=Boletim da Faculdade de Direito (Coimbra); BMJ=Boletim do Ministério da Justiça; CC=Código Civil; CDP=Cadernos de Direito Privado; DL=Decreto-Lei; EDC=Estudos de Direito do Consumidor; ee=em especial; NRAU=Novo Regime do Arrendamento Urbano; PMC=Projecto Menezes Cordeiro (Projecto do Regime dos Novos Arrendamentos Urbanos, publicado na revista "O Direito", ano

sabido, o artigo 655 integrava-se na Secção que contém a disciplina da fiança, sendo pacífico – desde logo em função dos dizeres da epígrafe do artigo – que esta disposição visava disciplinar o regime da *fiança do locatário*, e não apenas, especificamente, o regime da fiança do arrendatário.

Por sua vez, dentro da matéria do arrendamento (artigo 1023 do CC)[3], o artigo 655 tinha um âmbito de aplicação geral, não se confinando ao arrendamento urbano.

Resultavam, igualmente, evidentes da letra do artigo 655 CC as seguintes ilações:

a) O artigo 655 disciplinava apenas a garantia de cumprimento das obrigações do locatário que se corporizasse numa fiança;

b) O artigo 655 não continha qualquer disciplina de garantia de cumprimento das obrigações do locador.

Em face destas ilações, parece poder concluir-se que:

a) O locatário, incluindo, portanto, o arrendatário, podia garantir o cumprimento das obrigações a seu cargo através de outras garantias, nos termos gerais de direito;

b) A garantia de cumprimento das obrigações do locador podia efectivar-se por qualquer meio em direito permitido.

II. O artigo 655 resistiu 40 anos sem que alguma vez tivesse sido alterada a sua redacção inicial, apesar das grandes perturbações ocorridas no regime do arrendamento, sobretudo no arrendamento urbano.

136.°, 2004, II-III, pp. 467-493); RAU=Regime do Arrendamento Urbano, aprovado pelo DL 321-B/90, de 15 de Outubro; RDE=Revista de Direito e Economia; RFDUL=Revista da Faculdade de Direito da Universidade de Lisboa; RFDUP=Revista da Faculdade de Direito da Universidade do Porto; RL=Relação de Lisboa; RLJ=Revista de Legislação e de Jurisprudência; ROA=Revista da Ordem dos Advogados; RP=Relação do Porto; RT=Revista dos Tribunais; SI=Scientia Iuridica; ss.=seguintes; STJ=Supremo Tribunal de Justiça; TJ=Tribuna da Justiça.

[2] O NRAU tem sido por vezes identificado como sinónimo do conjunto das disposições que integram a Lei 6/2006. Não é, porém, assim, conforme resulta patente do sumário do diploma e ainda do seu artigo 1: em rigor, o NRAU corresponde apenas ao conjunto de disposições que integram o Título I da Lei 6/2006, integrando, assim, as matérias dos artigos 1 a 25, inclusive.

[3] Cf., sobre as modalidades do arrendamento predial, com referência ao período imediatamente anterior ao RAU, v. g., PEREIRA COELHO, *Arrendamento. Direito substantivo e processual*, Coimbra, 1988, p. 40 e ss.; para o regime estabelecido pelo NRAU, cf., por todos, PINTO FURTADO, *Manual do arrendamento urbano*, I, 4.ª ed., Almedina, Coimbra, 2007, p. 112 e ss. e 281 e ss..

O caso é interessante por duas razões. A primeira decorre do facto de a disciplina constante do artigo 655 CC ter sido moldada em função do regime do arrendamento e não, em geral, em atenção ao regime geral da locação[4]. Esta circunstância, bem evidente na redacção do n.º 2 – onde o legislador se "esquecia" literalmente do *aluguer* e se centrava na *renda* – evidenciava já alguma inadaptação do regime do artigo 655, enquanto regime geral locativo.

A segunda razão decorre do facto de o regime quinquenal de actualização de rendas que estava, aparentemente[5], presente – como quadro de fundo – no regime do artigo 655, ter desaparecido[6], sem que, alguma vez, tivesse sido modificado o regime da fiança do arrendatário.

Ora, esta última situação originou dificuldades interpretativas sentidas pela doutrina e jurisprudência, centradas, designadamente, no tempo de vinculação do fiador[7].

Podemos dizer que, de certa forma, o legislador de 2006 veio assumir que as preocupações centradas no regime especial do artigo 655 do CC eram fundamentalmente arrendatícias e, dentro destas, *arrendatícias urbanas*, já que a revo-

---

[4] Cf. o nosso *Assunção fidejussória de dívida. Sobre o sentido e o âmbito da vinculação como fiador*, Almedina, Coimbra, p. 310 e ss.. Isso é, aliás, evidente nos trabalhos preparatórios, destacando-se aqui o estudo fundamental de VAZ SERRA, *Fiança e figuras análogas*, Lisboa, 1957 (Separata do BMJ n.º 71), p. 247 e ss. e o importante contributo de AMÉRICO DA SILVA CARVALHO, *Extinção da fiança*, Lisboa, 1959, p. 199 e ss.. GRAVATO MORAIS, *Fiador do locatário*, in SI 2007, pp. 89-90, acentua o âmbito de aplicação do artigo 655 do CC a toda a locação, reconhecendo, porém, que o mesmo encontrava a sua "forte expressão" na matéria arrendatícia; o mesmo autor equaciona ainda a extensão do regime do artigo 655 do CC a outros negócios, tais como a locação financeira, a locação operacional e o *renting*.

[5] Não é, porém, seguro que o legislador se tenha pautado, na disciplina do artigo 655, pelo regime quinquenal de actualização de rendas. Na verdade, o prazo de cinco anos surge, no regime do arrendamento urbano, como referência supletiva para a "suportação" da fiança, quer a nível externo – das relações do fiador com o credor (artigos 654 e 655/2) – quer a nível interno – das relações do fiador com o devedor [artigo 648, alínea e)]; para o enquadramento das relações externa e interna na complexa operação de fiança, cf. o nosso *Assunção fidejussória de dívida*, cit., p. 360 e ss..

[6] Cf. os nossos *Arrendamentos comerciais*, 2.ª ed., Almedina, Coimbra, 1991, p. 95 e ss. e *Arrendamentos para habitação*, 2.ª ed., Almedina, Coimbra, 1996, p. 99 e ss.. Sobre o sistema de actualização de rendas em vigor imediatamente antes do RAU, cf., v. g., PEREIRA COELHO, *Arrendamento*, cit., p. 158 e ss. e MÁRIO FROTA, *Arrendamento urbano comentado e anotado*, Coimbra Editora, Coimbra, 1987, p. 428 e ss.; para o sistema em vigor no domínio do RAU, cf., v. g., PAIS DE SOUSA, *Anotações ao Regime do Arrendamento Urbano (RAU)*, 6.ª ed., Rei dos Livros, Lisboa, 2001, p. 130 e ss..

[7] Cf. o nosso *Assunção fidejussória de dívida*, cit., p. 310 e ss. e GRAVATO MORAIS, *Fiador do locatário*, cit., p. 91 e ss..

gação do artigo 655 deixa sem regime fidejussório específico quer a locação em geral quer também os arrendamentos de prédios rústicos sujeitos a regimes especiais[8] – para usarmos a designação que resulta, *a contrario*, do artigo 1108 do CC – já que não havia dúvidas de que o regime do artigo 655 era também aplicável aos arrendamentos rurais e florestais.

O Projecto de Menezes Cordeiro[9] não ia tão longe, uma vez que não "sacrificava" o artigo 655 do CC, sem, no entanto, deixar de prever (no artigo 1074/2 do PMC) um regime específico para os arrendamentos de prédios urbanos, regime este que viria a influenciar o regime actualmente consagrado no artigo 1076/2 do CC.

III. O artigo 1076/2 do CC vem agora estabelecer que "as partes podem caucionar, por qualquer das formas legalmente previstas, o cumprimento das obrigações respectivas".

O artigo 1076/2 inspira-se claramente na redacção do artigo 1074/2 do PMC[10], mas altera-a, sendo tarefa da doutrina e da jurisprudência medir o respectivo significado. Na verdade, o artigo 1074/2 do PMC sugeria a seguinte redacção: "As partes podem caucionar, por qualquer das formas previstas em Direito, o cumprimento das obrigações respectivas".

Conforme resulta do confronto de redacções, aparentemente, o legislador de 2006 quis limitar o âmbito de cauções possíveis, que resultariam da redac-

---

[8] Na doutrina recente, ALMEIDA COSTA, *Direito das obrigações*, 10ª ed., Almedina, Coimbra, 2006, p. 905, nota 1, mostra-se crítico em relação à revogação do artigo 655, preceito esse que "disciplinava, de forma razoável, os limites temporais da fiança pelas obrigações do locatário". Segundo o autor, o afastamento do regime supletivo constante do artigo 655 "pode entravar ou dificultar a utilização muito frequente de tal garantia".

[9] Publicado em "O Direito", ano 136.°, 2004, II-III, pp. 467 e ss..

[10] A epígrafe do artigo 1074 do PMC ("Antecipação de rendas e caução") era claramente mais completa do que a do artigo 1076 do CC ("Antecipação de rendas"), limitando-se esta última a dar nota do conteúdo do artigo 1076/1, esquecendo o do artigo 1076/2; confrontando o regime do actual artigo 1076/2 do CC com o do artigo 1074/2 do PMC, cf. ROMANO MARTINEZ, *Celebração e execução do contrato de arrendamento segundo o Novo Regime do Arrendamento Urbano (NRAU)*, in "O Direito", ano 137 (2005), II, p. 353 e *Celebração e execução do contrato de arrendamento segundo o Regime dos Novos Arrendamento Urbanos*, in "O Direito", ano 136 (2004), II-III, p. 285. Já sobre o regime do artigo 1076/1 do CC, pode ver-se PAULO NASCIMENTO, *O incumprimento da obrigação do pagamento da renda ao abrigo do novo regime jurídico do arrendamento urbano. Resolução do contrato e acção de cumprimento*, in "Homenagem da Faculdade de Direito de Lisboa ao Professor Doutor Inocêncio Galvão Telles – 90 anos", Almedina, Coimbra, 2007, pp. 1002-1003.

ção mais generosa do artigo 1074/2 do PMC. Resta, porém, saber se a diversidade de redacção se traduz numa real diferença de regime.

É certo que há formas de garantia "previstas em Direito" que não são "legalmente previstas". Um exemplo claro será o da garantia bancária autónoma, que se apresenta como uma figura legalmente atípica, apesar de socialmente típica[11]: esse constitui um caso de garantia "admitida em Direito", apesar de não haver um tipo legal de garantia bancária autónoma ou automática. Já o seguro-caução – *rectius*, seguro de caução – constitui uma forma legalmente prevista de prestar caução, conforme decorre do artigo 6 do DL 183/88, de 24 de Maio[12].

Tratando-se de *prestação de caução*, figura regulada a partir do artigo 623 do CC[13], a mesma será, em princípio, possível através da prestação de qualquer forma de garantia especial, tanto mais que a situação da *caução pelo arrendatário* – assim como, de resto, pelo senhorio – cabe na previsão do artigo 624/1 do CC, que permite a prestação da caução "por qualquer garantia, real ou pessoal".

Na verdade, estamos perante uma situação de "caução resultante de negócio jurídico" (epígrafe do artigo 624 do CC) e não perante uma "caução imposta ou autorizada por lei" (epígrafe do artigo 623 do CC), caso em que a caução teria que ser prestada por uma das modalidades previstas no artigo

---

[11] Cf., por todos, GALVÃO TELLES, *Garantia bancária autónoma*, in "O Direito", ano 120 (1988), p. 280 e ss., FERRER CORREIA, *Notas para o estudo do contrato de garantia bancária*, RDE VIII (1992), p. 247 e ss., MENEZES CORDEIRO, *Manual de direito bancário*, 3.ª ed., Almedina, Coimbra, 2006, p. 636 e ss., ROMANO MARTINEZ, *Garantias bancárias*, in "Estudos em Homenagem ao Prof. Doutor Inocêncio Galvão Telles", II. "Direito Bancário", Almedina, Coimbra, 2002, p. 265 e ss., MENEZES LEITÃO, *Garantia das obrigações*, Almedina, Coimbra, 2006, p. 147 e ss., SEQUEIRA RIBEIRO, *Garantia bancária autónoma à primeira solicitação*, in "Estudos em Homenagem ao Prof. Doutor Inocêncio Galvão Telles", II. "Direito Bancário", Almedina, Coimbra, 2002, p. 289 e ss., MÓNICA JARDIM, *A garantia autónoma*, Almedina, Coimbra, 2002, p. 13 e ss.; e, ainda, o nosso *A fiança no quadro das garantias pessoais*, in "Estudos de Direito das Garantias", Vol. I, Almedina, Coimbra, 2004, p. 13 e ss., onde pode consultar-se outra bibliografia nacional e estrangeira.

[12] Sobre a figura do seguro-caução, pode ver-se, recentemente, conquanto com referência ao regime anterior ao DL 31/2007, de 14 de Fevereiro, MENEZES CORDEIRO, *Manual de Direito bancário*[3], *cit.*, p. 645 e ss., MENEZES LEITÃO, *Garantias das obrigações*, *cit.*, p. 114 e ss. e JOSÉ ALVES DE BRITO, *Seguro-caução. Primeiras considerações sobre o seu regime e natureza jurídica*, in "Estudos em memória do Professor Doutor José Dias Marques", Almedina, Coimbra, 2007, p. 387 e ss.; cf. também o nosso *Assunção fidejussória de dívida*, *cit.*, pp. 76-77, nota 291.

[13] Cf. o nosso *Assunção fidejussória de dívida*, *cit.*, pp. 44-45, nota 166; cf. também ALMEIDA COSTA, *Direito das obrigações*[10], *cit.*, p. 884 e ss., ROMANO MARTINEZ/FUZETA DA PONTE, *Garantias de cumprimento*, 5.ª ed., Almedina, Coimbra, 2006, p. 73 e ss. e MENEZES LEITÃO, *Garantias das obrigações*, *cit.*, p. 114 e ss..

623/1 do CC[14]. Contra esta conclusão não pode, cremos, esgrimir-se com o argumento, que seria puramente literal, de que a previsão constante do artigo 1076/2 do CC alteraria a natureza da caução, que passaria a ser "autorizada por lei", ficando, assim, *ipso facto*, limitada aos termos do artigo 623/1 do CC. No nosso entender, o teor do artigo 1076/2 do CC – tal como o do artigo 1074/2 do PMC – só se explica por razões de algum modo pedagógicas, atento o facto de o artigo 655 do CC – única disposição centrada no cumprimento das obrigações do locatário – ter sido objecto de revogação[15].

Assim, nada obstará a que a caução pelo arrendatário seja prestada através de uma garantia bancária autónoma ou mesmo automática ou por um seguro-caução, para além, naturalmente, das modalidades de garantias clássicas, pessoais ou reais, reguladas no CC.

IV. Perguntar-se-á se o regime que ressalta do artigo 1076/2 é diferente do regime anterior e, no caso afirmativo, em que medida. Há, desde logo, uma importante diferença de âmbito a assinalar: enquanto que o artigo 655 tinha aplicação a toda a locação, o artigo 1076/2 do CC tem aplicação circunscrita aos arrendamentos de prédios urbanos – *rectius*, aos arrendamentos regulados a partir do artigo 1064 do mesmo CC.

Assim, a bem ver, deixando de haver previsão para a locação em geral, o regime aplicável ao aluguer acaba, aparentemente, por coincidir com o regime previsto para o arrendamento urbano no artigo 1076/2. Na verdade, não estabelecendo a lei qualquer regime específico, neste particular, valerá, quanto ao cumprimento das obrigações das partes no contrato de locação o regime geral do Direito das Obrigações, regime esse que é, afinal, aquele que se encontra plasmado no artigo 1076/2 para o arrendamento urbano. Esta é, no entanto, uma conclusão *prima facie*, que deve ser testada em função dos específicos regimes do aluguer e do arrendamento.

Perguntar-se-á, agora, especificamente, se, no que tange ao arrendamento urbano, há diferenças de regime entre o que constava do artigo 655 CC e aquele que resulta do artigo 1076/2.

---

[14] Cf., a propósito, MENEZES CORDEIRO, *Manual de Direito bancário*[3], *cit.*, p. 646 e ainda PIRES DE LIMA/ANTUNES VARELA, *Código civil anotado*, I, 4.ª ed., Coimbra Editora, Coimbra, 1987, p. 641.
[15] Contudo, como vimos acima, o artigo 655 do CC não obstava a que a garantia de cumprimento das obrigações do locatário se processasse por via diversa da fiança.

Há que distinguir:

a) No que tange à garantia de cumprimento das obrigações do senhorio, não há nenhuma diferença, já que, não curando o artigo 655 de tais situações, era-lhes, então, aplicável o regime geral das obrigações – regime esse que, agora, se encontra expresso no artigo 1076/2.
b) No que respeita à garantia de cumprimento das obrigações do arrendatário, quando prestada por fiança, deixa de haver o regime específico corporizado no artigo 655, o que significa que a fiança do arrendatário segue o regime geral da fiança, articulado com o novo regime do arrendamento, havendo, neste particular, conforme veremos adiante, de ponderar a aplicação do regime do artigo 654 do CC.
c) No que tange à garantia de cumprimento das obrigações do arrendatário, quando prestada por via diversa de fiança, a mesma não estava contemplada no regime específico do artigo 655, razão pela qual se lhe aplicava o regime geral das garantias, sem prejuízo da eventual necessidade de deverem ser tidas em conta as limitações daquela disposição, *maxime* quando as garantias prestadas fossem garantias pessoais não fidejussórias – ou seja, não acessórias[16] – prestadas por não profissionais. Face ao artigo 1076/2, a prestação de garantia pessoal não fidejussória – ou seja, autónoma – segue o regime geral aplicável a essas garantias socialmente típicas, o que não significa, porém, no nosso entender, que não devam ser estabelecidos limites, designadamente em função da qualidade do garante, consoante seja um "particular" ou um "profissional".

V. Nestas páginas, vamo-nos centrar na fiança do arrendatário, prestada ao abrigo do novo regime, ou seja, ao abrigo do artigo 1076/2 do CC[17].

Antes disso, revisitamos o regime do artigo 655 CC, regime esse que, pese embora a revogação operada pelo artigo 2 da Lei 6/2006, continua a ter inteira

---

[16] Cf. O nosso *A fiança no quadro das garantias pessoais, cit.*, p. 12 e ss..
[17] Não consideramos aqui eventuais regimes especiais, como seja, v. g., o que possa decorrer da consideração do arrendatário como consumidor, face à Lei de Defesa do Consumidor (cf. ARAGÃO SEIA, *A defesa do consumidor e o arrendamento urbano*, in EDC 4 – 2002, p. 25 e ss.) ou o da fiança de arrendamento celebrado à distância, nos termos do regime dos contratos à distância, regulado no Decreto-Lei n.º 143/2001, de 26 de Abril [cf. alínea d) do artigo 3/1]; em geral, sobre a questão da beneficiação, pelo fiador, de um "cooling-off period", cf. o nosso *Assunção fidejussória de dívida, cit.*, p. 750 e ss.; não consideramos também as especificidades que possam advir do regime das cláusulas contratuais gerais.

aplicação às fianças constituídas no seu domínio de aplicação. Curaremos, neste quadro, de analisar as repercussões do regime transitório da Lei 6/2006 (artigos 26 e 27 e seguintes) sobre as situações fidejussórias anteriores.

A análise do regime do artigo 655 impõe, porém, que, previamente, estabeleçamos uma relação entre o sobrevivente regime do artigo 654 do CC e o do artigo 655, análise essa centrada, naturalmente, no tempo em que as duas disposições estavam em vigor. Fora desse tempo, ou seja, já após a revogação do artigo 655 do CC, é forçoso responder-se à seguinte questão: o artigo 654 do CC "substitui" o artigo 655, já não enquanto disposição específica da fiança do locatário, mas enquanto disposição fidejussória vocacionada para resolver problemas fidejussórios em cujo *género* se enquadra a situação *específica* da fiança do arrendatário?

2. Os regimes dos artigos 654 e 655 do CC: uma relação geral-especial?

I. Radicado na expressa admissão da fiança de obrigação futura, feita no artigo 628/2 do CC[18], o artigo 654 vem, para tais situações fidejussórias, em sede de extinção de fiança, prever, enquanto a obrigação ainda não se constituiu, duas vias de desvinculação voluntária e potestativa do fiador[19]. A primeira traduz-se no poder de desvinculação do fiador se a situação patrimonial do devedor se agravar em termos de pôr em risco os seus direitos eventuais contra o mesmo devedor. A segunda via de desvinculação depende, pura e simplesmente, do decurso de um prazo de cinco anos, ou outro que resulte de convenção, não precisando o fiador de invocar qualquer justa causa ou fundamento de desvinculação: basta-lhe, então, dirigir uma declaração ao credor, extinguindo-se a garantia em conformidade.

Em qualquer dos casos, a extinção da fiança não opera por caducidade mas, antes, por declaração recipienda, mantendo-se o fiador vinculado pelas obrigações constituídas até ao momento da eficácia da declaração[20].

---

[18] Em geral, sobre as questões suscitáveis relativamente às fianças de obrigações futuras, cf. v. g. GIUSTI, *La fideiussione e il mandato di credito*, Giuffrè, Milano, 1998, p. 156 e ss. e o nosso *Assunção fidejussória de dívida*, cit., pp. 300 e ss, 305 e ss. e 705 e ss..
[19] Cf. o nosso *Assunção fidejussória de dívida*, cit., p. 765 e ss..
[20] Cf. o nosso *Assunção fidejussória de dívida*, cit., p. 772 e ss., quanto à denúncia da fiança prestada por tempo indeterminado e às respectivas consequências a nível da responsabilidade do fiador.

As razões do regime plasmado no artigo 654 são claras: elas radicam na especial e acentuada perigosidade de tais fianças, já que o facto de as obrigações garantidas ainda não estarem constituídas pode trazer, para o fiador, acrescidos riscos[21], a saber: um excessivo prolongamento no tempo das responsabilidades fidejussórias, um avolumar da dívida do devedor e uma eventual alteração negativa da situação patrimonial deste, em termos de colocar em risco a satisfação dos créditos do fiador se tiver de cumprir face ao credor.

II. O CC não chegou a consagrar a complexa regulamentação que Vaz Serra sugeria no seu anteprojecto quanto à desvinculação do fiador em fiança de obrigações futuras[22], mas não parece haver dúvidas de que, para aquele autor, a *fiança de locatário* correspondia a um das modalidades de fiança de obrigações futuras, carente, por razões específicas[23], de um regime especial, tal como sugeria, de resto, para a fiança de funcionário público.

De resto, a doutrina não deixava de acentuar o facto de a fiança de locatário que abrangesse as sucessivas prorrogações constituir uma fiança de obrigação futura. Lê-se, assim, em Silva Carvalho[24]: "Uma vez que entendemos que o contrato de arrendamento se extingue pelo decurso do prazo pelo qual foi celebrado, a fiança prestada de modo a garantir o contrato pelos períodos de renovação, deve entender-se como uma fiança de obrigação futura. Pois que, enquanto se não der a renovação, não se pode dizer que existe em relação ao inquilino e pelo período que se seguirá à mencionada renovação, uma obrigação presente. Dever-se-ão então aplicar as regras relativas à extinção da fiança de obrigação futura".

---

[21] Cf., v. g., VAZ SERRA, *Fiança e figuras análogas*, cit., p. 240 e ss. e ANTUNES VARELA, *Das obrigações em geral*, II, 7.ª ed., Almedina, Coimbra, 1997, p. 511; cf. ainda o nosso *Assunção fidejussória de dívida*, cit., p. 765 e ss..
[22] Surge-nos como particularmente interessante a relação estabelecida pelo autor com as situações em que o credor estivesse vinculado à concessão de crédito ao devedor – situação essa em que o anteprojecto (artigo 32/4) impedia a denúncia da fiança: "O fiador de obrigação futura pode denunciar para futuro a fiança, uma vez decorridos cinco anos, salvo se da interpretação do acto constitutivo da fiança resultar que o prazo deve ser outro. Este direito não tem lugar quando o credor estiver obrigado à concessão do crédito ou quando, por outra causa, se mostrar que foi excluído pelas partes. Na dúvida, deve a fiança ser denunciada com a antecedência que, segundo as circunstâncias, for razoável" – VAZ SERRA, *Fiança e figuras análogas*, cit., p. 311.
[23] VAZ SERRA, *Fiança e figuras análogas*, cit., p. 247 e ss..
[24] *Extinção da fiança*, cit., p. 221.

Na doutrina posterior ao CC, Pires de Lima/Antunes Varela, em anotação ao artigo 654 do CC[25], incluem expressamente entre as obrigações futuras as que resultam de um contrato de locação, destacando, contudo, a existência do regime especial do artigo 655.

Saliente-se, de resto, que a própria lei reconhece, para determinados efeitos de regime, a especificidade de as rendas ou alugueres ainda não estarem vencidos – rendas e alugueres *futuros*, portanto.

Assim, o artigo 821 do CC estabelece que a liberação ou cessão, antes da penhora, de rendas ou alugueres não vencidos é inoponível ao exequente, na medida em que tais rendas ou alugueres respeitem a períodos de tempo não decorridos à data da penhora. Também o artigo 1058 do CC dispõe que a liberação ou cessão de rendas ou alugueres não vencidos é inoponível ao sucessor entre vivos do locador, na medida em que tais rendas ou alugueres respeitem a períodos de tempo não decorridos à data da cessão.

É certo que nem do artigo 821 nem do artigo 1058 do CC se retira qualquer argumento para interpretar o regime do artigo 654 ou para construir, de qualquer modo, o regime da fiança de arrendatário. Contudo, o regime constante dessas disposições – trazido à colação, designadamente, em sede de discussão sobre se, na cessão de créditos futuros, é aplicável a teoria da imediação ou a da transmissão[26] – vem deixar claro que os créditos de rendas ou alugueres não vencidos são créditos futuros, sendo, correspectivamente, futuras as obrigações de pagamento de tais rendas ou alugueres.

III. Temos, assim, por claro que a relação entre o disposto no artigo 654 e o que era estabelecido no artigo 655, ambos do CC, era uma relação entre norma geral e norma especial: o artigo 654 disciplinava – e continua a disciplinar – a fiança de obrigações futuras, estabelecendo, porém, no artigo 655, por razões específicas, bem documentadas nos trabalhos preparatórios, um regime especial para determinada categoria de obrigações futuras.

Assim, revogado o artigo 655 mantêm-se as potencialidades aplicativas do artigo 654, não apenas à fiança de arrendatário mas, mais genericamente, à fiança de locatário, na medida em que estejam em causa obrigações futuras, respectivamente do arrendatário e do locatário.

---

[25] *Código civil anotado*, I⁴, cit., p. 672.
[26] Cf., por todos, MOTA PINTO, *Cessão da posição contratual*, Atlântida Editora, Coimbra, 1970, p. 227 e ss. e, mais recentemente, MENEZES LEITÃO, *Direito das obrigações*, II – *Transmissão e extinção das obrigações. Não cumprimento e garantias do crédito*, 4.ª ed., Almedina, Coimbra, 2006, p. 18 e ss..

No que ao arrendamento urbano concerne, o regime do artigo 654 passará, assim, a ter de ser articulado com o regime constante do artigo 1076/2 do CC.

3. O regime do artigo 655 CC

I. Como se disse acima, apesar de formalmente revogado, o regime do artigo 655 continuará a ter aplicação às situações constituídas na sua vigência, pese embora o disposto nos artigos 59/1, 60/1, 26/1 e 28 da Lei 6/2006 poderem, numa primeira leitura, sugerir o contrário.

Na verdade, para além do facto de o princípio basilar em matéria de aplicação de leis no tempo ser o de que a lei só dispõe para o futuro[27], estamos perante situações fidejussórias constituídas antes da entrada em vigor da Lei 6/2006, devendo a apreciação do risco fidejussório ser aferida em função do momento genético da constituição da fiança.

O exposto não significa, obviamente, que a fiança do arrendatário constituída antes do início de vigência da Lei 6/2006 não sofra – pela via da *acessoriedade*[28] – as consequências das novas especificidades de regime aplicáveis aos arrendamentos anteriores, por força do disposto no artigo 26 e seguintes da citada Lei 6/2006, na medida em que destas disposições não resulte um agravamento do risco fidejussório[29].

II. De acordo com o disposto no revogado artigo 655/1 do CC, a fiança pelas obrigações do locatário abrangia, salvo estipulação em contrário, o período inicial de duração do contrato. Estabelecia, por sua vez, o n.º 2 do mesmo artigo que, obrigando-se o fiador relativamente aos períodos de renovação, sem se limitar o número destes, a fiança extinguia-se, na falta de nova convenção, logo que houvesse alteração de renda ou decorresse o prazo de cinco anos sobre o início da primeira prorrogação.

---

[27] Cf., v. g., OLIVEIRA ASCENSÃO, *O Direito. Introdução e teoria geral. Uma perspectiva luso-brasileira*, 11.ª ed., Almedina, Coimbra, 2001, p. 534 e ss., BAPTISTA MACHADO, *Sobre a aplicação no tempo do novo código civil*, Almedina, Coimbra, 1968, *passim*, ee p. 203 e ss. e, recentemente, TEIXEIRA DE SOUSA, *Aplicação da lei no tempo*, in CDP 18 (2007), p. 7 e ss.; com referência a problemas específicos de aplicação da lei no tempo no âmbito da Lei 6/2006, cf. SOUSA RIBEIRO, *O novo regime do arrendamento urbano: contributos para uma análise*, in CDP 14 (2006), p. 4 e ss..
[28] Cf. o nosso *Assunção fidejussória de dívida, cit.*, p. 107 e ss..
[29] Cf. o nosso *Assunção fidejussória de dívida, cit.*, pp. 107 e ss., 121 e ss. e 1011 e ss..

Conforme salientámos noutro local[30], o CC pretendeu, através do regime do artigo 655, pôr termo à polémica existente no domínio da legislação anterior sobre o âmbito temporal de vinculação do fiador. Mais concretamente, a questão que dividia a doutrina e a jurisprudência era a de saber se a fiança prestada para garantia de cumprimento das obrigações emergentes (para o arrendatário) do contrato de arrendamento, cobria também as prorrogações do contrato.

Nessa polémica, centrada no regime do artigo 29 do Decreto 5.411, de 17 de Abril de 1919[31], confrontavam-se duas correntes[32]. Para uma, em que se destacam Eridano de Abreu[33], Pinto Loureiro[34] e Silva Carvalho[35], uma vez atingido o termo inicial de duração do contrato de arrendamento, a fiança extinguia-se pelo princípio do acessório (*acessorium sequitur principale*). Na base desta posição estava a ideia de que a *renovação* do contrato de arrendamento pressuponha a sua *prévia extinção*; nesta medida, as prestações de fiança englobando as sucessivas renovações constituíam fianças de obrigações futuras – discutindo-se, a partir daí, a questão de saber se e em que termos o fiador se poderia desvincular relativamente aos períodos subsequentes.

A segunda corrente englobava nomes como Cunha Gonçalves[36] ou Carneiro de Figueiredo[37], defendendo este último que, sendo a renovação "um simples acidente periódico da vida do contrato", a fiança deveria manter-se durante toda a vida do contrato de arrendamento, não podendo o fiador obstar à renovação nem desonerar-se da fiança "porque o arrendamento é essencialmente um contrato a termo infixo ou por tempo indeterminado".

Mostrando-se sensível aos problemas gerados pela articulação dos difíceis regimes do arrendamento e da fiança, Vaz Serra[38] remetia para a interpretação

---

[30] Cf. o nosso *Assunção fidejussória de dívida*, cit., p. 310 e ss..

[31] De acordo com o qual (corpo) "Presume-se renovado o contrato de arrendamento, se o arrendatário se não tiver despedido, ou o senhorio o não despedir, no tempo e pela forma designada na lei". Sobre o regime desta disposição, pode ver-se, v. g., GALVÃO TELLES, *Arrendamento*, Lisboa, 1944/45, p. 267 e ss. e PINTO LOUREIRO, *Tratado da locação*, II, Coimbra, 1947, p. 126 e ss..

[32] Cf., para maiores desenvolvimentos, o nosso *Assunção fidejussória de dívida*, cit., p. 312 e ss.; no domínio do Decreto n.º 5.411, destaca-se a apresentação e apreciação das teorias em confronto feita por SILVA CARVALHO, *Extinção da fiança*, cit., p. 199 e ss.; cf. também PINTO DE MESQUITA/ /POLÓNIO DE SAMPAIO, *Legislação sobre arrendamentos*, Almedina, Coimbra, 1961, p. 31.

[33] *Da extinção da fiança nos contratos de arrendamento*, in RT 69(1951), p. 162 e ss..

[34] In *Tratado da locação*, II, cit., p. 137.

[35] In *Extinção da fiança*, cit., p. 208 e ss..

[36] In *Tratado de direito civil*, VIII, Coimbra, 1934, p. 708.

[37] In *A extinção da fiança nos contratos de arrendamento*, in "O Direito" 86 (1954), p. 187 e ss..

[38] In *Fiança e figuras análogas*, cit., p. 247 e ss..

da declaração de vontade do fiador, aceitando, na dúvida, que este só se quer vincular para o período inicial de duração do contrato, presunção esta que está de acordo com a circunstância de, normalmente, o fiador se limitar a prestar um favor ao arrendatário; quando o fiador se obrigasse também para os períodos de renovação, sem os limitar, a fiança seria denunciável pelo fiador, ou antes de findo cada período contratual ou apenas para o fim do prazo de quinze anos (prazo pelo qual se deveria entender prestada), em função de o locador poder ou não fazer cessar a locação para o termo do prazo.

Podemos dizer que o artigo 655/1 veio, como princípio geral, consagrar a solução, proposta por Vaz Serra, de limitar a fiança pelas obrigações do arrendatário ao período inicial de duração do contrato de arrendamento, salvo estipulação em contrário, com a particularidade de estender à locação em geral um regime que, em rigor, só fora problematizado no campo do arrendamento e, mais concretamente, no campo do arrendamento urbano.

Já no artigo 655/2 encontramos uma solução que se afasta da algo emaranhada proposta de Vaz Serra, articulando-se, objectivamente, com o então regime da actualização quinquenal das rendas no arrendamento urbano[39].

Dentre as várias dúvidas de interpretação que o artigo 655/2 viria a gerar[40], aquela que, porventura, podemos considerar de maior relevo é a que se centra na solução a dar aos casos em que o arrendatário se vinculou por todo o tempo de duração do contrato, sem que tenha sido estabelecida qualquer limitação temporal directa ou em função do número de prorrogações. A interpretação que defendemos é a de que o artigo 655/2 estabelecia, imperativamente, a necessidade da fixação de um número limite de prorrogações, sem o que seria aplicável o regime extintivo da fiança aí previsto: a extinção da fiança decorrido o prazo de cinco anos sobre o início da primeira prorrogação ou logo que houvesse alteração de renda[41]. De acordo com esta interpretação, a

---

[39] Contudo, conforme acima (nota 5) advertimos, a referência ao prazo de cinco anos parece constituir mais uma indicação supletiva de "suportabilidade" da fiança do que uma preocupação em estabelecer uma harmonização com o regime quinquenal de actualização de rendas.
[40] Cf. o nosso *Assunção fidejussória de dívida, cit.*, p. 316 e ss..
[41] Cf., sobre as dúvidas relativas à alteração de renda relevante, o nosso *Assunção fidejussória de dívida, cit.*, p. 321 e ss.. O Acórdão RP de 19.06.2006 (Processo n.º 0653016, in www.dgsi.pt) decidiu e bem que, para efeitos do disposto no artigo 655/2, a normal actualização de renda não corporiza uma "alteração da renda", considerando ser esse "o entendimento que melhor se adequa à realidade social e ao pensamento do legislador". Sobre a questão de saber se a "alteração de renda" relevante determina a efectiva extinção da fiança ou a simples inoponibilidade da alteração ao fiador, para efeitos da dimensão ou âmbito da responsabilidade fidejussória, cf. infra ponto 4/II.

"nova convenção" a que se referia o artigo 655/2 só podia ser uma convenção autónoma, necessariamente posterior à assunção fidejussória de dívida. Na verdade, com a necessidade de uma *nova e posterior convenção*, pretendia-se que o fiador fizesse uma nova avaliação do risco fidejussório e decidisse, em conformidade, se assumia, por mais tempo, continuar a garantir o cumprimento das obrigações do arrendatário[42].

Na prática, se as partes não estabelecerem o limite dos períodos de prorrogação, o artigo 655/2 determina que a fiança caducará no final do prazo que decorre da soma do prazo inicial do contrato com o prazo de cinco anos: é uma *fiança por tempo determinado*[43].

IV. Na jurisprudência, assume particular importância, conforme já assinalámos, de resto, noutro local[44], o Acórdão STJ de 23.04.1990[45]. Decidiu este aresto que "nos termos do artigo 655.º, n.º 2 do Código Civil, é nula a cláu-

---

[42] Cf., de novo, para maior desenvolvimento, o nosso *Assunção fidejussória de dívida, cit.*, p. 316 e ss.; cf. ainda os "clássicos" VIEIRA MILLER, *Arrendamento urbano*, 1967, p. 50, ISIDRO MATOS, *Arrendamento e aluguer*, Atlântida Editora, Coimbra, 1968, p. 104 e CUNHA DE SÁ, *Caducidade do contrato de arrendamento urbano*, I, Lisboa, 1968, pp. 123-124: "Temos, pois, que a regra é a fiança só abranger o prazo inicial, mas tal regra pode ser afastada por convenção em contrário. Esta convenção pode comportar duas hipóteses: 1) ou se limita o número de períodos de prorrogação relativamente aos quais o fiador se obriga – e, neste caso, a fiança extinguir-se-á uma vez que tal número seja preenchido e não haja nova convenção; 2) ou nada se prevê a tal respeito – e, então, de duas uma: a) ou, decorrido que seja o prazo de cinco anos sobre o início da primeira prorrogação, se celebra nova convenção, pela qual o fiador se obrigue a outros períodos de prorrogação; ou, na falta dessa nova convenção, a fiança extinguir-se-á decorrido aquele memo prazo". Discordamos, assim, da posição recentemente sustentada por GRAVATO MORAIS, *Fiador do locatário, cit.*, p. 98 e ss., que, na prática, desconsidera a necessidade, imposta no artigo 655/2 do CC, de haver uma *nova* convenção. Para o efeito, o autor invoca o "espírito da lei", mas cremos que sem razão, já que o regime constante do artigo 655/2 visa, conforme demonstra eloquentemente a sua "história", acautelar o fiador face aos perigos da vinculação fidejussória, para mais numa situação relativa a obrigações futuras. De resto, não vemos como é que a admissão, feita pelo autor, da "extensão máxima da fiança" – num quadro vinculístico, que é o da vigência do artigo 655 do CC – pode ser justificada com a afirmação de que o fiador "fica desde o início a conhecer com precisão e com rigor o âmbito da sua vinculação".

[43] Cf. o nosso *Assunção fidejussória de dívida, cit.*, p. 712, onde se faz a contraposição da *fiança por tempo determinado* à *fiança a termo certo*. Conforme se destaca, a expressão fiança por tempo determinado tem a vantagem de acentuar o facto de ter sido estabelecido um limite para a vigência da fiança, limite esse que, sendo formalmente temporal, é, substancialmente, um limite de objecto da fiança, já que estabelece um marco temporal para o âmbito da vinculação do fiador.

[44] In *Assunção fidejussória de dívida, cit.*, pp. 316-317.

[45] In BMJ 396 (1990), p. 388 e ss..

sula do contrato de arrendamento pela qual o fiador se constitui na obrigação de garante para além do prazo de cinco anos previsto naquele artigo, sem que um novo prazo seja definido". E lê-se no texto: "Contra esta extinção não vale cláusula em contrário, pois esta, quando referida no n.º 1 do citado artigo 655.º, reporta-se apenas à extensão da fiança aos períodos de renovação, se concretamente delimitados no tempo. É que não pode aceitar-se fiança por tempo indeterminado quando há sucessivas renovações de um contrato, cujo regime só em certas hipóteses admite a sua resolução. É o que também resulta do princípio geral do artigo 654.º do Código Civil, onde se afirma que, não havendo prazo fixado pelas partes, a fiança extingue-se decorridos 5 anos sobre a sua prestação. O que se acaba de referir é uma imposição legal que decorre do princípio geral da nulidade dos negócios jurídicos, cujo objecto seja indeterminável".

E ainda, considerando o caso concreto: "No caso concreto, a admitir-se que por convenção das partes poderá afastar-se o limite de 5 anos, sem qualquer outra limitação, a obrigação do fiador tornar-se-ia incerta, indeterminada e ilimitada, manifestamente imoral, quando, como aqui se verifica, a locatária não está em condições de pagar a renda, e os senhorios se abstêm de resolver o contrato e proceder ao despejo".

No Acórdão RP de 19.02.2002[46], foi também dado o relevo certo ao facto de o artigo 655/2 do CC se reportar a uma "nova convenção". Lê-se no citado aresto: "Sendo de presumir que o legislador soube exprimir o seu pensamento em termos adequados – artigo 9.º, n.º 3 – o uso, em preceitos contíguos, de diferentes expressões a respeito da mesma matéria significará coisas diferentes; acresce que esta segunda expressão poderia equivaler a uma outra que fosse, por exemplo, "na falta de diferente convenção", mas não é isto o que consta do n.º 2, onde a expressão "nova" aponta para a necessidade de uma convenção que não seja a mesma que institui a fiança". E ainda: "Aliás, o intérprete deve igualmente presumir que o legislador consagrou as soluções mais acertadas; e esta será, no caso, aquela que melhor defenda o fiador – cuja posição em relação a um arrendamento tem os riscos especiais que já ficaram aflorados –

---

[46] Processo n.º 0220038, in www.dgsi.pt. O sumário apresentado na página indicada ["A fiança pelas obrigações do locatário extingue-se pelo decurso do prazo de cinco anos sobre a primeira prorrogação, a menos que então o fiador renove a convenção da fiança ou se, logo na convenção inicial de fiança, tiver sido afastado aquele limite de cinco anos"] induz em erro, já que pode sugerir a desnecessidade de nova convenção quando, no momento da constituição da fiança seja afastado o limite de cinco anos, mesmo sem a indicação precisa de um novo limite – o que não corresponde ao sentido da decisão da RP.

contra a insuficiente ponderação e a imperfeita consciência da responsabilidade que assume. Uma nova convenção obrigará a que o fiador repense o alcance daquilo a que se obrigou".

E em complemento: "Assim, uma cláusula que se limite a dizer que a fiança abrangerá as renovações do arrendamento não garante que o fiador tenha previsto o seu real alcance. Nesse caso, só uma nova estipulação de fiança vinculará o fiador para além do período de 5 anos que o n.º 2 prevê, garantindo que ele está consciente daquilo a que se obriga ... E sempre a nova convenção terá que ser posterior à primeira, sob pena de se esquecer o sentido inequívoco da expressão usada pelo legislador".

No Acórdão RL 20.01.2005[47], lê-se, também naquele que consideramos o melhor sentido, o seguinte: "A não fixação do número de períodos de renovação do contrato que a fiança abrange vem a significar que a obrigação do fiador se tornou incerta, ilimitada e indeterminável. Ora não pode aceitar-se uma fiança por tempo indeterminado, isto é, sem termo final previamente fixado, no caso de obrigações futuras ou de sucessivas de um contrato pela simples razão de que a lei comina com a respectiva nulidade os negócios cujo objecto seja indeterminável. Daí a regra – que se entende ter natureza imperativa – do artigo 655.º, n.º 2 do Código Civil interpretada neste sentido: as partes podem convencionar que a fiança abranja as sucessivas renovações do contrato, mas para que a fiança seja válida em termos de abranger os períodos iniciais depois de decorridos cinco anos sobre o início da primeira prorrogação deve ter sido *ab initio* determinado o número de renovações que a fiança abrange, a menos que as partes celebrem nova convenção".

Ainda no sentido que consideramos mais conforme com a letra e o espírito da lei, lê-se no corpo do Acórdão RL de 12.07.2007[48] o seguinte: "Se o fiador aceita obrigar-se relativamente aos períodos de renovação, a lei, quando prescreve a necessidade de uma nova convenção sempre que haja o propósito de prorrogar o tempo de duração da fiança para além dos cinco anos sobre o início da primeira prorrogação, está afinal a acautelar as precipitações dos fiadores naquele momento inicial sempre entusiástico da outorga do contrato que deseja, viabilizar; sabe-se que os fiadores partem do pressuposto compreensível de que a sua responsabilização é meramente acessória, não lhes sendo exigido em princípio nada mais do que a garantia, o que facilita assumir obrigações de uma forma menos pensada. A lei, ao impor uma tal ponderação

---

[47] Processo n.º 8324/2004-6, in www.dgsi.pt
[48] Processo n.º 4095/2007-8, in www.dgsi.pt

— a necessidade de uma "nova convenção" — assumiu uma solução equilibrada e louvável dentro de uma linha de razoabilidade e de compreensão das realidades da vida que corresponde a um pensamento social".

Estas posições surgem contrariadas no recente Acórdão RL de 19.12.2006[49], no qual é defendida a posição de que a circunstância de o artigo 655/2 do CC se referir a "nova convenção" permite "abarcar a possibilidade de as partes no exercício do princípio da autonomia e da liberdade contratual, apanágio do direito das obrigações, expressamente previsto no artigo 405.º, n.º 1 e 2 do CC, afastarem *ab initio* a necessidade de acordos posteriores no que tange ao objecto da fiança, através da fixação de um termo *ad quem*, claro, preciso e conciso, de onde resulte, em termos inequívocos, não só a forma mas também o lapso de tempo por que se obrigam".

Na situação apreciada pela RL, o fiador (*in casu*, as fiadoras) tinha-se vinculado como fiador e principal pagador da sociedade inquilina, "subsistindo esta fiança em todos os eventuais aumentos de renda e prorrogações deste contrato, mesmo que decorrido o prazo de cinco anos sobre o início da primeira prorrogação, cessando a sua responsabilidade no caso de ser transmitida a outrem a qualidade de inquilina". De uma forma que nos surge como precipitada e até contraditória com a justificação acima reproduzida — centrada na admissibilidade de a "nova convenção" a que se refere o artigo 655/2 poder ser coeva do contrato de arrendamento — a RL acaba por invocar como determinante o regime do artigo 654 CC, sustentando que, com base no mesmo, o fiador sempre poderia libertar-se da fiança "uma vez passados aqueles cinco anos iniciais".

O argumento da RL, neste aresto, surpreende deveras, já que desconsidera totalmente o facto de o artigo 655 conter um regime próprio aplicável à fiança do locatário, regime esse que se apresenta como regime especial face ao do artigo 654[50].

Ou seja, admitindo que o artigo 654 contém um regime geral aplicável às obrigações futuras, entre as quais estariam incluídas as situações locatícias, have-

---

[49] Processo n.º 9696/2006-2, in www.dgsi.pt
[50] Em abono desta tese, a RL invoca o Acórdão STJ de 11.02.1998 (BMJ 374, 455) mas a verdade é que tal Acórdão, que aborda, na realidade, a matéria do artigo 654 do CC, não se pronuncia, nem ao de leve, sobre a aplicabilidade do artigo 654 à fiança do locatário, tendo a fiança em apreciação sido prestada para garantia de créditos bancários. Também Evaristo Mendes, invocado no aresto, não aborda, no estudo e página citados ("Aval e fiança gerais", p. 163), o tema da relação entre os artigos 654 e 655 do CC, ou sequer o problema da fiança do locatário, referindo-se, *em geral*, ao problema da indefinição temporal e da desvinculação unilateral do fiador.

ria que resolver o problema nos termos do regime especial, ou seja nos termos do artigo 655, disposição que a RL interpretara no sentido de ser válida a cláusula que vinculasse o arrendatário, sem limite, pelas sucessivas prorrogações[51].

Grosso modo no mesmo sentido conclusivo do Acórdão da RL de 19.12.2006, o Acórdão da RP de 26.04.2005[52] decidira nada obstar que "à partida o fiador garanta o cumprimento de todas as cláusulas do contrato e suas prorrogações e afaste o limite de cinco anos, estendendo a sua responsabilidade até à restituição do arrendado".

Não deixam, contudo, de ser interessantes, *rectius* preocupantes, as contradições que encontramos no texto do aresto, que, interpretando o regime do artigo 655/2 do CC, se mostra, primeiro, defensor da necessidade de uma nova convenção, para depois se render aos argumentos do Acórdão STJ de 17.06.1998 para entender que, afinal, não há "qualquer disparidade entre uma cláusula que afaste aquele limite temporal só porque inserida em uma nova estipulação ou se inserida na convenção inicial". Antes desta conclusão, que irreleva em absoluto a razão de ser do artigo 655/2 do CC, o mesmo Acórdão ponderara o seguinte: "Mas terá que haver uma convenção posterior à primeira, convenção essa que permita ao fiador conscientemente medir o alcance daquilo a que se obrigou". E ainda: "Só uma nova estipulação de fiança, posterior à primeira, vinculará o fiador para além do período de cinco anos que o n.º 2 do artigo 655.º prevê".

---

[51] Lê-se no texto do Acórdão que, no caso, acontecia a "fixação de um termo *ad quem*, claro, preciso e conciso", de onde resultaria "em termos inequívocos, não só a forma mas também o lapso de tempo por que se obrigam". Não vemos que tais caracterizações se possam razoavelmente aplicar a uma situação em que o arrendatário era uma sociedade e em que os fiadores se tinham vinculado sem qualquer limite de prorrogações e sem qualquer horizonte temporal de cessação da responsabilidade fidejussória.

É também esta desconsideração pelo regime especial constante do artigo 655 do CC que leva a RL a não responder cabalmente ao argumento, apresentado pelo fiador, de que a fiança seria nula por indeterminação do objecto; para a RL – numa argumentação que, de resto, não surge explicada – a inaplicabilidade ao caso, do AUJ 4/2001 resultaria do facto de a fiança em causa corporizar uma "fiança *omnibus*" e não uma "fiança geral".

[52] Processo n.º 0521997, in www.dgsi.pt

4. As situações fidejussórias relativas a arrendamentos anteriores, face às "Normas Transitórias" da Lei 6/2006

I. Como se disse supra, o regime do revogado artigo 655 do CC continua a ter aplicação, por força do regime do artigo 12 do CC, às situações arrendatícias e fidejussórias em curso à data da entrada em vigor da Lei 6/2006. Neste particular, parece-nos claro que o regime que agora encontramos no artigo 1076/2 do CC em nada prejudica o regime de tais fianças.

O que se constata é que o regime transitório consagrado a partir do artigo 26 da Lei 6/2006 pode repercutir-se também nas situações fidejussórias, sendo que, em princípio, a posição do fiador resulta beneficiada, na medida em que estejamos perante situações de tendencial "desvinculação" do arrendamento[53].

Assim, nas situações a que se refere o artigo 26/6 da Lei 6/2006[54], a circunstância de o senhorio poder passar a denunciar o contrato de arrendamento, nos termos da alínea c) do artigo 1101 do CC, irá, naturalmente, determinar a extinção da fiança, na medida em que o senhorio denuncie, efectivamente, o contrato de arrendamento.

Igualmente, se ocorrer a situação prevista no artigo 58/1 da Lei 6/2006[55],

---

[53] Sobre o vinculismo e o NRAU, cf. a posição crítica de MENEZES CORDEIRO, *O novo regime do arrendamento urbano*, in "O Direito", ano 137.° (2005), II, p. 333, considerando que o projecto de reforma de 2005 (que viria a concretizar-se na reforma de 2006) está revestido de um "vinculismo imperfeito", colocando-o mesmo "no fundo, ao nível do RAU". Esta posição não é, porém, acompanhada por SOUSA RIBEIRO, *O novo regime do arrendameno urbano, cit.*, p. 10, que prefere acentuar o "maior acolhimento da autonomia privada" e a aproximação do regime do arrendamento urbano ao regime geral dos contratos. Apreciando o vinculismo arrendatício no contexto histórico arrendatício da ordem jurídica portuguesa, PINTO FURTADO, *Manual do arrendamento urbano*, I[4], *cit.*, p. 237 e ss., enquadra, a um tempo, o RAU e a Reforma de 2006 num *período misto*, que situa após um primeiro (*período primitivo* ou da autonomia privada, que situa entre os primórdios do direito pátrio e 1910) e um segundo (*período vinculístico*, que situa entre 12.11.1910 e 15.11.1990, data da entrada em vigor do RAU) períodos.

[54] Cf., v. g., MENEZES LEITÃO, *Arrendamento urbano*, 2.ª ed., Almedina, Coimbra, 2006, p. 128 e ss., SOUSA RIBEIRO, *O novo regime do arrendamento urbano, cit.*, p. 17, GRAVATO MORAIS, *Novo regime de arrendamento comercial*, Almedina, Coimbra, 2006, p. 36 e ss., CUNHA DE SÁ/LEONOR COUTINHO, *Arrendamento 2006. Novo regime do arrendamento urbano*, Almedina, Coimbra, 2006, pp. 64-65 e OLINDA GARCIA, *Arrendamentos para comércio e fins equiparados*, Coimbra Editora, Coimbra, 2006, pp. 146-147.

[55] Cf., v. g., MENEZES LEITÃO, *Arrendamento urbano*[2], *cit.*, pp. 125-126, SOUSA RIBEIRO, *O novo regime do arrendamento urbano, cit.*, p. 19, GRAVATO MORAIS, *Novo regime de arrendamento comercial, cit.*, p. 52 e ss e CUNHA DE SÁ/LEONOR COUTINHO, *Arrendamento 2006. Novo regime do arrendamento urbano, cit.*, pp. 104-105.

a caducidade do contrato de arrendamento, nos termos dessa disposição, terá o efeito de extinguir a fiança.

II. Mais complexa e duvidosa será, porém, a questão de saber se a responsabilidade do fiador "acompanha" a responsabilidade do arrendatário pela actualização extraordinária de rendas cujos termos se encontram regulados a partir do artigo 30 da Lei 6/2006[56].

A questão está em saber se a dimensão da actualização de rendas ultrapassa em *quantum* o nível de vinculação fidejussória assumido pelo fiador, cuja determinação constitui um processo de interpretação negocial.

As situações de actualização são várias e complexas, quer em termos de faseamento quer em termos de apuramento do montante, razão pela qual pensamos que não podemos *hic et nunc* ir além da enunciação do critério apontado.

Admitindo que tais alterações de renda se possam, em concreto, considerar como alterações anómalas[57], não nos parece que, pese embora a redacção do artigo 655/2, as mesmas devam determinar a extinção da fiança. Mantemos, na verdade, o entendimento de que o artigo 655/2 deve ser racionalmente interpretado no sentido de tais alterações de renda serem inoponíveis ao fiador[58]. É essa interpretação que melhor se compagina com o regime dos artigos 631 e 634 do CC, continuando o fiador vinculado face ao credor, apesar da alteração da renda, mas sendo tal alteração ineficaz relativamente à dimensão da responsabilidade fidejussória.

---

[56] Cf., sobre este regime, v. g., PINTO FURTADO, *Manual do arrendamento urbano*, I[4], *cit.*, p. 577 e ss., OLINDA GARCIA, *A nova disciplina do arrendamento urbano*, Coimbra Editora, Coimbra, 2006, p. 54 e ss., CASTRO FRAGA, *O regime do novo arrendamento urbano. As normas transitórias (Título II da Lei 6/2006)*, in ROA, ano 66 (2006), I, p. 66 e ss., CUNHA DE SÁ/LEONOR COUTINHO, *Arrendamento 2006. Novo regime do arrendamento urbano*, *cit.*, p. 73 e ss., MARGARIDA GRAVE, *Novo regime do arrendamento urbano. Anotações e comentários*, 3.ª ed., Lisboa, 2006, p. 150 e ss. e MANTEIGAS MARTINS/A. RAPOSO SUBTIL/LUÍS FILIPE CARVALHO, *O novo regime do arrendamento urbano*, Vida Económica, Porto, 2006, p. 42 e ss..

[57] Cf., a propósito, o nosso *Assunção fidejussória de dívida*, *cit.*, p. 321 e ss..

[58] Cf. o nosso *Assunção fidejussória de dívida*, *cit.*, pp. 323-324.

5. A fiança do arrendatário em arrendamento de duração indeterminada

5.1. *A fiança do arrendatário e o regime da denúncia pelo arrendatário*

I. Como é sabido, no quadro dos arrendamentos para habitação, o CC autonomiza os arrendamentos com prazo certo (artigos 1095 a 1098) dos arrendamentos de duração indeterminada (artigos 1099 a 1104)[59].

O artigo 1099 enuncia o princípio geral de que o contrato de arrendamento de duração indeterminada cessa por *denúncia* de uma das partes, denúncia essa que se processa nos termos das disposições subsequentes.

O princípio de que os contratos de duração indeterminada podem cessar por denúncia – ainda que não prevista legal ou contratualmente – constitui um dado adquirido no domínio do direito dos contratos[60], fazendo mesmo parte da ordem pública[61]: evita-se dessa forma a perpetuidade ou, não indo tão longe, a excessiva duração das relações contratuais, relações essas a que as partes podem por cobro, discricionariamente, a todo o tempo, tendo, no entanto, de acautelar as expectativas da contraparte – o que é conseguido através da imposição de um pré-aviso razoável[62].

---

[59] Cf., por todos, Pinto Furtado, *Manual do arrendamento urbano*, I⁴, *cit.*, p. 282 e ss. e Sousa Ribeiro, *O novo regime do arrendamento urbano, cit.*, p. 18.

[60] Cf., v. g., Oliveira Ascensão, *Direito civil. Teoria geral*, III – *Relações e situações jurídicas*, Coimbra Editora, Coimbra, 2002, p. 334 e ss., Baptista Machado, *Denúncia-modificação de um contrato de agência* (Anotação ao Acórdão STJ de 17.04.1986), in RLJ 120 (1987-1988), pp. 183-192, *passim*, Pinto Monteiro, *Denúncia de um contrato de concessão comercial*, Coimbra Editora, Coimbra, 1998, *passim*, Romano Martinez, *Da cessação do contrato*, 2.ª ed., Almedina, Coimbra, 2006, p. 116 e ss. e 229 e ss. e os nossos *Em tema de revogação do mandato civil*, Almedina, Coimbra, 1989, p. 73 e ss. e *Apontamentos sobre o contrato de agência*, in TJ 3 (1990), p. 30 e ss.. Na doutrina estrangeira, cf., v. g., Haarmann, *Wegfall der Geschäftsgrundlage bei Dauerrechtsverhältnissen*, Duncker & Humblot, Berlin, 1979, p. 123 e ss, Oetker, *Das Dauerschuldverhältnis und seine Beendigung. Bestandsaufnahme und kritische Würdigung einer tradierten Figur der Schuldrechtsdogmatik*, J. C. B. (Paul Siebeck), Tübingen, 1994, p. 248 e ss. e Azèma, *La durée des contrats sucessifs*, L. G. D. J., Paris, 1969, p. 145.

[61] Cf., por todos, Mota Pinto, *Teoria geral do direito civil*, 4.ª ed. por António Pinto Monteiro e Paulo Mota Pinto, Coimbra Editora, Coimbra, 2005, p. 631, Baptista Machado, *Parecer sobre denúncia e direito de resolução de contrato de locação de estabelecimento comercial*, in "João Baptista Machado. Obra dispersa", I, Scientia Jurídica, Braga, 1991, p. 650 e Pinto Monteiro, *Denúncia de um contrato de concessão comercial*, Coimbra Editora, Coimbra, 1998, p. 59, nota 50.

[62] Cf., por todos, Mota Pinto, *Teoria geral do direito civil*⁴, *cit.*, p. 632.

No caso concreto dos arrendamentos para habitação de duração indeterminada, a denúncia discricionária pelo arrendatário obedece aos termos do artigo 1100/1 do CC, do qual resulta a necessidade de ser respeitada uma antecedência mínima de 120 dias sobre a data em que o arrendatário pretende a cessação, produzindo essa denúncia efeitos no final de um mês do calendário gregoriano[63].

Resulta, por sua vez, da remissão do artigo 1100/2 para o regime do artigo 1098/3 que a inobservância da antecedência mínima de 120 dias não impede a cessação do contrato, obrigando, porém, ao pagamento das rendas correspondentes ao período de pré-aviso em falta.

II. Admitindo que, conforme é usual, o fiador se vincula pelo cumprimento do conjunto das obrigações a cargo do arrendatário, ele será, naturalmente responsável – como devedor fidejussório[64] – pelo cumprimento das obrigações pecuniárias, constituídas pelas rendas que se vencerem até ao momento em que se consuma a extinção do contrato. Supondo que o devedor denunciou o contrato a meio de um determinado mês, para fazer efeitos 120 dias depois, o contrato de arrendamento considera-se extinto no final do mês (calendário gregoriano) em que se perfizeram os 120 dias de antecedência.

Em função do regime legal estabelecido no artigo 1100/2, a vinculação do fiador engloba o montante das rendas correspondentes ao período de pré-aviso em falta, nos casos em que o arrendatário-devedor não tenha denunciado o contrato com a antecedência exigida. Ou seja: pese embora o facto de não haver dúvidas – atenta a clareza da lei, neste particular (artigo 1100/2 e artigo 1098/3) – de que o contrato de arrendamento *se extingue* com a denúncia feita sem a antecedência prevista no artigo 1100/1, o fiador passa a ser garante do pagamento das quantias devidas pelo ex-arrendatário, já não a título de renda mas a título de sanção pecuniária – de *pena* – sendo totalmente irrelevante a demonstração pelo ex-arrendatário ou, *per relationem*, pelo fiador, de que o senhorio não teve qualquer prejuízo com o atraso.

---

[63] O regime constante do artigo 1100/1 – *rectius*, a antecedência fixada no artigo 1100/1 – não se mostra coerente com a solução constante do artigo 1098/2 para a "denúncia" pelo arrendatário nos arrendamentos com prazo certo, a qual deve ser feita com uma antecedência não inferior a 120 dias do termo pretendido do contrato, mas pressupondo o necessário e prévio decurso de seis meses de duração efectiva do contrato. Porventura por esta razão, pondera SOUSA RIBEIRO, *O novo regime do arrendamento urbano, cit.*, p. 23, nota 36, ser "excessiva a liberdade de desvinculação reconhecida ao inquilino, nos contratos de duração indeterminada".

[64] Sobre o fiador como devedor, cf. o nosso *Assunção fidejussória de dívida, cit.*, p. 121 e ss..

III. Questão diversa – que, de resto, não é privativa das situações em que a extinção do contrato decorra de denúncia pelo arrendatário em arrendamento de duração indeterminada – é a de saber se, havendo atraso do arrendatário na entrega do locado ao senhorio, subsiste a responsabilidade do fiador, já não pelas *rendas* mas pelas correspondentes quantias *a título de indemnização*, nos termos do disposto no artigo 1045 do CC, cujo n.º 2 prevê uma elevação ao dobro quando o locatário se constitua em mora[65].

A questão deve ser, naturalmente, resolvida à luz das regras de interpretação dos negócios jurídicos, considerando a especificidade da fiança como negócio de risco[66], por um lado, mas não podendo deixar de se considerar – até como ponto de partida – o âmbito da vinculação fidejussória assumida pelo fiador. Assim, a solução poderá ser diferente se o fiador se obrigou, como tal, pelo pagamento das rendas ou se se vinculou, antes, pelo cumprimento das obrigações resultantes do contrato, em cujo elenco se encontra [alínea *i*) do artigo 1038 do CC] a obrigação de restituir a coisa locada findo o contrato. A questão de saber se o fiador garante não apenas o valor da simples renda mas o valor dobrado (artigo 1045/2 do CC) exigirá um esforço interpretativo específico. O mesmo acontecerá na hipótese – merecedora de uma prudente ponderação – de as partes terem convencionado uma cláusula penal superior[67].

IV. Perguntar-se-á, agora, se, em função da acessoriedade da fiança, o fiador pode denunciar o contrato, por força da articulação da dita regra "constitucional" da acessoriedade da fiança com o regime do artigo 1100/1 do CC.

A denúncia que aqui se questiona não é, como parece óbvio, a denúncia do contrato de arrendamento, já que o fiador não é parte desse contrato, mas a denúncia do próprio contrato de fiança. A denúncia que aqui se questiona é

---

[65] Cf., sobre este artigo, entre outros, PEREIRA COELHO, *Arrendamento, cit.*, p. 200 e ss., PINTO FURTADO, *Manual do arrendamento urbano*, I[4], *cit.*, pp. 554-555 e MENEZES LEITÃO, *Arrendamento urbano*[2], *cit.*, p. 61 e ss..

[66] Cf o nosso *Assunção fidejussória de dívida, cit.*, p. 119 e ss.. Na jurisprudência, pode ver-se o Acórdão da RP de 31.01.2007 (Processo n.º 0654493, in www.dgsi.pt), que, considerando o facto de a fiança constituir um negócio de risco, excluiu, na situação concreta, a cobertura da responsabilidade fidejussória relativamente à indemnização devida pelo arrendatário pelo atraso na restituição da coisa locada.

[67] Hipótese esta – de resto duvidosa, enquanto solução geral aplicável a todas as situações arrendatícias – admitida, v. g., por MENEZES LEITÃO, *Arrendamento urbano*[2], *cit.*, p. 62. Em geral, sobre a questão de saber se a fiança cobre uma eventual cláusula penal convencionada entre credor e devedor, cf. o nosso *Assunção fidejussória de dívida, cit.*, p. 607 e ss..

uma denúncia moldada – *per relationem* – pela denúncia do arrendatário prevista no artigo 1100/1 do CC.

Parece-nos que uma tal denúncia não é possível, nesses termos ou nessa base, já que a mesma faria tábua rasa do *fim de garantia* ou *segurança* da fiança[68] que, a par da acessoriedade e do facto de constituir um negócio de risco, constitui um dos pilares da figura[69].

De resto, a própria acessoriedade da fiança, isoladamente considerada, nunca poderia legitimar uma tal denúncia, uma vez que a relação cuja extinção se está a equacionar não é a que liga o credor-senhorio ao devedor-arrendatário – relação na qual se identifica a "obrigação principal" (cf., v. g., artigo 634 do CC) – mas, antes, a que liga o credor-senhorio ao fiador[70]. Ora, quando o artigo 637/1 do CC – disposição central do regime da acessoriedade da fiança[71] – dispõe que o fiador tem o direito de opor ao credor os meios de defesa que competem ao devedor, está, naturalmente, a reportar-se aos meios de defesa que ressaltam da obrigação principal e com referência à mesma.

5.2. *A fiança do arrendatário e o regime da denúncia pelo senhorio*

I. Conforme resulta do disposto no artigo 1101 do CC, o senhorio pode socorrer-se de uma denúncia justificada, por qualquer dos fundamentos previstos nas alíneas *a*) e *b*) do artigo 1101 do CC[72], depois "continuados" nos artigos 1102 e 1103, ou de uma denúncia discricionária, *ad nutum*, prevista na alínea *c*) do artigo 1101, articulada com o disposto no artigo 1104.

A denúncia que, *hic et nunc*, importa considerar é a prevista na alínea *c*) do artigo 1101 do CC, de acordo com a qual o senhorio pode denunciar o contrato de arrendamento de duração indeterminada "mediante comunicação ao arrendatário com antecedência não inferior a cinco anos sobre a data em que pretenda a cessação". Por sua vez, o artigo 1104 do CC impõe a confirmação da denúncia, sob pena de ineficácia, por comunicação com a antecedência

---

[68] Cf. os nossos *Assunção fidejussória de dívida, cit.*, pp. 113 e ss. e 116 e ss. e *A fiança no quadro das garantias pessoais, cit.*, p. 20 e ss..
[69] Cf. os nossos *Assunção fidejussória de dívida, cit.*, p. 116 e ss. e *A fiança no quadro das garantias pessoais, cit.*, p. 18 e ss.
[70] Cf., sobre a relação de fiança, o nosso *Assunção fidejussória de dívida, cit.*, p. 360 e ss..
[71] Cf. o nosso *Assunção fidejussória de dívida, cit.*, pp. 116 e ss. e 1011 e ss..
[72] Cf., v. g., SOUSA RIBEIRO, *O novo regime do arrendamento urbano, cit.*, p. 21 e ss..

máxima de 15 meses e mínima de um ano relativamente à data da sua efectivação[73].

A questão que, neste particular, se suscita é a de saber se, por força da acessoriedade da fiança, o fiador pode denunciar o contrato de arrendamento nos termos da alínea *c)* do artigo 1101 do CC. A resposta não pode deixar de ser negativa, já que a denúncia do contrato de arrendamento, nos termos da alínea *c)* do artigo 1101, está reservada ao senhorio. De resto, a posição *per relationem* do fiador é em relação ao devedor principal – no caso, o arrendatário – e não em relação ao credor[74].

Igualmente insustentável seria a tese que pretendesse basear na citada alínea *c)* do artigo 1101, ainda que em articulação com a acessoriedade da fiança, uma denúncia, nesses termos, já não do contrato de arrendamento mas do próprio contrato de fiança. Na verdade, conforme já se salientou, a acessoriedade da posição do fiador é em relação ao devedor e não em relação ao credor.

III. A equacionação de uma desvinculação do fiador de contrato de duração indeterminada não passa, assim, pelo regime da acessoriedade. Contudo, nem por isso ela deve deixar de ser ponderada.

Conforme já destacámos noutro local[75], a fiança prestada por tempo indeterminado pode ser denunciada, nos termos gerais de direito: o princípio é o de que, sempre que não haja indicação de prazo, não estando a fiança limitada por outra via, a não fixação *ex ante* de um *Endzeitpunkt* pode ser suprida através da denúncia[76]. Não faria, de facto, qualquer sentido afastar do âmbito das situações fidejussórias contratadas por tempo indeterminado as soluções ou os remédios que a teoria geral dos contratos tem construído para evitar vinculações excessivas no tempo. De resto, a haver algum regime especial quanto aos negócios de fiança, ele deveria ser no sentido do estabelecimento de um regime mais favorável ao fiador, atento o facto de a fiança ser um negócio de risco[77].

---

[73] Cf., sobre este regime, por todos, MENEZES LEITÃO, *Arrendamento urbano*², cit., pp. 114-115, SOUSA RIBEIRO, *O novo regime do arrendamento urbano*, cit., p. 21 e OLINDA GARCIA, *A nova disciplina do arrendamento urbano*, cit., p. 36.
[74] Cf. o nosso *Assunção fidejussória de dívida*, cit., p. 121 e ss..
[75] Cf. o nosso *Assunção fidejussória de dívida*, cit., v. g., pp. 517 e 704 e ss..
[76] Sobre a determinação temporal do débito e o estabelecimento de um *Endzeitpunkt*, cf. BECKER-EBERHARD, *Die Forderungsgebundenheit der Sicherungsrechte*, Verlag Ernst und Werner Gieseking, Bielefeld, 1993, p. 279 e ss. e o nosso *Assunção fidejussória de dívida*, cit., p. 704 e ss..
[77] Cf. o nosso *Assunção fidejussória de dívida*, cit., pp. 116 e ss. e 745.

Conforme já assinalámos supra (ponto 2/III) e melhor veremos infra (ponto 5.3), existe um regime especial aplicável à fiança de obrigações futuras, *rectius*, somos de opinião de que existe um regime especial. Importa, porém, até por humildade académica e intelectual, supor que um tal regime especial não existia. *Quid iuris* então?

Nesse quadro, a equacionação da denúncia, pelo fiador, da fiança prestada por tempo indeterminado[78] constituiria um imperativo do direito dos contratos, pelo que, nessa medida, o único problema seria o da determinação da antecedência razoável.

Neste ponto, o regime da alínea *c)* do artigo 1101 do CC ganharia importância, mas em termos claramente diferentes daqueles que atrás equacionámos, para afastar a denúncia. Ou seja, uma vez que o senhorio tem o direito de denúncia discricionária com uma antecedência não inferior a cinco anos, o pré-aviso razoável deveria ser aquele que permitisse ao senhorio, notificado da denúncia da fiança, denunciar o contrato de arrendamento, mantendo-se a garantia de fiança até ao termo do contrato.

Na determinação desse prazo, o fiador deveria contar com o facto de o processo de denúncia discricionária do contrato de arrendamento pelo senhorio poder conhecer vicissitudes que perturbem a pré-determinação do momento da eficácia da declaração de denúncia. Bastará imaginar a situação em que o arrendatário se tenha recusado a receber a carta registada com aviso de recepção (artigo 10/1 da Lei 6/2006), caso em que o senhorio deverá enviar nova carta registada com aviso de recepção 30 a 60 dias sobre a data do envio da primeira (artigos 10/2 e 10/3 da Lei 6/2006). Neste quadro, digamos que, *a priori*, um pré-aviso de cinco anos e três meses seria suficiente.

Ainda nesse quadro, que, como dissemos, estará prejudicado pela existência de um regime especial aplicável às fianças de obrigações futuras, perguntar-se-á se o fiador do arrendatário deveria *confirmar* a denúncia da fiança, junto do senhorio, tal como o senhorio tem de confirmar a denúncia do contrato de arrendamento, junto do arrendatário, nos termos do artigo 1104 do CC.

A favor da necessidade de tal confirmação poderia, eventualmente, dizer-se que, a não ser assim, o senhorio que não efectue a confirmação nos termos

---

[78] É dessa apenas que curamos e não, genericamente, de fianças prestadas para garantia das obrigações resultantes de um contrato de arrendamento de duração indeterminada. Na verdade, nada obstará a que num contrato deste tipo, as obrigações do arrendatário sejam garantidas por uma fiança por tempo determinado ou até por uma fiança a termo certo; cf. o nosso *Assunção fidejussória de dívida, cit.*, p. 710 e ss..

legais, tem de reiniciar o processo de denúncia, nos termos da alínea *c*) do artigo 1101 e, não obstante, "perde" a fiança, decorrido o pré-aviso.

Contudo, parece-nos que a eficácia da denúncia da fiança não estaria dependente de qualquer confirmação. Recorde-se que a *ratio* de tal denúncia radica no regime geral do direito dos contratos, não havendo um acompanhamento *per relationem* em relação à posição do credor, até porque a posição que serve de "paradigma" em relação à do fiador, em termos de acessoriedade, é a do devedor e não a do credor[79].

Acresce que se o senhorio não efectuou a confirmação nos termos legais, *sibi imputet*, não havendo qualquer razão para penalizar o fiador por uma omissão que lhe não seria imputável e que respeita, especificamente, às relações entre o senhorio e o arrendatário.

5.3. *A fiança do arrendatário em arrendamento de duração indeterminada e o regime (a um tempo geral e especial) do artigo 654 do CC*

I. Temos estado a resolver o regime da fiança do arrendatário em arrendamento de duração indeterminada de forma provisória, conforme alertámos (ponto 5.2), já que se impõe a consideração do regime da fiança de obrigações futuras constante do artigo 654 do CC[80].

Na verdade, conforme vimos supra (ponto 2/III), revogado o artigo 655 do CC, o artigo 654 "reganha" as potencialidades aplicativas à fiança de locatário que estavam prejudicadas pela existência daquele regime especial, por se tratar de uma fiança relativa a obrigações futuras.

O regime do artigo 654 do CC surge, a um tempo, como um regime *geral* e *especial*: é um regime geral aplicável a todas as situações de fianças de obrigações futuras, mas, no que concerne à articulação com o arrendamento urbano, surge como um regime especial, aplicável aos casos em que a garantia de cumprimento das obrigações do locatário se corporize numa fiança.

Do regime do artigo 654 do CC resulta que, relativamente às rendas futuras, o fiador do arrendatário pode desvincular-se discricionariamente da fiança decorridos cinco anos sobre a prestação da mesma. Conforme já se deixou claro supra (ponto 2/I), a extinção da fiança não é automática – como ocorria

---

[79] Cf. o nosso *Assunção fidejussória de dívida*, cit., p. 146 e ss..
[80] Cf. o nosso *Assunção fidejussória de dívida*, cit., p. 305 e ss. e 704 e ss..

na situação do decurso do prazo do artigo 655 do CC – mas *potestativa*[81], podendo, assim, dizer-se que, neste particular, o regime do artigo 655 era mais favorável ao fiador, a quem bastava invocar a (ocorrida) caducidade da fiança, uma vez decorrido o prazo.

O artigo 654 do CC admite, porém, que o prazo de cinco anos seja diferente, para mais ou para menos[82]. Assim sendo, nada obsta a que as partes – o credor e o fiador – convencionem que a desvinculação do fiador só é possível após dez anos de arrendamento: nesse caso, uma vez decorrido esse prazo, o fiador pode desvincular-se potestativamente.

Está o arrendatário que pretenda desvincular-se da fiança, nos termos do artigo 654 do CC, sujeito à necessidade de observância de um *pré-aviso*, à semelhança do que ocorre no regime da denúncia? Pensamos que não: conhecendo (ou devendo conhecer) o credor o regime do artigo 654 do CC, não é necessário qualquer pré-aviso para que seja eficaz – naturalmente *ex nunc*[83] – o exercício do direito potestativo de desvinculação facultado ao fiador[84].

II. Como articular este regime do artigo 654 do CC com o facto de a fiança do arrendatário que estamos a considerar se reportar a um arrendamento de duração indeterminada?

Vimos que a aplicação dos princípios gerais em sede de direito dos contratos determinaria a necessidade de a desvinculação do fiador dever ter lugar, através da via da denúncia, sendo, contudo, necessário respeitar o pré-aviso decorrente da consideração da antecedência imposta ao senhorio na alínea *c)* do artigo 1101 do CC.

Como vimos, essas considerações preliminares e provisórias são prejudicadas pelo regime do artigo 654 do CC.

---

[81] Cf. o nosso *Assunção fidejussória de dívida, cit.*, p. 772; na jurisprudência, cf. o Acórdão STJ de 11.02.1988, BMJ 374 (1988), p. 455 e ss..

[82] Contudo, conforme alertámos já noutro local (*Assunção fidejussória de dívida, cit.*, p. 767), o critério que decorre da consideração do contrato de fiança como um negócio de risco é o de que, na dúvida sobre a convenção de um prazo superior, se deve considerar aplicável o prazo supletivo; na dúvida sobre a convenção de um prazo inferior a cinco anos, deve considerar-se derrogado o prazo supletivo.

[83] É ilustrativa, neste particular, a diferença, introduzida por MOULY (cf. *Les causes d'extinction du cautionnement*, Librairies Techniques, Paris, 1979, p. 37), entre *obligation de couverture* e *obligation de règlement*: a extinção da obrigação de cobertura – com eficácia *ex nunc* – deixa incólume a obrigação de *règlement* se uma dívida constituída antes da extinção da obrigação de cobertura não tiver sido paga; cf. também o nosso *Assunção fidejussória de dívida, cit.*, p. 308 e ss..

[84] Cf., para maior desenvolvimento, o nosso *Assunção fidejussória de dívida, cit.*, pp. 766-767.

Podemos testar a diferença de regimes com um exemplo prático: suponhamos que, num arrendamento de duração indeterminada, o fiador se limitou, sem a estipulação de cláusulas adjacentes, a garantir o cumprimento das obrigações a cargo do arrendatário e que, entretanto, já decorreram cinco anos de arrendamento. O fiador pode desvincular-se imediatamente, invocando o teor do artigo 654 do CC, sem necessidade de um pré-aviso que o leve a ter de "suportar" mais cinco anos e alguns meses de fiança (cf. supra ponto 5.2/III), uma vez que, conforme já vimos, o artigo 654 consubstancia um regime especial dirigido às fianças de obrigações futuras, entre as quais as do arrendatário, sendo, nesse medida, aplicável esse regime.

A aplicação do regime do artigo 654 ao caso não se revela, sequer, contraditória com a revogação do regime do artigo 655: atente-se no facto de a extinção nos termos do artigo 655 ser automática, enquanto que a extinção nos termos do artigo 654 ser potestativa; atente-se, ainda, no facto de o artigo 655 estar construído num quadro de prorrogações do contrato de arrendamento, quadro esse que é alheio ao regime do contrato de arrendamento de duração indeterminada.

O exposto não significa que o senhorio não se possa acautelar contra uma desvinculação decorridos cinco anos sobre a prestação de fiança: pode fazê-lo no contrato de fiança, ou através da fixação de um prazo superior[85] ou através do estabelecimento de um prazo de pré-aviso.

Ou seja: no exemplo acima exposto, o senhorio que, volvidos cinco anos de contrato de arrendamento, se vê desprovido da garantia de fiança, só se pode queixar de si próprio: ou seja, do facto de não ter acautelado devidamente os termos da garantia fidejussória.

---

[85] O estabelecimento desse prazo pode ser sindicado nos termos gerais de direito e considerando também o facto de a fiança constituir um negócio de risco; cf. o nosso *Assunção fidejussória de dívida*, cit., p. 768. De qualquer modo, uma vez que estamos perante um domínio algo fluido, o legislador deveria intervir, no sentido (já proposto por VAZ SERRA, *Fiança e figuras análogas*, cit., p. 313, sugerindo o prazo máximo de 20 anos) de impor um limite máximo de validade para as fianças prestadas por pessoas singulares não profissionais, limite esse que valeria em geral e não apenas no que concerne à fiança do arrendatário. Pela nossa parte, e em função da perigosidade da fiança, apontaríamos, como princípio, para um limite de 10 anos.

6. A fiança de arrendatário de arrendamento com prazo certo

6.1. *O regime da oposição à renovação pelo senhorio e pelo arrendatário*

I. O princípio estabelecido no artigo 1096 do CC para os contratos de arrendamento com prazo certo é o da *renovação automática*[86]: o contrato celebrado com prazo certo renova-se automaticamente no seu termo e por períodos mínimos sucessivos de três anos, se outros não estiverem especialmente previstos; contudo, qualquer das partes se pode *opor à renovação*[87], nos termos do artigo 1097, para o senhorio, ou 1098, para o arrendatário. Do princípio da renovação automática encontram-se, porém, excepcionados os arrendamentos para habitação não permanente ou para fim especial transitório[88].

II. De acordo com o disposto no artigo 1097 do CC, o senhorio pode impedir a renovação automática do contrato mediante comunicação ao arren-

---

[86] Na realidade, o princípio da renovação automática do arrendamento já se encontrava genericamente consagrado, antes do NRAU, no artigo 1054 do CC. Porém, em sede de arrendamento urbano, esse princípio geral do arrendamento era prejudicado pela prorrogação forçada (para o senhorio), consagrada no artigo 68 do RAU. Sobre o regime vigente no RAU e no CC antes do RAU, cf., por todos, Pereira Coelho, *Arrendamento*, cit., p. 254 e ss., Brandão Proença, *Um exemplo do melhor tratamento do arrendatário habitacional: termo final do arrendamento e "renovação forçada" (Uma perspectiva comparatística)*, Separata do número especial do BFD "Estudos em Homenagem ao Prof. Doutor José Joaquim Teixeira Ribeiro" (1981), Coimbra, 1982, *passim* e os nossos *Constituição da relação de arrendamento urbano*, Almedina, Coimbra, 1980, p. 44 e ss. e *Arrendamentos para habitação*², *cit.*, p. 273 e ss.. A expressão *prorrogação automática* parece-nos preferível à expressão *renovação automática*, fazendo nossas, neste particular, as palavras que resultam do ensinamento de Galvão Telles, *Contratos civis. Exposição de motivos*, in RFDUL, IX (1953), pp. 186-187: "Na prorrogação o contrato não chega a interromper o curso da sua existência, que se prolonga por determinação da lei, em vista da inércia das partes, as quais ambas se abstiveram de manifestar com a antecedência necessária uma vontade oposta". E ainda: "Na renovação o contrato extingue-se efectivamente: deixa de produzir efeitos jurídicos, porque é objecto de revogação, rescisão ou caducidade. (...) A situação *de direito* termina, mas a situação *de facto* permanece". Neste mesmo sentido, pode ver-se Pessoa Jorge, *Direito das obrigações*, I, AAFDL, 1975-1976, pp. 197-198 e Cunha de Sá, *Caducidade do contrato de arrendamento*, I, *cit.*, p. 117 e ss..

[87] Sobre a figura da *oposição à renovação*, cf. Pessoa Jorge, *Direito das obrigações*, I, *cit.*, pp. 197-198, Menezes Cordeiro, *Direito das obrigações*, II, AAFDL, 1986, p. 166 e, recentemente, Menezes Leitão, *Direito das obrigações*, II⁴, *cit.*, pp. 106-107; cf. também, mas na perspectiva de enquadrar a oposição à renovação num conceito amplo de *denúncia*, Romano Martinez, *Da cessação do contrato*², *cit.*, p. 62 e ss..

[88] Cf., v. g., Pinto Furtado, *Manual do arrendamento urbano*, I⁴, *cit.*, p. 141 e ss..

datário com uma antecedência não inferior a um ano do termo do contrato. A comunicação é feita nos termos do disposto no artigo 9 e segs. da Lei 6/2006 e o desrespeito pela antecedência mínima determinará a *ineficácia* da oposição à renovação[89].

Por sua vez, o artigo 1098/1 estabelece que o arrendatário pode impedir a renovação automática do contrato de arrendamento mediante comunicação ao senhorio com uma antecedência não inferior a 120 dias do termo do contrato. A comunicação deve ser, igualmente, feita nos termos do artigo 9 e segs. da Lei 6/2006, mas, diversamente do que acontece em relação à comunicação pelo senhorio (artigo 1097), a inobservância da antecedência mínima não prejudica a eficácia da declaração e a extinção do contrato, obrigando, porém, ao pagamento das rendas correspondentes ao período de pré-aviso em falta (artigo 1098/3).

6.2. *Fiança do arrendatário e o regime da oposição à renovação*

I. Tendo sido prestada fiança em contrato de arrendamento com prazo certo, para cumprimento das obrigações a cargo do arrendatário, pode o fiador, cuja fiança não tenha sido limitada ao período inicial de duração do contrato, socorrer-se do mecanismo da oposição à renovação por aplicação directa ou indirecta do disposto no artigo 1097 ou no artigo 1098/1 do CC? A oposição à renovação cuja eficácia indagamos tem por objecto a fiança e não o próprio contrato de arrendamento, no qual o fiador não é parte.

A resposta a uma tal questão não pode deixar de ser negativa. O fiador não pode socorrer-se da oposição à renovação do artigo 1097, uma vez que a sua posição não é acessória em relação à do senhorio. Além disso, uma tal oposição à renovação seria contrária ao fim de garantia ou segurança identificado na fiança (*Sicherungszweck*)[90]. Na verdade, supondo que o fiador se constituiu garante do cumprimento das obrigações do devedor, por exemplo, pelo período inicial de cinco anos e pelas seguintes duas renovações eventuais, per-

---

[89] Trata-se, no caso, de uma *ineficácia em sentido estrito*, uma vez que os efeitos da oposição à renovação não se produzem por um factor extrínseco ao negócio; cf., por todos, GALVÃO TELLES, *Manual dos contratos em geral*, 4.ª ed., Coimbra Editora, Coimbra, 2002, p. 378 e MENEZES CORDEIRO, *Tratado de direito civil português*, I – Parte geral, tomo I, 3.ª ed., Almedina, Coimbra, 2005, p. 869.

[90] Cf. os nossos *Assunção fidejussória de dívida*, cit., p. 116 e ss. e *A fiança no quadro das garantias pessoais*, cit., p. 20 e ss..

mitir ao fiador desvincular-se da fiança para o fim do período inicial ou da primeira renovação constituiria uma quebra da segurança ou garantia do credor, perante o qual o fiador se vinculou.

De afastar é também a viabilidade de uma oposição à renovação da fiança, pelo fiador, ao abrigo do artigo 1098/1 do CC, não obstante ser claro que a posição do fiador é acessória em relação à do arrendatário-devedor. Na verdade, ao pretender opor-se à renovação da fiança, o fiador estaria a pretender importar para o conteúdo de um contrato que celebrou com o senhorio-credor as especificidades de regime estabelecidas pela lei para o contrato principal – o de arrendamento – e em função dessas especificidades.

De resto, uma tal iniciativa extravasaria a dimensão da acessoriedade, já que os chamados direitos potestativos (*Gestaltungsrechte*)[91], de que é exemplo o poder de oposição à renovação, não se comunicam ao fiador, não estando, por outro lado, tais situações abrangidas pelo âmbito aplicação da *excepção de impugnabilidade* do artigo 642/2 do CC[92].

II. A questão está em saber se, tendo-se o fiador vinculado pelo período inicial de duração do contrato e pelas sucessivas renovações, o mesmo se mantém adstrito, como garante – ainda que em termos acessórios – ao cumprimento das obrigações do arrendatário até que se extinga a relação de arrendamento.

A ser assim, as consequências da prestação de fiança em arrendamento com prazo certo poderiam ser mais bem gravosas do que num arrendamento de duração indeterminada: enquanto que, neste último caso, o fiador se pode desvincular potestativamente, nos termos do artigo 654 do CC, na fiança de

---

[91] Sobre a questão de saber se estamos perante direitos potestativos ou poderes potestativos, cf. o nosso *Assunção fidejussória de dívida, cit.*, p. 1179 e ss.. De acordo com a posição que aí defendemos, os chamados direitos potestativos são simples poderes – *poderes potestativos*. Na nossa opinião, a consequência de adoptarmos uma noção de direito subjectivo dependente do "aproveitamento do bem", é considerar o direito potestativo como um poder. É que, para além de a descoberta de SECKEL, *Die Gestaltungsrechte des bürgerlichen Rechts*, Wissenschaftliche Buchgemeinschaft, Darmstadt, 1954, *passim*, ser relativamente recente, a inclusão do *Gestaltungsrecht* no direito subjectivo, por parte da doutrina alemã, decorre de específicas noções não coincidentes com a matriz de GOMES DA SILVA (*O dever de prestar e o dever de indemnizar*, I, Lisboa, 1944, p. 52) ou com atitudes, como a de LARENZ (*Allgemeiner Teil des deutschen Bürgerlichen Rechts. Ein Lehrbuch*, 7.ª ed., Beck, München, 1989, p. 209 e ss.), de "desistência" de erigir uma noção de direito subjectivo. Para a caracterização do direito subjectivo, cf., v. g., OLIVEIRA ASCENSÃO, *Direito civil. Teoria geral*, III, *cit.*, p. 56 e ss., MENEZES CORDEIRO, *Tratado de direito civil português*, I/I[3], *cit.*, p. 311 e ss. e PAIS DE VASCONCELOS, *Teoria geral do direito civil*, 3.ª ed., Almedina, Coimbra, 2005, p. 641 e ss..
[92] Cf. o nosso *Assunção fidejussória de dívida, cit.*, p. 1059 e ss..

arrendamento com prazo certo teria que suportar, como garante, um contrato de arrendamento que perdurasse por várias décadas, já que parece que o limite de 30 anos estabelecido no artigo 1095/2 não o é para a *duração do contrato* de arrendamento mas para o *período inicial* de duração do mesmo[93].

Salta à vista que este efeito não é possível: salta, de facto, à vista que seria insuportável, desde logo à luz do princípio que postula a livre denunciabilidade dos contratos celebrados por tempo indeterminado, que um fiador tivesse de ficar, na prática, indefinidamente vinculado pelo facto de o contrato de arrendamento ter sido celebrado com prazo certo.

Sob pena de grave incoerência do sistema do direito dos contratos, não se pode fazer entrar pela janela dos contratos com prazo certo o que saiu pela porta dos contratos de duração indeterminada. Pense-se, por exemplo, numa fiança de pessoa singular, relativa a um contrato de arrendamento não habitacional – contrato este que, nos termos do artigo 1113/1 do CC, não caduca[94] – e logo teremos, bem evidenciada, a anomalia da situação.

Emerge aqui, de novo, pelas razões acima expostas, o regime constante do artigo 654 do CC.

III. Uma vez que, como vimos, é aplicável ao caso o regime do artigo 654 do CC, haverá que diferenciar consoante a fiança tenha sido ou não limitada a um determinado prazo ou a determinado número de renovações.

---

[93] Cf., porém, em sentido contrário, PINTO FURTADO, *Manual do arrendamento urbano*, I[4], cit., p. 43; a pp. 311 e ss., o autor admite que, sendo o contrato de arrendamento de duração indeterminada, a duração do mesmo pode ser superior a 30 anos, não lhe sendo aplicável o limite estabelecido no artigo 1025 do CC. O problema suscitava-se já no domínio do direito anterior ao NRAU, parecendo-nos, já então, preferível a solução que propendia no sentido de que o prazo de 30 anos não constituía um limite para a duração do contrato de arrendamento mas, antes, um limite para a fixação do prazo do contrato. Esta posição – defendida, de resto, também por autores como PIRES DE LIMA e ANTUNES VARELA, *Código civil anotado*, II, 4.ª ed., Coimbra Editora, Coimbra, 1997, p. 348 ["Este limite máximo de trinta anos não pode aplicar-se à duração da relação locatícia, proveniente da renovação do contrato, imposta ao senhorio nos termos do antigo artigo 1095.º (hoje substituído pelo artigo 68.º do Regime do Arrendamento Urbano), visto serem manifestamente distintas as circunstâncias em que o contrato se inicia, na exclusiva disponibilidade das partes, e as condições em que a relação se prorroga por força da lei"] – não impede que reconheçamos que a aplicação do regime vinculístico conduzia, na prática, à imposição ao senhorio de prazos de duração bem superiores.

[94] Cf., no âmbito do RAU, cujo artigo 112 consagrava a não caducidade do contrato de arrendamento para comércio e equiparado, por morte do arrendatário, os nossos *Arrendamentos comerciais*[2], cit., p. 267 e ss.; face ao NRAU, cf., v. g., SOUSA RIBEIRO, *O novo regime do arrendamento urbano*, cit., p. 19.

Se o fiador se vinculou a determinado prazo ou a um certo número de renovações, estaremos, então, perante uma *fiança por tempo determinado* ou perante uma *fiança com prazo certo*, conclusão esta que constitui um problema de interpretação[95].

Se, ao invés, o fiador se vinculou por todo o tempo do contrato ou, o que é o mesmo, pelas sucessivas renovações sem limitação, não poderá deixar de ser aplicável a consequência estabelecida no artigo 654: o arrendatário pode liberar-se da garantia, decorridos cinco anos sobre a prestação de fiança.

Conforme já destacámos supra (ponto 5.3/I), o prazo de cinco anos do artigo 654 é um prazo supletivo, que pode ser alargado por acordo das partes: contudo, esse "outro prazo" deverá ser necessariamente preciso (7 anos, 10 anos, 15 anos), sem o que é de aplicar o regime de *desvinculabilidade discricionária e potestativa* decorridos cinco anos após a prestação de fiança[96].

Por outro lado, é importante deixar claro qual é o sentido que as partes no contrato de fiança associam ao decurso de um prazo; *grosso modo*, as partes podem ter em vista um prazo cujo decurso permita ao fiador liberar-se ou, antes – o que corresponde a uma situação não prevista especificamente no artigo 654 do CC – um prazo cujo decurso determina a caducidade da fiança. É uma questão que deve ser, naturalmente, resolvida por interpretação do contrato, sendo que, na dúvida, valerá a solução da caducidade, mais favorável ao fiador: *in dubio pro fideiussore*[97].

6.3. *Fiança do arrendatário e o regime da denúncia pelo arrendatário*

I. Tratando-se de contrato de arrendamento com prazo certo, o artigo 1098/2 do CC permite que o arrendatário se desvincule a todo o tempo, desde que tenham decorrido seis meses de duração efectiva do contrato, devendo, no entanto, respeitar uma antecedência mínima de 120 dias relativamente ao termo pretendido, sendo que essa denúncia produz efeitos no final de um mês de calendário gregoriano. Decorre do disposto no artigo 1098/3 do CC que a inobservância da antecedência prevista no artigo 1098/2 não obsta à cessação do contrato mas obriga ao pagamento das rendas correspondentes ao período de pré-aviso em falta.

---

[95] Cf. o nosso *Assunção fidejussória de dívida*, cit., p. 710 e ss..
[96] Cf. o nosso *Assunção fidejussória de dívida*, cit., p. 765 e ss., sobre o sentido e os limites da fixação de prazos.
[97] Cf. o nosso *Assunção fidejussória de dívida*, cit., pp. 744-745.

Independentemente da questão de saber se estamos aqui perante uma verdadeira denúncia[98], o que importa agora analisar é o eventual reflexo que a previsão de tal denúncia tem no regime da fiança e na vinculação do fiador.

II. Como vimos supra (ponto 6.2/I) em relação à oposição à renovação, o direito de denúncia do contrato de arrendamento está reservado, neste caso, ao arrendatário, como direito potestativo que é (*Gestaltungsrecht*), não se comunicando ao fiador, pese embora a característica da acessoriedade da fiança. Por outro lado, tal como em relação à oposição à renovação, não estamos perante o universo de situações (artigo 642/2 do CC)[99] que permitam ao fiador fazer valer uma excepção de impugnabilidade.

Também pela via da acessoriedade não poderá o fiador sustentar um direito de denúncia, já não do contrato de arrendamento mas da fiança, moldado nos termos do disposto no artigo 1098/2. Apesar de a posição de referência, em termos de acessoriedade, ser a do devedor[100], uma tal denúncia pelo fiador, nesses termos, brigaria, de forma clara com o fim de garantia ou segurança (*Sicherungszweck*) da fiança[101]. Na verdade, uma desvinculação arbitrária pelo fiador, relativamente ao contrato de fiança deixaria o credor desprovido da garantia fidejussória, apesar de se manter a relação principal.

Resulta, assim, demonstrado que o regime constante do artigo 1098/2 do CC não permite, também ele, de per si, prejudicar ou sequer perturbar o regime resultante do artigo 654 do CC.

7. Algumas situações específicas

7.1. *O destino da fiança no caso de trespasse*

I. Questiona-se agora a sorte da fiança do arrendatário no caso de trespasse. Mantém-se a mesma em garantia de cumprimento das obrigações do trespassário ou deve entender-se que caduca?

---

[98] Cf., v. g., ROMANO MARTINEZ, *Da cessação do contrato*², *cit.*, p. 52 e ss. e 60-61; cf. também os nossos *Arrendamentos para habitação*², *cit*, pp. 218-219, mas com referência ao que dispunha o artigo 100/4 do RAU, em sede de *contratos de duração limitada*.
[99] Cf. o nosso *Assunção fidejussória de dívida*, *cit.*, p. 1059 e ss..
[100] Cf. o nosso *Assunção fidejussória de dívida*, *cit.*, p. 140 e ss. e 146 e ss.
[101] Cf. o nosso *Assunção fidejussória de dívida*, *cit.*, p. 116 e ss..

De acordo com o disposto na alínea *a)* do artigo 1112/1 do CC, é permitida a transmissão por acto entre vivos da posição do arrendatário, sem dependência da autorização do senhorio no caso de trespasse de estabelecimento comercial ou industrial[102]. Conforme é destacado pela doutrina[103], quando ocorre um trespasse com inclusão da posição do arrendatário, ocorre uma modificação subjectiva na relação de arrendamento, passando o trespassário a ocupar a posição de arrendatário, em substituição do trespassante.

Decorre do facto de o senhorio ter direito de preferência no trespasse por venda ou dação em cumprimento (artigo 1112/4 do CC)[104] que, nestes casos, o senhorio pode impedir a continuação da relação de arrendamento, adquirindo o estabelecimento. Contudo, o senhorio pode não querer ou não estar em condições financeiras de exercer a preferência, caso em que há que saber qual é o destino da fiança do arrendatário trespassante. A dúvida só se levanta,

---

[102] Centramo-nos na situação prevista na alínea *a)* do artigo 1112/1 do CC, sendo que as considerações que fazemos valem, com as necessárias adaptações, para o caso, previsto na alínea *b)* do mesmo artigo 1112/1, de transmissão por acto entre vivos da posição de arrendatário a pessoa que no prédio arrendado continue a exercer a mesma profissão liberal ou a sociedade profissional de objecto equivalente. Sobre o regime actualmente constante do artigo 1112 do CC, cf., mas ainda no âmbito da proposta de lei, o nosso estudo *Breves notas sobre as "Disposições especiais do arrendamento para fins não habitacionais" no Projecto do NRAU*, in "O Direito", ano 137 (2005), II, p. 384 e ss. e também, ainda no âmbito da Proposta, PINTO FURTADO, *Do arrendamento urbano para fins não habitacionais*, in "O Direito", ano 137 (2005), II, p. 403 e ss.; de resto, deste mesmo autor, pode consultar-se, mas no diverso quadro do PMC, *Do arrendamento para comércio ou industria no Regime dos Novos Arrendamentos Urbanos*, in "O Direito", ano 136 (2004), II-III, p. 345 e ss.. Face ao NRAU, cf., v. g., GRAVATO MORAIS, *Novo regime de arrendamento comercial, cit.*, p. 144 e ss., OLINDA GARCIA, *Arrendamentos para comércio e fins equiparados, cit.*, p. 80 e ss. e JOSÉ REIS, *O arrendamento para fins não habitacionais no NRAU: Breves considerações*, in RFDUP III (2006), p. 513 e ss..
[103] Cf., v. g., ORLANDO DE CARVALHO, *Critério e estrutura do estabelecimento comercial. I. O problema da empresa como objecto de negócios*, Coimbra, 1967, p. 604 e ss., RUI DE ALARCÃO, *Sobre a transferência d aposição do arrendatário no caso de trespasse*, in BFD, XLVII (1971), p. 21 e ss., PEREIRA COELHO, *Arrendamento, cit.*, p. 213 e ss., MENEZES CORDEIRO, *Manual de direito comercial*, 2.ª ed., Almedina, Coimbra, 2007, p. 296 e ss., COUTINHO DE ABREU, *Da empresarialidade. As empresas no Direito*, Almedina, Coimbra, 1996, p. 324 e ss., PINTO FURTADO, *Manual do arrendamento urbano*, 3.ª ed., Almedina, Coimbra, 2001, p. 526 e ss., GRAVATO MORAIS, *Alienação e oneração de estabelecimento comercial*, Almedina, Coimbra, 2005, p. 86 e ss. e os nossos *Constituição da relação de arrendamento urbano, cit.*, p. 177 e ss. e *Arrendamentos comerciais*[2], *cit.*, p. 160 e ss..
[104] Cf., v. g., os nossos *Arrendamentos comerciais*[2], *cit.*, p. 176 e ss. e, recentemente, mas ainda no âmbito do RAU, GRAVATO MORAIS, *Alienação e oneração de estabelecimento comercial, cit.*, p. 88 e ss.. Face à proposta do NRAU, cf. o nosso *Breves notas sobre as "Disposições espaciais do arrendamento para fins não habitacionais" no Projecto do NRAU, cit.*, pp. 386-387 e PINTO FURTADO, *Do arrendamento urbano para fins não habitacionais, cit.*, p. 404.

como parece lógico, no caso em que as partes no contrato de fiança não previram e não regularam essa situação: se o tiverem feito, ou seja, se o fiador se vinculou pelo cumprimento das obrigações do arrendatário inicial bem como do novo arrendatário (trespassário), fica balizado o risco fidejussório no que tange às pessoas garantidas.

Suponhamos, a título de exemplo, um arrendamento para comércio com prazo certo de vinte anos, em que o fiador se vinculou por esse prazo, sem ter havido uma previsão de caducidade da fiança em caso de trespasse. Supondo que ocorre um trespasse após sete anos de contrato, o fiador passa a garantir o cumprimento das obrigações a cargo do novo arrendatário ou considera-se que, por aplicação analógica ou outra do regime previsto no artigo 599/2 do CC, a fiança caduca?

Já analisámos esta questão noutro local[105], embora no quadro do RAU, parecendo-nos, agora, que a posição que então tomámos, de resto com muitas dúvidas, deve ser revista. Ponderámos, então, que, diversamente do que acontece na assunção de dívida (artigo 599/2 do CC) ou na cessão da posição contratual – em que, respectivamente, o credor e o cedido são chamados a dar o seu acordo – assim não acontece, quanto ao senhorio, no trespasse, por força da lei, razão pela qual, sendo a lei conhecida (ou, pelo menos, cognoscível) do fiador, faria parte do fim de garantia da fiança (*Sicherungszweck*) a continuação da vinculação fidejussória apesar da modificação subjectiva ocorrida na relação de arrendamento.

De acordo com esta posição, que não mantemos, o fiador teria o ónus de, aquando da prestação de fiança, regular os termos da vinculação fidejussória, deixando claro, se assim o entendesse, que a fiança caducaria em caso de trespasse.

II. No confronto entre a tutela da posição do senhorio e a tutela da posição do fiador é esta última que merece primazia, no sentido de que a consequência natural e lógica da alteração subjectiva da posição de arrendatário é a extinção da fiança, já que não é de presumir que o fiador quer garantir o cumprimento não só por parte do arrendatário, pessoa que ele conhece e que o "colocou" na situação de fiador, mas também por parte de um eventual terceiro trespassário, cuja honorabilidade e solvabilidade desconhece por completo. Neste sentido, podemos dizer que as fianças – e dentre estas, com clara evidência, as de não profissionais – são de presumir como prestadas *intuitu personae*.

---

[105] In *Assunção fidejussória de dívida, cit.*, pp. 789-790, nota 171.

Neste quadro, caberá, então, ao senhorio fazer a prova – que pode não ser fácil, em função da necessidade (artigo 628/1 do CC)) de a declaração do fiador ser expressa[106] – de que o fiador se vinculou em termos de garantir não só o cumprimento das obrigações do arrendatário inicial mas também o cumprimento das obrigações a cargo do trespassário.

A favor deste entendimento[107] milita o facto de a fiança ser, conforme temos salientado, um negócio de risco[108] – com a consequente aplicação do princípio *in dubio pro fideiussore* – como também o princípio que emana do estabelecido no artigo 599/2 do CC[109] – princípio esse que valerá não só para a assunção de dívida mas também para a cessão da posição contratual[110] e, mais genericamente, para as situações de transmissão entre vivos da posição contratual.

III. Como tutelar a posição do credor, face a um trespasse que tenha determinado a extinção da fiança?

Essa tutela passa, desde logo, pelo regime da prestação de caução e, mais concretamente, pelo que vem estabelecido no artigo 626 do CC[111], na medida em que, por interpretação do contrato de arrendamento seja possível concluir que o arrendatário (inicial ou sucessivo) estava obrigado a *manter* caução.

7.2. *O destino da fiança no caso de morte do arrendatário*

Uma questão de algum modo semelhante à exposta no ponto anterior respeita aos casos de morte do arrendatário[112], desde que subsista a relação de

---

[106] Cf. o nosso *Assunção fidejussória de dívida*, cit., p. 467 e ss. e, no domínio dos trabalhos preparatórios, VAZ SERRA, *Fiança e figuras análogas*, cit., p. 33 e ss..

[107] Este é um assunto que tem passado, de algum modo, à margem da atenção da doutrina. Encontramos, porém, em JOÃO DE MATOS, *Manual do arrendamento e do aluguer*, II, Livraria Fernando Machado, Porto, 1968, p. 107, sustentado em Avelino de Faria, a defesa clara da posição de caducidade da fiança: "Pelas razões antecedentemente expostas, somos das opinião de que a fiança se extingue no caso de trespasse, salvo se o fiador assumir expressa e inequivocamente essa responsabilidade".

[108] Cf. o nosso *Assunção fidejussória de dívida*, cit., pp. 116 e ss. e 744-745.

[109] Cf., sobre este, MENEZES LEITÃO, *Direito das obrigações*, II[4], cit., p. 64 e ss.; com aplicação ao campo específico da fiança, cf. o nosso *Assunção fidejussória de dívida*, cit., p. 788 e ss..

[110] Cf., neste sentido, MOTA PINTO, *Cessão da posição contratual*, cit., p. 489.

[111] Cf., sobre este, v. g., PIRES DE LIMA/ANTUNES VARELA, *Código civil anotado*, I[4], cit., p. 643.

[112] Diferentes e aqui não abordados, são os casos de morte do fiador, remetendo-se para os nossos *Assunção fidejussória de dívida*, cit., p. 793 e ss. e *A fiança no quadro das garantias pessoais*, cit., p. 45 e ss..

arrendamento. Estão em causa as situações previstas no artigo 1106[113] ou no artigo 1113 do CC[114]. Mantém-se o fiador vinculado pelo cumprimento das obrigações a cargo do novo titular da relação de arrendamento?

Mais uma vez, serão determinantes os termos da vinculação fidejussória. Mais uma vez, não é de presumir que o fiador se tenha querido vincular pelo cumprimento das obrigações a cargo do arrendatário e também pelo cumprimento das obrigações a cargo do sucessor no arrendamento, cabendo ao senhorio, interessado na fiança, a demonstração do contrário.

Conforme resulta do que salientámos noutro local[115], o credor – neste caso o senhorio – não pode razoavelmente esperar que a fiança de amigo ou parente subsista incólume após a morte do devedor, uma vez que a fiança terá sido, então, prestada *intuitu personae* (de terceiro – o devedor-arrendatário, no caso – que não é parte no contrato de fiança). Diverso poderá, eventualmente, ser o caso se a fiança for prestada por um profissional, na medida em que tenha feito a avaliação do seu risco não apenas em função da pessoa do devedor e do seu património mas também em consideração das vicissitudes, incluindo as subjectivas, do crédito.

A assinalada natureza da fiança como negócio de risco impõe, de resto, esta solução, cabendo ao senhorio, aquando da constituição do vínculo fidejussório o ónus de exigir um âmbito de vinculação que o coloque a cobro da vicissitude traduzida na modificação subjectiva da posição de arrendatário.

Tal como no caso de trespasse, a tutela da posição do senhorio que fique desprovido da garantia fidejussória poderá, eventualmente, passar pelo regime do artigo 626 do CC.

---

[113] Cf., sobre este, por todos, OLINDA GARCIA, *A nova disciplina do arrendamento urbano*, cit., p. 37 e ss. e LAURINDA GEMAS/ALBERTINA PEDROSO/JOÃO CALDEIRA JORGE, *Arrendamento urbano*, 2.ª ed., Quid Juris, Lisboa, 2007, p. 384 e ss., FRANÇA PITÃO, *Novo regime do arrendamento urbano*, 2.ª ed., Almedina, Coimbra, 2007, p. 727 e ss. e MARGARIDA GRAVE, *Novo regime do arrendamento urbano*[3], cit., pp. 107-108. Sobre o regime da transmissão do arrendamento habitacional por morte do arrendatário, no domínio do RAU, cf. os nossos *Arrendamentos para habitação*[2], cit., p. 167 e ss. e JOÃO MENEZES LEITÃO, *Morte do arrendatário habitacional e sorte do contrato*, in "Estudos em homenagem ao Prof. Doutor Inocêncio Galvão Telles", III – Direito do Arrendamento Urbano, Almedina, Coimbra, 2002, p. 275 e ss..

[114] Cf., sobre este, por todos, LAURINDA GEMAS/ALBERTINA PEDROSO/JOÃO CALDEIRA JORGE, *Arrendamento urbano*[2], cit, p. 425 e ss., FRANÇA PITÃO, *Novo regime do arrendamento urbano*[2], cit., p. 767 e ss. e MARGARIDA GRAVE, *Novo regime do arrendamento urbano*[3], cit., p. 119.

[115] Cf. o nosso *Assunção fidejussória de dívida*, cit., pp. 792-793. Sobre as consequências da morte do arrendatário comercial, no domínio do RAU, cf. os nossos *Arrendamentos comerciais*[2], cit., p. 267 e ss..

7.3. *Agravamento da situação patrimonial do devedor*

I. Conforme vimos supra, o artigo 654, aplicável à fiança de obrigações futuras, prevê que o fiador se possa liberar da garantia se a situação patrimonial do devedor se agravar em termos de pôr em risco os seus direitos eventuais contra este.

Conforme destacámos noutro local[116], o legislador pretende resguardar o fiador face ao agravamento da situação patrimonial do devedor. Não se trata, porém, de um agravamento qualquer: ele tem de ser de molde a pôr em risco a consecução, pelo fiador, quando sub-rogado[117], da satisfação do crédito, através do património do devedor.

Este regime – que se apresenta coerente, com a consagração, no artigo 653 do CC, do *benefitium cedendarum actionum*[118] e ainda com o *direito à liberação interna* fundado na alínea *b)* do artigo 648 do CC[119] – postula a necessidade de realização de duas operações. A primeira é uma operação *virtual* de ponderação das possibilidades de o fiador sub-rogado conseguir em regresso (*lato sensu*) a satisfação do crédito: deve então – "simulado" o cumprimento pelo fiador – ser pesada ou avaliada a real possibilidade de o fiador conseguir a recuperação do que pagou e o demais que possa ser devido. A segunda operação – uma vez concluído que o crédito eventual do fiador sub-rogado contra o devedor está em risco, é a do cotejo entre o grau de probabilidade de satisfação do crédito (de regresso) no momento da prestação da fiança e no momento do pretendido exercício da liberação.

A liberação do fiador só será lícita se a evolução do grau de probabilidade for negativa e em termos objectivamente relevantes e atendíveis, isto é, graves: é o que resulta da referência, feita no artigo 654 do CC, ao agravamento da situação patrimonial do devedor.

II. Pergunta-se, agora, se a liberação do fiador com fundamento no agravamento da situação patrimonial do devedor está também facultada ao fiador do arrendatário, desde logo em função do facto de o revogado artigo 655 não ter qualquer alusão específica ao agravamento da situação patrimonial do locatário.

---

[116] In *Assunção fidejussória de dívida, cit.*, p. 768 e ss..
[117] Sobre esta sub-rogação e, em geral, sobre a liquidação da operação de fiança, cf. o nosso *Assunção fidejussória de dívida, cit.*, p. 903 e ss..
[118] Cf. o nosso *Assunção fidejussória de dívida, cit.*, p. 917 e ss..
[119] Cf. o nosso *Assunção fidejussória de dívida, cit.*, p. 856 e ss..

No nosso entender, revogado o artigo 655 e "albergada" a fiança do arrendatário no regime geral – para as fianças de obrigações futuras – do artigo 654, não encontramos qualquer base para afastar este fundamento de desvinculação. Não obstante, entendemos que, em função das situações pensadas pelo legislador para admitir este fundamento de desvinculação, a aplicação ao caso da fiança do arrendatário deve ser feita com particular cautela, considerando as especificidades do regime do arrendamento.

Essas situações pensadas pelo legislador são, fundamentalmente, situações novas de concessão de crédito ou similares, situações essas em que o credor não fica prejudicado pela liberação do fiador, uma vez que pode, então, abster-se de dar crédito, ou se fica prejudicado é porque concedeu crédito à revelia do fiador sabendo que o devedor estava em más condições patrimoniais. O problema é, de forma ilustrativa, apresentado assim por Vaz Serra[120]: "No caso de fiança prestada para garantia de obrigações futuras, corre o fiador o risco de o credor, sem autorização do fiador, dar crédito ao devedor, embora a situação patrimonial deste tenha piorado a ponto de tornar muito mais difícil a satisfação do credor". E continuando: "O credor, garantido pela fiança, pode não se abster de conceder crédito ao devedor nestas condições e o fiador terá, assim, o prejuízo de ter de pagar esta dívida e não poder depois efectivar o crédito contra o devedor".

Como solução possível, ponderava, nesta linha, Vaz Serra[121]: "Parece razoável que o fiador por obrigação futura possa liberar-se, antes da concessão de crédito ao devedor, quando, após a assunção da fiança, tenham piorado as condições do devedor a ponto de se tornar notavelmente mais difícil a satisfação do crédito". E ainda[122]: "Se o crédito não foi ainda concedido, não é o credor prejudicado com a revogação da fiança tão gravemente como o seria depois de concedido o crédito".

Estes extractos ilustram o fio condutor das preocupações de Vaz Serra: permitir, como princípio[123], a desvinculação do fiador com base no agravamento da situação patrimonial do devedor, mas sem que daí resulte, tendencialmente, um prejuízo para o credor, *maxime* porque está em condições de não assumir compromissos – ou seja, nos casos apontados por Vaz Serra, em condições de não conceder mais crédito.

---

[120] *Fiança e figuras análogas, cit.*, p. 240.
[121] *Fiança e figuras análogas, cit.*, pp. 241-242.
[122] Vaz Serra, in *Fiança e figuras análogas, cit.*, p. 242.
[123] Dizemos "como princípio", uma vez que Vaz Serra admitia várias excepções ou inflexões; cf. Vaz Serra, *Fiança e figuras análogas, cit.*, p. 241 e ss..

III. Aplicando ao caso do fiador do arrendatário as preocupações – se não mesmo as directrizes – que resultam da consideração dos trabalhos preparatórios, o princípio é o de que o fiador do arrendatário se pode liberar no caso de agravamento relevante da situação patrimonial do devedor, mas não o pode fazer em termos de prejudicar o credor-senhorio.

Pensamos que a maneira de conciliar estes dois interesses passa pela necessidade de o fiador dar tempo ao senhorio para, querendo, se desvincular da relação de arrendamento.

Suponhamos, assim, uma fiança de arrendatário em arrendamento de duração indeterminada, na qual o fiador se tenha vinculado, nos termos do artigo 654 do CC, *in fine*, a não liberar-se antes de decorridos dez anos sobre a prestação da fiança. Suponhamos ainda que, nesse caso, a situação patrimonial do devedor se agrava relevantemente, para efeitos do estabelecido no artigo 654 do CC, logo no segundo ano de arrendamento. Nesta situação, o fiador poderá liberar-se da fiança mas só o poderá fazer em termos de o senhorio poder denunciar de imediato o contrato de arrendamento, mantendo até final a garantia fidejussória. Na prática, considerando o regime da alínea *c*) do artigo 1101 do CC, o fiador terá de suportar a carga da fiança por, sensivelmente, mais cinco anos[124].

Apliquemos, agora, a doutrina exposta a uma situação em que o arrendamento tenha sido celebrado com prazo certo, tendo o prazo sido fixado em cinco anos (artigo 1095/2 do CC). Se a alteração relevante da situação patrimonial do arrendatário acontece no segundo ano, o fiador poderá, de facto, desvincular-se mas a cobertura da garantia fidejussória mantém-se até ao final do prazo inicial em curso: se o senhorio optar por não se opor à renovação, fá-lo sabendo que está desprovido de – daquela – garantia fidejussória.

A situação já será mais grave para o fiador por exemplo numa situação em que o prazo inicial é de dez anos e em que a alteração relevante da situação patrimonial do arrendatário acontece logo no segundo ano; nesse caso, a desvinculação que pretenda efectivar só surtirá efeito a partir do fim do prazo em curso, já que o senhorio não pode desvincular-se do contrato de arrendamento antes de decorrido esse prazo. Estaremos perante uma situação em que o fiador está limitado ao exercício do direito interno à liberação[125].

---

[124] Em rigor, será por mais cinco anos e cerca de três meses, *grosso modo* pelas razões expostas supra em 5.2/III.
[125] Cf. o nosso *Assunção fidejussória de dívida*, cit., p. 835 e ss., e p. 856 e ss..

IV. Uma dúvida pode ainda ser suscitada: a de saber se o direito à liberação por alteração relevante da situação patrimonial do devedor, nos termos do artigo 654 do CC, é renunciável. Não vemos razões imperativas que obstem a essa renunciabilidade. Contudo, numa tal situação – na qual continua, não obstante, a ter plena aplicação o princípio da boa fé e a proibição do abuso do direito – é essencial garantir que o fiador tem pleno conhecimento do resultado da renúncia efectuada, o que se revela de particular importância quando a fiança tenha sido prestada com recurso a cláusulas contratuais gerais e, independentemente disso, quando o fiador seja um não profissional.

Haverá, mesmo, uma forte suspeita de "abuso" por parte de um profissional que, sendo credor, imponha a um fiador não profissional uma tal renúncia.

Lisboa, Setembro de 2007

A sensibilidade e o bom senso no Contencioso Administrativo

Um breve ensaio sobre a intimação para protecção de direitos, liberdades e garantias

DR. JORGE GUERREIRO MORAIS

> Uma das questões mais necessitadas de psicanálise (cultural) é a da "relação difícil" entre Administração e Constituição, entre Direito Administrativo e Direito Constitucional
>
> VASCO PEREIRA DA SILVA, *O Contencioso Administrativo no Divã da Psicanálise, Ensaio sobre as Acções no Novo Processo Administrativo*, Coimbra, 2005, pág. 155

SUMÁRIO: *1. Introdução. 2. Das condições de admissibilidade e do âmbito da intimação: 2.1. Das condições de admissibilidade; 2.2. Do âmbito objectivo; 2.3. Do âmbito subjectivo; 2.4. Do prazo; 2.5. Da tramitação; 2.6. Dos recursos; 2.7. Das convolações de processos. 3. O problema dos actos comunitários. 4. Nota conclusiva.*

1. Introdução

Na famosa novela de Jane Austen[1] as duas protagonistas simbolizam, cada uma, os dois lados que dão título à obra: Marianne, a sensibilidade (afectividade ou emoção) e Elinor, o bom senso (racionalidade ou ponderação).

---

[1] *Sense and Sensibility*, no original inglês. Em português ver, por exemplo, *Sensibilidade e Bom Senso*, Publicações Europa-América, Mem Martins, 2005.

No Contencioso Administrativo português, e sobretudo no que se refere à intimação para protecção de direitos, liberdades e garantias prevista no artigo 109.º do CPTA, é possível, quanto a nós, encontrar entendimentos, posições e até decisões judiciais, que parecem imbuídas de mais ou menos sensibilidade e de mais ou menos bom senso.

Passados três anos da entrada em vigor do actual regime de contencioso administrativo já é possível analisar alguma (ainda pouca, nomeadamente no que toca aos tribunais superiores) jurisprudência em relação à matéria e verificar, deste modo, qual tem sido a resposta dos tribunais administrativos face ao recurso a esta figura processual.

Tentaremos, em especial, analisar a interessante e intricada questão do recurso à intimação contra a execução de actos normativos comunitários ou de actos administrativos emitidos ao seu abrigo.

A sequência será por isso a seguinte: numa primeira parte procederemos a um breve périplo pelas condições de admissibilidade e pelo âmbito da intimação para protecção de direitos, liberdades e garantias, incluindo-se aqui a questão do prazo, da tramitação e dos recursos, fazendo ainda uma alusão ao problema da convolação de processos (1.), seguida de uma referência autónoma à questão do recurso à intimação contra a execução de actos normativos comunitários (2.). Finalmente, a encerrar a discussão, apresentaremos uma breve nota conclusiva (3.).

2. Das condições de admissibilidade e do âmbito da intimação

2.1. *Das condições de admissibilidade*

Dispõe o n.º 1 do artigo 109.º do CPTA que a intimação para protecção de direitos, liberdades e garantias pode ser requerida quando "a célere emissão de uma decisão de mérito que imponha à Administração a adopção de uma conduta positiva ou negativa se revele indispensável para assegurar o exercício, em tempo útil, de um direito, liberdade ou garantia, por não ser possível ou suficiente, nas circunstâncias do caso, o decretamento provisório de uma providência cautelar, segundo o disposto no artigo 131.º"[2].

---

[2] Para leitura de uma abordagem geral e de estilo mais monográfico sobre a intimação para a protecção de direitos, liberdades e garantias, vide, CARLA AMADO GOMES, "Pretexto, Contexto e Texto da Intimação para Protecção de Direitos, Liberdades e Garantias" *in Estudos em Homena-*

Deste enunciado podem, desde logo, retirar-se as condições de admissibilidade desta intimação: a urgência e a indispensabilidade da mesma e a impossibilidade ou insuficiência do decretamento provisório de uma providência cautelar[3].

A urgência será um requisito óbvio e estrutural: é decorrência imediata do próprio carácter do processo onde se insere esta intimação – os processos urgentes – além de, na sua falta, não fazer sentido sequer uma tutela cautelar pois que o processo é perfeitamente viável com a tramitação normal das acções (comum ou especial) previstas no CPTA. Esta urgência terá de ser analisada num sentido subjectivista, isto é, será a urgência de acordo com a situação concreta do requerente[4-5].

A indispensabilidade referir-se-á à não existência de qualquer outro meio específico de tutela da mesma situação à qual a intimação poderia ser aplicada. A existir uma qualquer tutela concorrente no seu âmbito de aplicação com a intimação em apreço, aquela preferirá a esta última. Mais uma vez, esta indis-

---

gem ao Professor Doutor Inocêncio Galvão Telles, Vol. V, *Direito Público e Vária*, Coimbra, 2003, pp. 541--577; ANA SOFIA FIRMINO, "A Intimação para Protecção de Direitos, Liberdades e Garantias" in VASCO PEREIRA DA SILVA (coord.), *Novas e Velhas Andanças do Contencioso Administrativo, Estudos Sobre a Reforma do Processo Administrativo*, Lisboa, 2003, pp. 353-459; SOFIA DAVID, *Das Intimações, Considerações sobre uma (nova) tutela de urgência no Código de Processo nos Tribunais Administrativos*, Coimbra, 2005, pp. 107-137; MÁRIO AROSO DE ALMEIDA, *O Novo Regime do Processo nos Tribunais Administrativos*, 3.ª edição, Coimbra, pp. 273-279; JOSÉ VIEIRA DE ANDRADE, *A Justiça Administrativa (Lições)*, 6.ª edição, Coimbra, pp. 258-264.

[3] Embora não seja idêntico o entendimento que é feito dos diversos requisitos pela doutrina. Em geral sobre os requisitos *vide* CARLA AMADO GOMES, "Pretexto...", pp. 563-568; ANA SOFIA FIRMINO, "A Intimação...", pp. 420-431.

[4] Neste sentido, CARLA AMADO GOMES, "Contra uma Interpretação Demasiado Conforme à Constituição do Artigo 109.º/1 do CPTA" in *Estudos Jurídicos e Económicos em Homenagem ao Prof. Doutor António de Sousa Franco*, Vol. I, Coimbra, 2007, pp. 399-400.

[5] Como exemplo de uma interpretação do requisito da urgência que reputamos de inadequada *vide* o Acórdão do Tribunal Central Administrativo do Sul – 1.ª Secção, Contencioso Administrativo, de 26 de Janeiro de 2006, Processo n.º 01157/05.0BEBRG (Relator: Maria Fernanda Antunes Aparício Duarte Brandão; com um voto de vencido) onde se considera que o requisito da urgência não está preenchido uma vez que o particular vê o seu (alegado) direito à saúde violado há pelo menos dois anos. Cremos, sem poder desenvolver esta questão aqui, que o que está na base deste entendimento é, desde logo, uma concepção, quanto a nós errada, do direito fundamental em causa: a violação persistente do direito à saúde não torna menos urgente a necessidade de a evitar; cada ofensa ao direito é autónoma e a sujeição contínua à mesma só faz aumentar o dano provocado. Aqui não se poderia recorrer à intimação tão-só porque não estaria preenchido o requisito da indispensabilidade pois poderia o requerente recorrer à tutela cautelar e seria suficiente (e possível) o seu decretamento provisório.

pensabilidade terá de ser equacionada num determinado contexto concreto (sujeito a prova, ainda que sumária, por parte do requerente): há-de ser indispensável porque ou não há outro meio ou porque, mesmo existindo, apenas este meio processual consegue tutelar o direito, liberdade ou garantia de forma adequada e plena face à situação concreta do requerente[6].

A impossibilidade do decretamento provisório de uma providência cautelar prende-se com o facto de ao decidir-se da procedência do pedido estar, ao mesmo tempo, a dar-se uma resposta juridicamente irreversível sobre a situação em causa, não sendo possível regular-se provisoriamente a situação por um eventual futuro processo principal ficar prejudicado por falta de objecto. Uma pronúncia do juiz implica necessariamente decidir do mérito da questão a fazer em processo principal[7].

A insuficiência, por seu lado, relaciona-se com o facto de a situação em concreto exigir uma solução definitiva porque a pretensão do requerente apenas se satisfaz com uma decisão de mérito e de fundo e não com uma composição provisória[8].

Os requisitos da impossibilidade e da insuficiência (que, como se pôde ver, estão intimamente relacionados e podem mesmo ser os dois versos da mesma medalha) tornam esta intimação subsidiária do decretamento provisório de uma providência cautelar, nos termos do artigo 131.º do CPTA.

Todavia, relacionando-se essa subsidiariedade com o requisito da indispensabilidade, resulta ainda a subsidiariedade desta intimação em relação a qualquer outro meio que eficazmente (adequada e plenamente)[9] tutele a posição do requerente, incluindo-se aqui os meios processuais das acções (comum e especial) acompanhadas ou não de qualquer providência cautelar[10].

Podemos dizer que estamos em face de uma dupla subsidiariedade[11].

---

[6] Assim, CARLA AMADO GOMES, "Pretexto...", p. 567; cf. também ANA SOFIA FIRMINO, "A Intimação...", p. 430 e ISABEL CELESTE FONSECA, *Dos Novos Processos Urgentes no Contencioso Administrativo*, Lisboa, 2004, p. 77.

[7] Cf. ANA SOFIA FIRMINO, "A Intimação...", p. 428.

[8] Cf., ainda, ANA SOFIA FIRMINO, "A Intimação...", p. 429.

[9] CARLA AMADO GOMES, "Pretexto...", p. 564.

[10] Sobre a subsidiariedade da intimação face à tutela cautelar, ainda que em termos não exactamente coincidentes, *vide* CARLA AMADO GOMES, "Pretexto...", pp. 563-567, *maxime* p. 564; ANA SOFIA FIRMINO, "A Intimação...", pp. 420-430; ISABEL CELESTE FONSECA, *Dos Novos...*, pp. 76-86, *maxime* pp. 78-79.

[11] Temos, por isso, salvo o devido respeito, de discordar de TIAGO ANTUNES quando entende, fazendo uma leitura literal do preceito respectivo – e ainda que, depois, chegue ao mesmo resultado que a maioria da doutrina, mas por via de uma interpretação dita "correctiva" –, que a inti-

mação para a protecção de direitos, liberdades e garantias é apenas subsidiária do decretamento provisório de uma providência cautelar e não da tutela cautelar em geral (cf. do Autor, "O «Triângulo das Bermudas» no Novo Contencioso Administrativo" in *Estudos em Homenagem ao Professor Doutor Marcello Caetano, No Centenário do Seu Nascimento*, Vol. II, Coimbra, 2007, pp. 721-726). É que, além da dupla subsidiariedade que enunciámos no texto, o próprio decretamento provisório de uma providência cautelar é subsidiário (ou especial) face à tutela cautelar dita "normal". Se a pretensão do requerente puder ser satisfeita através de uma acção (comum ou especial) eventualmente acompanhada de uma providência cautelar, então esta prefere à intimação. Se, essa mesma situação revelar uma especial urgência ou se estiverem em causa direitos, liberdades e garantias que de outro modo não possam ser exercidos em tempo útil poderá decretar-se provisoriamente uma providência cautelar. Se, contudo, e apenas no âmbito dos direitos, liberdades e garantias, a situação do requerente exigir uma decisão definitiva sobre o mérito da causa, então poderá recorrer-se à intimação para protecção de direitos, liberdades e garantias. Concedemos, no entanto, que aqui estão em causa dois critérios (o da urgência, por um lado, e o da suficiência da decisão provisória ou a exigência de uma decisão definitiva, por outro) e que a subsidiariedade do decretamento provisório face à tutela cautelar "normal" existe apenas face ao critério da urgência pois, se a situação do requerente exigir a aludida decisão definitiva, está desde logo excluída (ainda que haja urgência) o decretamento provisório. Por sua vez, o recurso à intimação está limitado pela observância dos dois critérios: é preciso que a situação exija a decisão de mérito definitiva e que exista a urgência.

Sendo assim, relativamente ao critério da urgência, a subsidiariedade revela-se sucessiva, uma vez que se a urgência for "normal" aplicar-se-á a tutela cautelar "normal", se houver especial urgência pode ser decretada provisoriamente uma providência cautelar; já no que concerne ao critério da exigência ou não de uma decisão definitiva a intimação mostra-se subsidiária face à tutela cautelar em geral, pois se a situação exige uma composição definitiva do litígio não interessa indagar da possibilidade de decretar provisoriamente uma providência cautelar.

No fundo, e excluindo agora a eventual existência de outros meios de tutela (o que obviaria o recurso à intimação face ao requisito da indispensabilidade já aludido no texto), o decretamento provisório constitui uma "via do meio" entre a tutela cautelar "normal" e a intimação para protecção de direitos, liberdades e garantias, no que se refere ao critério da urgência; é uma indicação do legislador de que estando em causa unicamente a urgência da situação o requerente ainda tem ao seu dispor o decretamento provisório de uma providência cautelar antes de recorrer à intimação.

Finalmente, o legislador não sentiu necessidade de explicitar a subsidiariedade face a toda a tutela cautelar pois o critério da definitividade da decisão de mérito é mesmo pressuposto da intimação, decidindo ser apenas necessário enunciar a subsidiariedade face ao critério da urgência e, nesta sede, tendo em conta a aludida subsidiariedade do decretamento provisório relativamente à tutela "normal" resulta que a intimação é, por sua vez, e sucessivamente (tendo presente apenas o critério da urgência, lembramos) subsidiária do decretamento provisório de uma providência cautelar.

Parece-nos que é por entender, quanto a nós incorrectamente, que a intimação apenas é subsidiária do decretamento provisório e não da tutela cautelar em geral e que o único critério de subsidiariedade é a urgência, que o Autor depara-se depois com a conclusão absurda, segundo o

2.2. Do âmbito objectivo

Reportando-nos agora ao âmbito objectivo da intimação para a protecção de direitos, liberdades e garantias parece-nos que o legislador foi claro ao abranger no n.º 1 do artigo 109.º todos os direitos, liberdades e garantias (e não apenas os pessoais previstos no n.º 5 do artigo 20.º da CRP), o que poderia legitimamente fazê-lo desde que respeitados os requisitos enunciados no n.º 2 do artigo 18.º da CRP[12]. Entendemos, igualmente, que aquela disposição abrangerá os direitos fundamentais análogos a direitos, liberdades e garantias quer estejam ou não inseridos no texto constitucional[13].

Relativamente ao pedido, este pode dirigir-se à condenação da Administração ou dos particulares a uma conduta positiva ou negativa (acção ou omissão), material ou jurídica (o que inclui a condenação na prática de um acto administrativo)[14-15].

---

próprio, de que "se permitiria que, em situações onde ainda é viável uma composição cautelar e provisória das posições em litígio (não nos termos do artigo 131.º, é certo, mas nos termos gerais), se pudesse logo lançar mão de um processo principal urgente, obtendo uma decisão imediata e definitiva para o caso", cf. do Autor, "O Triângulo...", p. 724.

[12] Neste sentido e mais desenvolvidamente, CARLA AMADO GOMES, "Contra...", pp. 393-398.
[13] Vide ANA SOFIA FIRMINO, "A Intimação...", pp. 409-414 e argumentos aí aduzidos, os quais subscrevemos. Com dúvidas face à extensão aos direitos análogos que estejam fora do catálogo constitucional, CARLA AMADO GOMES, "Pretexto...", p. 557; entendemos, porém, que os argumentos de ordem prática assinalados pela Autora obviam por si só os problemas que a levam a hesitar nessa extensão e, ainda que assim não fosse, parece-nos ser juridicamente difícil de sustentar posição contrária mesmo que isso traga alguns óbices de ordem prática. A mesma Autora vem mais tarde admitir, ao que parece, a consideração em sede de intimação desses direitos fundamentais que se encontram fora do texto constitucional pela força expansiva do direito ao desenvolvimento da personalidade previsto n.º 2 do artigo 26.º da CRP e da sua capacidade de atracção para o seu âmbito daqueles outros direitos fundamentais como emanações desse mesmo direito, cf. "Contra...", pp. 406-407.
[14] Assim, CARLA AMADO GOMES, "Pretexto...", pp. 559-561; SOFIA DAVID, Das Intimações..., pp. 122-123; ANA SOFIA FIRMINO, "A Intimação...", pp. 442-443; MÁRIO AROSO DE ALMEIDA, Do Novo..., p. 276; JOSÉ VIEIRA DE ANDRADE, A Justiça..., pp. 260-261.
[15] CARLA AMADO GOMES admite ainda que a conduta a impor à Administração possa ser também a da emissão de regulamento de execução ou a revogação substitutiva de um regulamento de execução ilegal, "Pretexto...", pp. 559-561. Pela nossa parte, julgamos que a intimação para a protecção de direitos, liberdades e garantias, tal como configurada no CPTA, não está direccionada para a emissão de normas administrativas.

2.3. *Do âmbito subjectivo*

No que toca ao âmbito subjectivo, será parte legítima para requerer a intimação (legitimidade activa) "todo aquele que alegar e provar sumariamente a ameaça de lesão (ou início de lesão) de um direito, liberdade ou garantia através de uma acção ou omissão, jurídica ou material, de entidades prossecutoras de funções materialmente administrativas"[16], podendo ser uma pessoa singular ou colectiva, pública ou privada[17].

Questão algo controversa é a de saber se é possível a acção popular e a acção pública (pelo Ministério Público) no âmbito desta intimação. Pela nossa parte, embora com dúvidas, tendemos a admitir essa legitimidade embora julguemos que a intimação foi pensada para direitos de carácter individual e de fruição particular – os direitos subjectivos e não meros interesses difusos; o interesse protegido será, assim, individual[18].

A intimação para protecção de direitos, liberdades e garantias pode ser requerida (legitimidade passiva) contra entidades públicas (n.º 1 do artigo 109.º do CPTA) ou privadas, nomeadamente, concessionários (n.º 2 do artigo 109.º do CPTA)[19], neste caso sempre que se esteja no âmbito de uma relação jurídica administrativa[20-21].

---

[16] CARLA AMADO GOMES, "Pretexto…", p. 562.
[17] Cf. CARLA AMADO GOMES, "Pretexto…", p. 562 e ANA SOFIA FIRMINO, "A Intimação…", pp. 415-417.
[18] Admitindo expressamente a legitimidade popular, *vd.*, SOFIA DAVID, *Das Intimações…*, p. 127. Contra a legitimidade popular e acção pública do Ministério Público em geral, *vd.* CARLA AMADO GOMES, "Pretexto…", pp. 562-563 e ainda, por último e corrigindo a posição anterior no que toca à intervenção do Ministério Público quando esteja em causa o pedido de condenação à prática do acto devido, da autora, "Contra…", pp. 398-400. Negando a intervenção do Ministério Público por via da acção pública, ANA SOFIA FIRMINO, "A Intimação…", p. 416.
[19] Neste sentido, CARLA AMADO GOMES, "Pretexto…", p. 563; ANA SOFIA FIRMINO, "A Intimação…", p. 417; SOFIA DAVID, *Das Intimações…*, p. 128; MÁRIO AROSO DE ALMEIDA, *O Novo…*, p. 276; JOSÉ VIEIRA DE ANDRADE, *A Justiça…*, pp. 260-261.
[20] Cf. JOSÉ VIEIRA DE ANDRADE, *A Justiça…*, pp. 260-261; este autor adianta a p. 261, nota 561, que, neste caso, "salvo especial urgência, deve, em regra, exigir-se uma solicitação prévia ao órgão administrativo competente da medida administrativa omitida, à semelhança do que acontece nos restantes processos de intimação e de condenação primária, a não ser que a atitude omissiva tenha sido já assumida pela autoridade competente".
[21] CARLA AMADO GOMES refere a falta de legitimidade passiva da Comunidade Europeia, pensando especialmente nas decisões da Comissão Europeia que podem lesar posições jurídicas individuais, cf. "Pretexto…", p. 563 e nota 48. Apesar de concordarmos com a Autora quando exclui do âmbito da legitimidade passiva a Comunidade Europeia e igualmente quando refere que,

2.4. Do prazo

Há quem defenda que a intimação para a protecção de direitos, liberdades e garantias não está sujeita a qualquer prazo, nomeadamente devido ao facto de os actos administrativos que sejam violadores de direitos fundamentais serem nulos e pelo facto de se circunscrever a intimação à adopção de uma conduta positiva ou negativa, que nos leva para o campo das formas de actuação administrativa unilateral, o que isentaria o requerente da observância de qualquer prazo processual[22].

Julgamos que é necessário analisar o problema com mais cuidado: é certo que no caso de meras actuações materiais ou de comportamentos que não impliquem a emissão de um acto administrativo recairíamos no âmbito da acção administrativa comum que, como se sabe, pode ser intentada a todo o tempo[23]; todavia, no caso de a intimação pretender a emissão (ou revogação) de um acto administrativo a situação muda de figura, porquanto a alínea *d*) do n.º 2 do artigo 133.º do CPA apenas fere de nulidade os actos administrativos que violem o conteúdo essencial de um direito fundamental. Concedemos que, na maioria dos casos em que se recorra à intimação, tendo em conta o preenchimento dos requisitos da urgência e da indispensabilidade, o que estará em causa será, justamente, a violação do núcleo essencial do direito e, por conseguinte, o acto seja nulo e, logo, possa ser impugnado a todo o tempo[24], mas, na hipótese quase académica[25], em que o acto que se pretende revogar através da condenação da Administração no âmbito da intimação para protecção de direitos, liberdades e garantias, não atingir o núcleo essencial do direito funda-

---

estando em causa as decisões da Comissão Europeia, os particulares por ela atingidos deverão recorrer aos mecanismos disponíveis no quadro jurídico comunitário – nomeadamente o recurso de anulação previsto no artigo 230.º do Tratado CE – julgamos que o problema não se coloca, desde logo, porque a Comunidade Europeia (e as suas instituições enquanto exercem, no que aqui interessa, a função administrativa) não está sujeita à jurisdição dos tribunais nacionais, mas sim à do Tribunal de Justiça das Comunidades Europeias.

[22] Neste mesmo sentido, CARLA AMADO GOMES, "Pretexto…", pp. 558-559; cf. ainda, ANA SOFIA FIRMINO, "A Intimação…", pp. 441-442 e SOFIA DAVID, *Das Intimações*…, p. 129.
[23] Cf. n.º 1 do artigo 41.º do CPTA.
[24] Cf. n.º 1 do artigo 58.º do CPTA.
[25] Isto porque pensamos que na maioria dos casos em que se entenda que não terá sido violado o núcleo essencial do direito alegado, muito provavelmente o recurso à intimação também será negado por via do não preenchimento dos requisitos da urgência e da indispensabilidade (nomeadamente porque será suficiente, as mais das vezes, uma simples providência cautelar), pelo que a questão dificilmente se colocará.

mental alegado, haverá que ter em conta o prazo processual de impugnação de actos anuláveis que é, em regra, de três meses[26].

2.5. Da tramitação

No que concerne a tramitação, não se vislumbra na doutrina divergência relativamente à existência de quatro andamentos conforme a rapidez em que a intimação pode ser resolvida, apenas diferem as designações a dar a cada um dos andamentos.

Quanto a nós, aproveitando a deixa musical que a palavra "andamento" permite, classificaríamos a tramitação da intimação do seguinte modo[27]:

a) *Prestissimo*, o mais rápido de todos e que está previsto no n.º 1 do artigo 111.º do CPTA, quando o juiz optar, face à situação de especial urgência, pela realização da audiência oral em quarenta e oito horas;
b) *Presto*, também previsto no n.º 1 do artigo 111.º do CPTA que, por remissão, aplica os prazos previstos nos n.ºs 1 e 2 do artigo 110.º do CPTA reduzidos a metade;
c) *Presto ma non troppo*, é o andamento normal da urgência, previsto nos n.ºs 1 e 2 do artigo 110.º do CPTA;
d) *Moderato*, é o andamento mais lento do que o normal devido à maior complexidade da matéria em causa, previsto no n.º 3 do artigo 110.º, que remete para os prazos da acção administrativa especial (artigos 78.º e seguintes do CPTA), reduzidos a metade.

2.6. Dos recursos

No que toca aos recursos, uma nota apenas para assinalar que das decisões de improcedência da intimação para protecção de direitos, liberdades e garantias cabe sempre recurso de acordo com o disposto na alínea *a)* do n.º 3 do artigo 142.º do CPTA. Das decisões de procedência, o recurso por parte do

---

[26] Cf. alínea *b)* do n.º 2 do artigo 58.º do CPTA.
[27] Mário Aroso de Almeida designa estes andamentos por: "modelo ultra-rápido", "modelo mais rápido do que o normal", "modelo normal" e "modelo mais lento do que o normal", respectivamente; cf. do Autor, *O Novo...*, pp. 277-278. *Vd.* ainda a classificação de Ana Sofia Firmino, "A Intimação...", pp. 444-445.

requerido dependerá do valor da causa nos termos do n.º 1 do artigo 142.º do CPTA, que terá de ser superior à alçada do tribunal de que se recorre[28].

2.7. Das convolações de processos

Uma última nota sobre as convolações de processos. A doutrina maioritária[29], com a qual concordamos, com base no princípio da tutela jurisdicional efectiva[30] e no princípio da efectividade dos direitos, liberdades e garantias entende que, no caso de não se encontrarem preenchidos os requisitos da intimação, nomeadamente, o da necessidade de uma decisão de mérito definitiva (ou, de outro prisma, a impossibilidade ou insuficiência do decretamento provisório de uma providência cautelar), o processo poderá ser convolado num processo cautelar.

Esta mesma doutrina entende que, por maioria de razão e face ao previsto no artigo 121.º do CPTA, é também possível convolar um processo cautelar em intimação para protecção de direitos, liberdades e garantias quando o juiz se depare com a necessidade de tutelar de modo urgente e definitivo um direito, liberdade ou garantia[31].

Não partilhamos das críticas que Tiago Antunes lança à figura da intimação para a protecção de direitos, liberdades e garantias tal como prevista no CPTA e face à sua articulação com o disposto no artigo 121.º. Temos, aliás, dúvidas da bondade da solução propugnada pelo Autor de se recorrer prefe-

---

[28] No entanto, em regra, estando em causa direitos, liberdades e garantias o valor da causa será indeterminável atento o critério supletivo do n.º 1 do artigo 34.º do CPTA pelo que, na prática, poderá (quase ou mesmo) sempre o requerido interpor recurso da decisão de procedência da intimação para protecção de direitos, liberdades e garantias. Recurso esse que será de apelação para o Tribunal Central Administrativo (ou de revista *per saltum* para o Supremo Tribunal Administrativo) de acordo com o n.º 3 do artigo 34.º do CPTA. Neste mesmo sentido, ANA SOFIA FIRMINO, "A Intimação...", p. 447.

[29] Assim, CARLA AMADO GOMES, "Pretexto...", p. 565, nota 54; MÁRIO AROSO DE ALMEIDA, *O Novo*..., pp. 275-276; ANA SOFIA FIRMINO, "A Intimação...", pp. 440-441. Criticando a convolação por não estar prevista expressamente no CPTA, TIAGO ANTUNES, "O «Triângulo...", pp. 733-737.

[30] Sobre este princípio *vide*, por todos, LUÍS FILIPE COLAÇO ANTUNES, *A Teoria do Acto e a Justiça Administrativa, O Novo Contrato Natural*, Coimbra, 2006, pp. 53-58. Cf., também, o Acórdão do Tribunal Central Administrativo do Sul – Secção Contencioso Administrativo, 2.º Juízo, de 2 de Junho de 2005, Processo n.º 00673/05 (Relator: António Coelho da Cunha).

[31] *Vide* nota 29.

rencialmente ao processo cautelar (sempre que o requerente não tenha a certeza sobre se a sua situação requer uma decisão definitiva) deixando depois ao juiz a possibilidade de convolar o processo inicialmente cautelar em definitivo de acordo com o artigo 121.º do CPTA. Sucede que, ao contrário do que parece entender o Autor, a intimação para a protecção de direitos, liberdades e garantias prevista no artigo 109.º do CPTA e a possibilidade de antecipar o juízo definitivo em sede de processo cautelar não são coincidentes apesar de em ambos se pretender a decisão definitiva sobre o mérito da causa. Além de, como reconhece o próprio Autor, a intimação só se aplicar a direitos, liberdades e garantias enquanto que o mecanismo do artigo 121.º do CPTA tem um âmbito mais vasto, os próprios requisitos são diferentes, levando a que uma aparente maior segurança do requerente em intentar sempre um processo cautelar possa, no fim de contas, revelar-se contraproducente.

Enquanto que na intimação, estando preenchidos os seus requisitos, o juiz tem o dever de decidir (definitivamente) o litígio[32-33], já em sede de processo cautelar, mesmo estando reunidos os requisitos previstos no artigo 121.º do CPTA (manifesta urgência na resolução definitiva do caso, atendendo à natureza das questões e à gravidade dos interesses envolvidos), o tribunal tem a possibilidade, mas não é obrigado, de antecipar o juízo sobre a causa principal[34].

---

[32] E nem se diga que, não estando preenchidos os requisitos, nomeadamente os da impossibilidade ou insuficiência do decretamento provisório de uma providência cautelar, o requerente estaria sujeito a meras decisões de forma que absolvem o réu da instância em vez de convolar o processo em cautelar: o princípio da tutela jurisdicional efectiva, de origem constitucional e também previsto no artigo 2.º do CPTA, impõe-se, tal como o princípio da promoção do acesso à justiça ou *pro actione* que consta do artigo 7.º do CPTA, que levam a concluir pelo dever, existindo os elementos necessários a esse juízo, de convolação do processo em cautelar. As decisões (*rectius*, a interpretação das normas) jurisprudenciais que têm, erradamente, absolvido da instância padecem de ilegalidade e inconstitucionalidade sindicável em sede de recurso, de acordo com o previsto na alínea *d*) do n.º 3 do artigo 142.º do CPTA. Cf. Luís Filipe Colaço Antunes, *A Teoria…*, pp. 53-58, *maxime* p. 54.

[33] É por isso para nós errada a decisão do Tribunal Central Administrativo do Sul – 1.ª Secção, Contencioso Administrativo, de 26 de Janeiro de 2006, Processo n.º 01157/05.0BEBRG (Relator: Maria Fernanda Antunes Aparício Duarte Brandão; com voto de vencido) ao confirmar, em sede de recurso, a decisão da 1.ª instância que rejeitou liminarmente o pedido de intimação para protecção de direitos, liberdades e garantias. Ver em especial o voto de vencido do Juiz Desembargador Jorge Miguel Barroso de Aragão Seia. Muito interessante para toda esta questão é o Acórdão do Tribunal Central Administrativo do Sul – 1.ª Secção, Contencioso Administrativo, de 19 de Maio de 2005, Processo n.º 01102/04.0BEBRG (Relator: Jorge Miguel Barroso de Aragão Seia).

[34] E o requerente terá sempre de contar, ainda, com os 10 dias para audição das partes que o

Ora, como se vê, o requerente pode estar sujeito à recusa do juiz em antecipar o juízo definitivo sobre a causa principal[35], o que torna a estratégia processual de preferir sempre a tutela cautelar algo perigosa e imprevisível[36].

3. O problema dos actos comunitários

Questão muito interessante e a merecer uma referência autónoma é a da possibilidade de requerer a intimação para a protecção de direitos, liberdades e garantias contra a execução de actos comunitários.

Este problema, inicialmente referido por Carla Amado Gomes[37], joga com as áreas delicadas do primado do direito comunitário e da defesa dos direitos fundamentais no âmbito das constituições nacionais, o que gera, não raras vezes, opiniões sensíveis mas nem sempre sensatas, o que torna mais premente

---

n.º 1 do artigo 121.º do CPTA impõe, pelo que, face a uma eventual intimação para a protecção de direitos, liberdades e garantias muito urgente, pode aquele estar a "perder" tempo muito necessário e útil para a tutela do direito, liberdade ou garantia alegado.

[35] Além de a própria decisão de antecipar o juízo sobre a causa principal ser passível de impugnação nos termos gerais (n.º 2 do artigo 121.º do CPTA).

[36] Por fim, discordamos também com TIAGO ANTUNES quando entende que os critérios de concessão de uma providência cautelar são muito diferentes dos que estão em causa na intimação e que, por isso, a convolação implicaria sempre, no mínimo, a correcção da petição inicial o que corresponderia, praticamente, ao início do processo cautelar, pelo que com a convolação não se ganharia tempo algum, cf. do Autor, "O «Triângulo…", pp. 735-736. Não pensamos que seja exactamente assim uma vez que, lendo os critérios de decisão elencados no artigo 120.º do CPTA e as condições de admissibilidade da intimação para a protecção de direitos, liberdades e garantias que constam do artigo 109.º do CPTA não se vislumbra que não possa a petição inicial da intimação conter já os elementos que são necessários a ajuizar da concessão de uma providência cautelar (dependendo do tipo de providência que esteja em causa). Bastará pensar no caso em que com a intimação se pretende a condenação da Administração na revogação ou substituição do acto administrativo porque tal é indispensável para o exercício em tempo útil de um direito, liberdade ou garantia (cf. n.º 1 do artigo 109.º do CPTA) e em que o juiz entende que o caso, apesar de urgente, se basta com o decretamento provisório de uma providência cautelar. Não será possível aqui convolar, aproveitando a petição inicial, o processo de intimação em cautelar? Se o requerente apresentava prova suficiente de lesão séria no seu direito, liberdade ou garantia alegado não será isso suficiente para dizer que o acto em causa é manifestamente ilegal por ofensa ao conteúdo essencial de um direito, liberdade ou garantia? Nesse caso, parece-nos, a petição inicial permitiria sustentar o pedido de uma providência cautelar ao abrigo do disposto na alínea a) do n.º 1 do artigo 120.º do CPTA, por ser evidente a procedência da pretensão formulada, designadamente por estar em causa a impugnação de um acto manifestamente ilegal.

[37] "Pretexto…", pp. 571-574.

a sujeição da temática à análise segundo o critério do bom senso que se pretende com este texto.

Em primeiro lugar há que ser rigoroso sobre a questão que, de facto, se coloca nesta sede: o que se pretende ao recorrer à intimação, neste caso, é impedir a execução (jurídica ou material, isto é, por acto administrativo ou por mera operação material) de um acto normativo comunitário (*maxime*, um regulamento comunitário) que viola (ou pode violar) um direito, liberdade ou garantia[38].

O problema coloca-se uma vez que se a Administração se vê obrigada, através da intimação, a comportar-se de forma contrária ao acto normativo comunitário, estará a ofender a regra da aplicação uniforme do Direito Comunitário, o que importa a violação do princípio da lealdade comunitária (artigo 10.º do Tratado CE)[39].

Por outro lado, o afastamento da regra comunitária pelo respeito dos direitos, liberdades e garantias poderá pôr em causa o princípio do primado do Direito Comunitário sobre o ordenamento jurídico nacional; já o inverso constituirá uma violação da Constituição por desconformidade com os seus valores fundamentais.

Carla Amado Gomes propõe como solução, compatibilizando o princípio da legalidade interna (ou melhor, da constitucionalidade) com o princípio da lealdade comunitária, o recurso ao reenvio da questão prejudicial ao Tribunal de Justiça das Comunidades Europeias para que este se pronuncie sobre a validade ou invalidade da norma comunitária que serve de fundamento à execução pela Administração nacional, nos termos do artigo 234.º do Tratado CE[40]. Se o TJCE confirmasse a invalidade da norma, o tribunal nacional teria base para dar provimento à intimação; se, pelo contrário, o TJCE não considerasse a norma comunitária como inválida, o tribunal nacional não poderia pôr em causa a actuação da Administração[41].

---

[38] Embora CARLA AMADO GOMES se refira inicialmente a "intimação contra actos normativos comunitários" ("Pretexto...", p. 571) julgamos, pelo que diz logo em seguida, que a Autora se refere ao que assinalámos no texto.
[39] Cf. CARLA AMADO GOMES, "Pretexto...", p. 572.
[40] "Pretexto...", p. 572.
[41] Salvo tratando-se, diz CARLA AMADO GOMES, de regulamento nacional de execução de um regulamento comunitário desconforme com a Constituição onde poderá desaplicá-lo com fundamento em inconstitucionalidade ("Pretexto...", p. 573). Sobre a possibilidade de recorrer-se à intimação contra actos normativos *vide supra* nota 15.

Pensamos que, embora seja desejável que se proceda ao reenvio sempre que possível, nas situações de maior urgência, nomeadamente quando se recorra aos três momentos mais rápidos dos elencados *supra*, o recurso ao mecanismo das questões prejudiciais não permitirá, mesmo que célere[42], uma resolução da questão em tempo útil.

Tendo isto em conta, julgamos que nestes casos mais urgentes deverá o tribunal nacional decidir da questão sem solicitar a intervenção do TJCE. Se julgar que a aplicação da norma comunitária pela Administração (através de acto administrativo ou operação material) viola o direito, liberdade ou garantia alegado pelo requerente deverá, em princípio[43], dar provimento à intimação.

Face ao artigo 6.º do Tratado da UE e por força do princípio da congruência estrutural entre a Constituição (material) da União Europeia e as Constituições nacionais, uma norma contrária a estas seria, simultaneamente, contrária ao Direito Comunitário e, por isso, anulável pelo TJCE, pois que "a questão da *inconstitucionalidade*, com tal fundamento, de uma *norma comunitária* suscitada perante um tribunal nacional convola-se *eo ipso* na questão da sua validade perante o direito constitucional da UE"[44].

É verdade, contudo, que segundo a jurisprudência do TJCE os tribunais nacionais não têm competência para declarar a invalidade de actos comunitários e são, para esse efeito, obrigados a submeter a questão a título prejudicial. Todavia, face à urgência da questão, à gravidade do assunto em causa (violação de direitos, liberdades ou garantias) e à presunção de invalidade também perante a ordem jurídica comunitária, somos levados a defender o não recurso, quando não possível em tempo útil, ao mecanismo do reenvio prejudicial.

De modo a compatibilizar com o princípio da lealdade comunitária (e de acordo com o entendimento que temos do primado) diremos, no entanto, que o juiz nacional só deverá afastar a aplicação da norma comunitária se esta afrontar direitos, liberdades e garantias constantes do n.º 6 do artigo 19.º da CRP, pois no demais, o Direito Comunitário terá prevalência[45].

---

[42] Cf. a sugestão de GARCIA DE ENTERRÍA para minorar o atraso proveniente do recurso a este mecanismo por parte do TJCE citado em CARLA AMADO GOMES, "Pretexto…", p. 572, nota 72.
[43] *Vide* o que se diz mais à frente no texto.
[44] Assim, NUNO PIÇARRA, "A Justiça Constitucional da União Europeia" in *Estudos Jurídicos e Económicos em Homenagem ao Prof. Doutor António de Sousa Franco*, Vol. III, Coimbra, p. 488.
[45] Com o mesmo entendimento no que se refere ao limite ao primado do Direito Comunitário cf. CARLA AMADO GOMES, "Pretexto…", p. 574; também, NUNO PIÇARRA, "A Justiça…", p. 489, nota 39.

4. Nota conclusiva

Depois deste breve passeio por algumas das áreas sensíveis da intimação para a protecção de direitos, liberdades e garantias esperamos ter ajudado, por pouco que seja, à análise (e sobretudo à aplicação) sensata deste meio processual.

Não isenta de críticas, pensamos ter demonstrado que as vantagens desta intimação superam as suas desvantagens. Além disso, é possível notar que algumas das suas eventuais limitações devem-se mais à forma como são interpretados os preceitos legais correspondentes (e à sua aplicação subsequente) do que à letra da lei em si mesma que, socorrendo-nos de uma leitura direccionada ao princípio da tutela jurisdicional plena e efectiva (com todas as suas implicações e decorrências), permite dela extrair um leque mais alargado de soluções para problemas em que, aparentemente, o Contencioso Administrativo português não daria resposta adequada.

Mais do que dar respostas certas e definitivas sobre a intimação, tencionámos com este texto, principalmente, agitar consciências e alertar o eventual intérprete e aplicador das virtualidades, bem como dos perigos de interpretações desvirtuantes, do recurso a esta figura processual.

O Contencioso Administrativo, se nasceu com alguns "traumas" dos quais se tem vindo a libertar progressivamente, deve, contudo, continuar sempre com as suas "sessões" de psicanálise (cultural) onde poderá enfrentar os seus "medos" e "fraquezas", os seus "recalcamentos" e "sublimações", de forma a melhorar a sua actuação, a mantê-la saudável e a evitar o surgimento de novos "traumas" ou o regresso de antigos e, se tal não for possível evitar, pelo menos que não se torne necessário recorrer a "tratamento de choque"[46].

Este singelo trabalho pretendeu, pois, humildemente, ser (mais) uma leve e bem-disposta "sessão de psicanálise" (cultural) a que o Contencioso Administrativo se deve submeter periodicamente, numa "consulta" subordinada à problemática da intimação para protecção de direitos, liberdades e garantias, sentando-o no divã do bom senso, apoiado, confortavelmente, pela "almofada" da Constituição.

Lisboa, Fevereiro de 2007

---

[46] Valemo-nos, como é óbvio, da obra fundamental de VASCO PEREIRA DA SILVA, *O Contencioso Administrativo no Divã da Psicanálise, Ensaio sobre as Acções no Novo Processo Administrativo*, Coimbra, 2005.

Pareceres

Função legislativa e tutela da confiança. O caso dos notários

PROF. DOUTOR JORGE MIRANDA

Consulta

Pretende-se saber:

– Se as recentes medidas no âmbito do chamado programa *Simplex*, ao desformalizarem actos jurídicos até agora da competência dos notários, não são contraditórias com a legislação de há pouco mais de dois anos, que privatizou o notariado;
– Se os efeitos, que envolvem, de redução drástica do exercício da profissão notarial, não afectam legítimas expectativas criadas por aquela legislação;
– Se, por conseguinte, não infringem o princípio da segurança jurídica, um dos princípios do Estado de Direito democrático, na vertente de tutela da confiança, bem como a liberdade de exercício de profissão [preâmbulo e artigos 2.º e 9.º, alínea *b*), e 47.º, n.º 1 da Constituição].

Parecer

I

1. O Estado de Direito material ou de direitos fundamentais – contraposto ao Estado de Direito formal ou de mera legalidade e surgido no segundo pós-guerra e após a queda dos regimes totalitários e autoritários – implica:

   a) A Constituição como Constituição *normativa* (Karl Loewenstein) e como ordem *material*, e não apenas procedimental, do Estado;

b) A Constituição como conjunto de princípios e de regras com aplicabilidade directa e, na medida do possível, imediata;

c) A Constituição, todavia, ainda como ordem aberta, enquanto os princípios admitem ou postulam desenvolvimentos, concretizações, densificações, realizações variáveis;

d) A Constituição como tronco do sistema jurídico estatal, por nela se encontrarem (muito para além das *têtes de chapitre* de Pellegrino Rossi) os princípios de todos os ramos de Direito;

e) A interpretação e a aplicação das leis em conformidade com a Constituição;

f) A superação da leitura dos direitos fundamentais como estando sob reserva de lei; pelo contrário, "não são os direitos fundamentais que devem ser interpretados conforme a lei, mas a lei que deve ser interpretada conforme os direitos fundamentais" (Kruger);

g) O reconhecimento nos direitos de liberdade ou negativos também de um vector positivo (acarretando deveres de protecção para o Estado) e nos direitos sociais ou positivos outrossim de um vector negativo (de uma área de intangibilidade);

h) A dependência de validade das leis e dos demais actos jurídico-públicos da sua conformidade com a Constituição;

i) A substituição ou, pelo menos, a complementação do princípio da legalidade pelo princípio da constitucionalidade[1];

j) Correlativamente, o princípio da fiscalização jurisdicional da constitucionalidade[2].

---

[1] Cfr. *Contributo para uma teoria da inconstitucionalidade*, Lisboa, 1968, págs. 82 e segs.

[2] Cfr., por exemplo, *The Constitutional Development on the Eve of the Third Millenium*, obra colectiva editada por Thomas Fleiner, Friburgo, 1995; *La nuova età delle Costituzioni*, obra colectiva (ao cuidado de LORENZO ORNAGHI), Bolonha, 2000; VITAL MOREIRA, *O futuro da Constituição*, in *Direito Constitucional — Estudos em homenagem a Paulo Bonavides*, obra colectiva organizada por Eros Roberto Grau e Willis Santiago Guerra Júnior, São Paulo, 2001, págs. 318 e segs.; PETER HÄBERLE, *L'État constitutionnel*, trad., Aix-en-Provence e Paris, 2004; *Crise e desafios da Constituição*, obra colectiva coordenada por JOSÉ ADÉRCIO LEITE SAMPAIO, Belo Horizonte, 2004; EDUARDO CAPELLARI, *A crise da modernidade e a Constituição*, Rio de Janeiro, 2004; LUIS M. CRUZ, *La Constitución como orden de valores – Perspectivas jurídicas y políticas*, Granada, 2005; LUÍS ROBERTO BARROSO, *Neoconstitucionalismo e constitucionalização do Direito*, in *Boletim da Faculdade de Direito da Universidade de Coimbra*, 2005, págs. 233 e segs.; *Constitucionalismo e Estado*, obra colectiva (organizada por Agassiz Almeida Filho e Francisco Bilac Moreira Pinto Filho), Rio de Janeiro, 2006; *Derecho Constitucional para el siglo XXI*, obra colectiva, correspondente ao Congresso Ibero-americano de Direito Constitucional, Elcano (Navarra), 2006.

2. A reiterada supremacia da Constituição não comporta, nem poderia comportar o apagamento do papel da lei (o que comporta é uma mudança de paradigma).

No século XIX, marcado pelo iluminismo e pelo liberalismo, a lei integrava-se na visão de uma sociedade de indivíduos livres e iguais, homogénea, aparentemente bem estruturada frente ao poder político e cujo funcionamento se pautava de acordo com a razão. Prescrição normativa, definia-se pela generalidade e pela abstracção, tinha na certeza um esteio básico a preservar e na codificação o maior trunfo. Proveniente do Parlamento, revestia forma unitária.

Já não assim nos séculos XX e XXI, marcados por uma sociedade cada vez mais heterogénea, mutável e conflitual de grupos e de interesses e em que se demandam à lei intervenções contingentes nos mais diversos sectores da vida económica, social e cultural. Donde, o aumento enorme do número de leis, com pulsões decisionistas; o aparecimento de *leis-medidas* (*Massnahmengesetze*), com diluição das fronteiras entre lei e acto administrativo; diversas formas procedimentais; instâncias participativas e de contratualização; insatisfação constante e constantes alterações dos preceitos – tudo traduzido em leis *omnibus* (Garcia de Enterría) e conduzindo àquilo a que se tem chamado inflação legislativa[3].

Mas, precisamente por isto é que se torna mais premente a força normativa da Constituição como ponto firme de unidade do ordenamento, sinal de

---

[3] Cfr., entre tantos, GARCIA PELAYO, *Derecho Constitucional Comparado*, 8ª ed., Madrid, 1967, págs. 68 e segs.; SILVANO LABRIOLA, *Crisi della legge e principio di rappresentanza*, in *Diritto e Società*, 1983, págs. 723 e segs.; CASTANHEIRA NEVES, *O instituto dos assentos e a função jurídica dos supremos tribunais*, Coimbra, 1983, págs. 583 e segs.; GUNTHER TEUBNER, *Aspetti, limiti, alternative della legislazione*, in *Sociologia del Diritto*, 1985, págs. 7 e segs.; MANOEL GONÇALVES FERREIRA FILHO, *Estado de Direito e Constituição*, São Paulo, 1988, págs. 19 e segs.; ROGÉRIO SOARES, *Sentido e limites da função legislativa no Estado contemporâneo*, in *A feitura das leis*, obra colectiva, II, págs. 431 e segs.; GUSTAVO ZAGREBELSKY, *Il Diritto Mite*, Turim, 1992, págs. 43 e seg.; PORRAS NADALES, *Introducción a la teoría del Estado postsocial*, Barcelona, 1988, págs. 203 e segs.; FRANCO MODUGNO e DAMIANO NOCILLA, *Crisi della legge e sistema delle fonti*, in *Diritto e Società*, 1989, págs. 411 e segs.; GOMES CANOTILHO, *Relatório sobre o programa, os conteúdos e os métodos de um curso de teoria da legislação*, Coimbra, 1990, págs. 43-44 e 48 e segs.; MANUEL AFONSO VAZ, *Lei e reserva da lei*, Porto, 1992, págs. 147 e segs.; MARCELO REBELO DE SOUSA, *A lei no Estado contemporâneo*, in *Legislação*, n.º 11, Outubro-Dezembro de 1994, págs. 5 e segs.; GIANDOMENICO MAJONE, *L'État et les problèmes de la réglementation*, in *Pouvoirs*, n.º 70, 1994, págs. 133 e segs.; CLEMERSON MERLIN CLÈVE, *A lei no Estado contemporâneo*, in *Génesis – Revista de Direito Administrativo Aplicado*, 1996, págs. 346 e segs.; BLANCO DE MORAIS, *As leis reforçadas*, Coimbra, 1998, págs. 69 e segs.; FRANCESCO BILANCIA, *La crisi dell'ordinamento giuridico dello stato rappresentativo*, Pádua, 2000, págs. 3 e segs.; PAULO OTERO, *Legalidade e Administração Pública*, Coimbra, 2003, págs. 137 e segs.

continuidade das instituições e antepara dos direitos dos cidadãos. E, sob o impulso de normas explícitas e de construções jurisprudenciais e doutrinais, a prática do controlo de constitucionalidade tem vindo a revelar exigências cada vez mais avançadas de resposta às disfunções das leis ordinárias. Não se trata de convolar o Estado de Direito em Estado de juízes; trata-se tanto de alargar os seus instrumentos de trabalho quanto de os submeter a mais adequados critérios de decisão.

Embora em moldes diversos consoante o objecto e a estrutura das normas constitucionais, a liberdade de conformação do legislador, imposta pela prossecução do interesse público e legitimada pelo princípio democrático, exerce-se nesse âmbito. Parafraseando André Gonçalves Pereira, dir-se-á que essa liberdade começa onde acaba a interpretação que lhe cabe fazer da Constituição[4].

3. Conhecem-se os principais instrumentos trazidos pela actual fase do Estado de Direito:

- A formulação de postulados ou cânones hermenêuticos complementares ou alternativos dos cânones clássicos.
- A par do método subsuntivo (prevalecente no domínio das inconstitucionalidades orgânicas e procedimentais), o recurso ao método da ponderação (em que se faz a apreciação dos interesses constitucionalmente relevantes, com balanceamento entre eles e os princípios que lhes subjazem)[5].
- O relevo fortíssimo, por conseguinte, do princípio da proporcionalidade.
- Em especial, na inconstitucionalidade material, a detecção de duas manifestações – a violação de lei constitucional e o desvio de poder legislativo, aquela consistindo na pura e simples contradição de sentidos ou de conteúdos tal como constam dos enunciados normativos e esta na contradição entre os fins do acto ou da norma e os fins da norma constitucional.
- Os órgãos de fiscalização têm, pois, de raciocinar com base não tanto em juízos lógico-formais quanto em juízos valorativos, descendo ao fundo das coisas e não se contentando com quaisquer aparências[6].
- A utilização de sentenças limitativas, com as quais se limitam os efeitos, e mais do que os efeitos, a própria inconstitucionalidade em nome da necessidade de temperar o rigor das decisões adequando-as às situações

---

[4] *Erro e ilegalidade no acto administrativo*, Lisboa, 1962, pág. 217.
[5] Ou da optimização, quanto aos direitos fundamentais (ALEXY).
[6] Cfr. *Manual de Direito Constitucional*, VI, 2ª ed., Coimbra, 2004, págs. 41 e segs.

da vida à luz de outros princípios e interesses constitucionalmente protegidos para além do princípio da constitucionalidade[7].
— A utilização de sentenças aditivas (ou manipulativas ou modificativas), nas quais a inconstitucionalidade verificada não reside naquilo que a norma prescreve, mas sim naquilo que não prescreve; resulta de a norma não conter tudo aquilo que deveria conter para respeitar os imperativos da Constituição; e em que os órgãos de fiscalização, de certa sorte, acrescentam o elemento em falta.

Nas decisões de inconstitucionalidade parcial há uma parte da norma que cai para a norma se salvar. Nas decisões aditivas há um segmento que se junta com idêntico objectivo. E nisto se denota algo de comum às sentenças limitativas e às sentenças interpretativas dos tribunais constitucionais e de órgãos homólogos, pois todos pressupõem um controlo dirigido para a plena, efectiva e actual realização dos princípios constitucionais.

— A fiscalização da inconstitucionalidade por omissão (em certos casos, como sucedâneo das sentenças aditivas).
— A possibilidade ou a necessidade de os órgãos de fiscalização conhecerem de situações de facto, designadamente nos domínios da inconstitucionalidade frente a normas programáticas e da inconstitucionalidade por omissão.

4. Quanto a Portugal, bem se sabe que foi com a Constituição de 1976[8] que a República se declarou um Estado de Direito (e Estado de Direito democrático, para acentuar a síntese operada com os princípios da democracia representativa). Consignado no preâmbulo, as revisões de 1982 e de 2004 reforçariam a projecção irradiante do Estado de Direito — proclamando o respeito e a garantia dos seus princípios [artigos 2.º, 8.º, n.º 4, e 9.º, alínea b)][9].

Não se justificaria, evidentemente, esmiuçar neste trabalho a matéria.

---

[7] *Ibidem*, págs. 82 e segs.
[8] À semelhança do que ocorreu na Itália a partir de 1947, na Alemanha a partir de 1949, na Espanha a partir de 1978, no Brasil desde 1988.
[9] Cfr. JORGE MIRANDA, *A Constituição de 1976 – Formação, estrutura, princípios fundamentais*, Coimbra, 1978, págs. 473 e segs.

II

5. Não basta enumerar, definir, explicitar os direitos das pessoas. É preciso que no seu exercício e no cumprimento dos correlativos deveres, elas possam organizar as suas vidas com previsibilidade de futuro[10]. O Estado de Direito tem por função sossegar os cidadãos sobre o futuro dos seus direitos[11].

Eis o alcance primordial do princípio da segurança jurídica, ambiente do Direito, cuja vertente subjectiva envolve tutela da confiança, consoante a jurisprudência e a doutrina vêm assinalando. E a tutela da confiança tem como contrapartida a boa fé dos órgãos de poder nas decisões que conformam os interesses das pessoas. Não tem apenas de haver boa fé na actividade administrativa (artigo 266.°, n.° 2)[12]; ela tem de abranger todas as actividades do Estado[13-14].

---

[10] *A Constituição de 1976*, cit., pág. 473.

[11] Cfr. SOULAS DE SOUSEL e PHILIPPE RAMBAULT, *Nature et racines du principe de sécurité juridique : une mise au point*, in *Revue internationale de droit comparé*, 2003, pág. 100. Cfr. NORBERT LÖSING, *Estado de derecho, seguridad juridica e desarrollo economico*, in *Anuario Iberoamericano de Jiticia Constitucional*, 2002, págs. 273 e segs.

[12] Preceitua, por seu turno, o art. 6.° -A do Código do Procedimento Administrativo:

1. No exercício da actividade administrativa e em todas as suas formas e fases, a Administração Pública e os particulares devem agir e relacionar-se segundo as regras da boa fé.

2. No cumprimento do disposto nos números anteriores, devem ponderar-se os valores fundamentais do direito, relevantes em face das situações consideradas, e, em especial:

a) A confiança suscitada na contraparte pela actuação em causa;

b) O objectivo a alcançar com a actuação empreendida.

Cfr. MÁRIO ESTEVES DE OLIVEIRA, PEDRO CASTRO GONÇALVES e JOÃO PACHECO DE AMORIM, *Código do Procedimento Administrativo Anotado*, 2ª ed., Coimbra, 1997, págs. 108 e segs.; DIOGO FREITAS DO AMARAL, *Curso de Direito Administrativo*, II, Coimbra, 2001, págs. 133 e segs.; MARCELO REBELO DE SOUSA e ANDRÉ SALGADO DE MATOS, *Direito Administrativo Geral*, I, 2ª ed., Lisboa, 2006, págs. 217 e segs. E na doutrina de outros países, por exemplo, JESÚS GONZÁLEZ PÉREZ, *El principio general de la buena fe en el Derecho Administrativo*, Madrid, 1999.

[13] O princípio, de longuíssima história, atingiu até há pouco a sua máxima expressão no Direito privado: cfr. ANTÓNIO MENEZES CORDEIRO, *Da boa fé no Direito Civil*, Lisboa, 1984. Daí passou para outros ramos de Direito. Cfr., noutra óptica, TERESA NEGREIROS, *Fundamentos para uma interpretação constitucional do princípio da boa fé*, Rio de Janeiro, 1998.

É também princípio de *jus cogens* internacional: artigos 2.°, n.° 2 da Carta das Nações Unidas e artigos 33.° e 46.° da Convenção de Viena de Direito dos Tratados; cfr. ELISABETH ZOLLER, *La bonne foi en droit international publique*, Paris, 1977.

[14] O que se diz da boa fé deve estender-se à confiança. Cfr. MANUEL CARNEIRO FRADA, *Teoria da confiança e responsabilidade civil*, Coimbra, 2004, *maxime* págs. 19 e segs., 346 e segs. e 431 e segs. Apesar de se situar em Direito privado, sustenta que a "produção da confiança" é um resultado inerente a qualquer estabelecimento de regras jurídicas e traduz uma função genérica do ordenamento na globalidade, elas reduzem a contingência e, combatendo os riscos de insucesso dos sujeitos, favorecem e estimulam a sua actuação e iniciativa (pág. 346).

Presente em institutos civilizacionais tão sedimentados como a prescrição aquisitiva e extintiva, a publicidade das leis, o acesso aos tribunais para defesa dos direitos, a igualdade processual das partes e a ressalva dos casos julgados, a segurança jurídica em Estado de Direito traduz-se na generalidade e na abstracção das leis sobre direitos, liberdades e garantias (artigo 18.º, n.ºs 2 e 3), na não retroactividade das leis restritivas destes direitos, das leis sancionatórias não favoráveis, das leis definidoras da competência dos tribunais e das de criação de impostos (artigos 18.º, n.º 3, 29.º, n.ºs 2 e 4, 32.º, n.º 9 e 103.º, n.º 3), enfim na segurança jurídica como factor determinante de restrições dos efeitos da inconstitucionalidade (artigo 282.º, n.º 4).

Patenteia-se também não só na certeza, na compreensibilidade, na determinabilidade e na transparência das normas jurídicas como na estabilidade ou durabilidade razoável das normas que se repercutam em situações jurídicas subjectivas[15]. O legislador tem um dever de boa fé perante os destinatários das normas que edite e estes o direito a verem salvaguardadas as expectativas que aquelas tenham provocado. A instabilidade legislativa não preclude essa relação; fá-la, apenas, mais complicada, embora não menos imprescindível[16].

Com efeito, como sublinha Blanco de Morais[17], a durabilidade dos regimes jurídicos constitui um atributo da segurança jurídica, "uma condição do seu conhecimento e da confiança dos cidadãos no respectivo conteúdo.

"Como exigir aos destinatários de uma lei o seu devido conhecimento jurídico e a calculabilidade das suas condutas futuras derivada desse conhecimento, se a mesma lei for sujeita a permanentes e contingentes alterações que prejudiquem a sua estabilidade?

"Malgrado este facto, verifica-se que no tempo presente se assiste no Estado Social à irrupção de uma verdadeira «*orgia legislativa*» já que o intervencionismo estatal, utilizando o léxico de Schmitt, gerou uma *motorização da lei*,

---

[15] Cfr. GOMES CANOTILHO, *Direito Constitucional e Teoria da Constituição*, 7ª ed., Coimbra, 2004, págs. 257 e segs. ou JORGE MIRANDA e RUI MEDEIROS, *Constituição Portuguesa Anotada*, I, Coimbra, 2005, pág. 102. E ainda, por exemplo, JOSÉ LUIS PALMA FERNÁNDEZ, *La seguridad jurídica ante la abundancia de normas*, Madrid, 1997; NORBERTO LÖSING, *op.cit.*, *loc.cit.*, págs. 286 e segs.

[16] A ideia tem, de resto, antecedentes que remontam ao Direito romano, no qual, segundo SOULAS DE SOUSEL e PHILIPPE RAMBAULT (*op.cit.*, *loc.cit.*, págs. 96-97), se desdobraria em dois subprincípios: da *certitudo* (os destinatários das normas devem conhecer os comportamentos a seguir) e a *securitas* (respeito concreto das normas, da jurisprudência e dos contratos); mas significativo foi o contributo alemão para a sua consagração (*ibidem*, págs. 95 e segs.).

[17] *Segurança jurídica e justiça constitucional*, in *Revista da Faculdade de Direito da Universidade de Lisboa*, pág. 622.

caracterizada não apenas por uma enorme quantidade de regras em circulação, mas por contínuas alterações e derrogações supressivas no seu preceituado. Situação que nos recorda a antiquíssima afirmação de Tacito: «*Plurimae leges corruptissima Respublica*»".

Para outro Autor, Jean-Pierre Cambay[18], a situação é paradoxal. O que caracteriza as relações sociais de hoje é a sua complexidade, a sua mudança permanente, a obsolescência cada vez mais rápida dos conhecimentos e das técnicas. E, correndo o risco de ser ultrapassado, o sistema normativo deve adaptar-se a tais mutações e responder a desafios tão diversos como a revolução das técnicas de comunicação, o difundir das revindicações económicas e sociais ou o ritmo dos progressos científicos. Mas, ao mesmo tempo, a rapidez destas mudanças torna mais necessária a estabilização do Direito. A necessidade de segurança jurídica é tanto mais forte quanto mais rápidas são as evoluções sociais e económicas.

"O que conta hoje aos olhos dos cidadãos é que as normas jurídicas lhes permitam determinar-se com um grau de previsibilidade suficiente, à luz das circunstâncias conhecidas e, portanto, estáveis no momento em que as opções se exercem. Esta a razão por que a questão da estabilidade jurídica toma tal importância: o Direito deve adaptar-se a situações cada vez mais efémeras, mas há-de visar reduzir as margens de indeterminação dos comportamentos".

6. Não menos conscientes da gravidade do problema são Jorge Reis Novais e Maria Lúcia Amaral. Assim como o que aduzem Marcelo Rebelo de Sousa e André Salgado Matos sobre a tutela da confiança em Direito administrativo pode ser transposto para aqui, com as devidas adaptações.

Segundo o primeiro destes Autores[19], "os particulares têm, não apenas o direito a saber com o que podem legitimamente contar por parte do Estado, como, também, o direito a não ver frustradas as expectativas que legitimamente formaram quanto à permanência de um dado quadro ou curso legislativo, desde que, obviamente, essas expectativas sejam legítimas, haja indícios consistentes de que, de algum modo, elas tenham sido estimuladas, geradas ou toleradas por comportamentos do próprio Estado e os particulares não possam ou

---

[18] *La securité juridique: une exigence juridictionnelle (observations à propos de l'arrêt du Conseil de l'État du 24 mars 2006)*, in *Revue du droit public*, 2006, págs. 1170 e segs. Cfr., quanto à Alemanha, OTTO PFERSMANN, *Regard externe sur la protection de la confiance legitime en droit constitutionnel allemand*, in *Revue française de droit administratif*, 2000, págs. 235 e segs.
[19] *Os princípios constitucionais estruturantes da República Portuguesa*, Coimbra, 2004, págs. 263 e segs.

devam, razoavelmente, esperar alterações radicais no curso do desenvolvimento legislativo normal.

"Em contraponto, há que ter em conta que o legislador de Estado de Direito democrático está igualmente vinculado à prossecução do interesse público e que, aí, tem de dispor de uma ampla margem de conformação da ordem jurídica ordinária, incluindo, naturalmente, uma possibilidade de alteração das leis em vigor, pois, de outro modo, e pressupondo que os fins do legislador são constitucionalmente legítimos, seria decisivamente posto em causa o próprio mandato democrático que os eleitores conferiram aos governantes.

"Assim, perante a igual dignidade constitucional dos valores em confronto, o alcance prático do princípio da protecção da confiança não é delimitável independentemente de uma avaliação *ad hoc* que tenha em conta as circunstâncias do caso concreto e permita concluir, com base no peso variável dos interesses em disputa, qual dos princípios deve merecer a prevalência. Nesta avaliação devem ser devidamente tidos em conta dados como o merecimento e dignidade objectiva de protecção da confiança que o particular depositava no sentido de inalterabilidade de um quadro legislativo que o favorecia, o peso relativo do interesse público que conduziu à alteração legislativa, a relevância dos interesses dos particulares e a intensidade da sua afectação e, não menos importante, a própria margem de livre conformação que deve ser deixada ao legislador democrático em Estado de Direito.

(...)

"Em última análise, em todas as situações *difíceis* que aqui venham a ser consideradas não é possível chegar a resultados constitucionalmente adequados sem ter em conta uma ponderação entre o peso do interesse público prosseguido pelo legislador e a força de *resistência* das expectativas dos particulares.

"Por sua vez, do lado dos particulares, a possibilidade constitucional de invocação bem sucedida do princípio pressupõe sempre a reunião cumulativa dos seguintes pressupostos: existência de expectativas legítimas na continuidade de uma dada situação jurídica, devendo essas expectativas ter sido estimuladas, alimentadas ou, de alguma forma, toleradas pelo Estado, e, em segundo lugar, uma alteração inesperada do comportamento do Estado que abale a confiança que os particulares detinham nele e ponha em causa a solidez dessas expectativas.

(...)

"Neste sentido, quando os juízes, mormente o Tribunal Constitucional, apreciam a eventual inconstitucionalidade de lei violadora do princípio da protecção da confiança, a ponderação de valores a que procedem não deve ser independente da consideração das potenciais alternativas de que dispunha o legislador para prosseguir o interesse público. Ou seja, se o fim do legislador podia ser alcançado por via menos agressiva da confiança e dos interesses dos particulares – por exemplo, através da previsão de disposições transitórias ou indemnizatórias – então tudo aquilo que, em agressividade, vai para além desse mínimo apto a alcançar os fins legislativos deve ser considerado inconstitucional por constituir uma afectação gratuita, desnecessária ou arbitrária da confiança que os particulares depositavam na ordem jurídica vigente.

"Há, aí, uma óbvia associação ao princípio da proibição do excesso (...) –, mas a autonomia do princípio da protecção da confiança é bem patente no juízo de ponderação que precede a eventual comparação e avaliação de alternativas disponíveis ao legislador, bem como no facto de as exigências de proibição do excesso serem aqui aplicáveis por simples facto da existência de expectativas dos particulares dignas de protecção, independentemente de se referirem ou não a direitos, liberdades ou garantias".

E, de acordo com Maria Lúcia Amaral[20], para que haja, em determinadas situações concretas, lesão do princípio da confiança é necessário que se perfaçam sempre quatro pressupostos essenciais: 1.º) que o Estado (ou os poderes públicos) tenham *efectivamente* tomado decisões ou encetado comportamentos susceptíveis de gerar nos cidadãos *expectativas de continuidade*; 2.º) que os cidadãos tenham eles próprios tomado decisões – ou feito planos de vida – com fundamento nessas mesmas expectativas; 3.º) que tais expectativas na continuidade da política estadual sejam *legítimas*, porque fundadas ou justificadas em *boas razões*; 4.º) que a mudança do comportamento dos poderes públicos não seja exigida por um *interesse público* que, pela sua importância ou valor, sobreleve o valor da tutela das expectativas privadas.

Finalmente, nas palavras de Marcelo Rebelo de Sousa e André Salgado de Matos[21], "a tutela da confiança pressupõe a verificação de diversas circunstâncias: primeira uma *actuação de um sujeito de direito* que crie a confiança quer na manutenção de uma situação jurídica, quer na adopção de outra conduta; segunda, uma *situação de confiança justificada* do destinatário da actuação de outrem, ou seja, uma convicção, por parte do destinatário da actuação em causa, na determinação do sujeito jurídico que a adoptou quanto à sua actuação subsequente, bem como a presença de elementos susceptíveis de legitimar essa convicção, não só em abstracto mas em concreto; terceira, a efectivação de um *investimento de confiança*, isto é, o desenvolvimento de acções ou omissões,

---

[20] *A forma da República*, Coimbra, 2005, págs. 182-183.
[21] *Op.cit.*, pág. 34.

que podem não ter tradução patrimonial, na base da situação de confiança; quarta, o *nexo de causalidade* entre a actuação geradora de confiança e a situação de confiança, por um lado, e entre a situação de confiança e o investimento de confiança, por outro; quinta, a *frustração da confiança* por parte do sujeito jurídico que a criou. Estes pressupostos devem ser encarados de modo global: a não verificação de um deles será em princípio relevante, mas pode ser superada pela maior intensidade de outro ou por outras circunstâncias pertinentes (por exemplo, em certos casos, o decurso de grandes lapsos temporais)".

7. Não por acaso, a jurisprudência de vários países e a do Tribunal de Justiça das Comunidades Europeias têm considerado a segurança jurídica um "fio condutor" de numerosas decisões, chegando a exigir medidas transitórias e, na falta destas, a indemnização dos lesados[22].

E também a nossa jurisprudência constitucional – que, repetidamente, tem feito apelo à protecção da confiança como imperativo inerente ao Estado de Direito[23] – se tem pronunciado no sentido da inadmissibilidade de alterações legislativas que ponham em causa, de modo arbitrário ou oneroso, expectativas legitimamente fundadas dos cidadãos.

A ideia geral de inadmissibilidade, diz o Tribunal Constitucional[24], "poderá ser aferida, nomeadamente, pelos dois seguintes critérios:

a) a afectação de expectativas, em sentido desfavorável, será inadmissível, quando constitua uma mutação da ordem jurídica com que, razoavelmente, os destinatários das normas dela constantes não possam contar; e ainda

b) quando não for ditada pela necessidade de salvaguardar direitos ou interesses constitucionalmente protegidos que devam considerar-se prevalecentes (deve recorrer-se, aqui, ao princípio da proporcionalidade, explicitamente consagrado, a propósito dos direitos, liberdades e garantias, no n.º 2 do artigo 18.º da Constituição, desde a 1ª revisão).

---

[22] Cfr. JEAN-PIERRE CAMBAY, *op.cit.*, *loc.cit.*, págs. 1171 e segs.
[23] Cfr., entre tantos, pareceres n.ºs 25/79, 25/81 e 14/82 da Comissão Constitucional; e acórdãos n.ºs 437/82, 11/83, 3/84, 307/90, 323 e 365/91, 161/93, 410/95, 559/98, 160, 215 e 561/2000, 558/2001, 109, 128, 297 e 363/2002 do Tribunal Constitucional.
[24] Acórdão n.º 287/90, de 30 de Outubro, in *Acórdãos do Tribunal Constitucional*, XVII, págs. 176 e 177.

"Pelo primeiro critério, a afectação de expectativas será extraordinariamente onerosa. Pelo segundo, que deve acrescer ao primeiro, essa onerosidade torna-se excessiva, inadmissível ou intolerável, porque injustificada ou arbitrária.

"Os dois critérios completam-se, como é de resto, sugerido pelo regime dos n.ºs 2 e 3 do artigo 18.º da Constituição. Para julgar da existência de excesso na «onerosidade», isto é, na frustração forçada de expectativas, é necessário averiguar se o interesse geral que presidia à mudança do regime legal deve prevalecer sobre o interesse individual sacrificado, na hipótese reforçado pelo interesse na previsibilidade de vida jurídica, também necessariamente sacrificado pela mudança. Na falta de tal interesse do legislador ou da sua suficiente relevância segundo a Constituição, deve considerar-se arbitrário o sacrifício e excessiva a frustração de expectativas.

"Não há, com efeito, um direito à não-frustração de expectativas jurídicas ou à manutenção do regime legal em relações jurídicas duradoiras ou relativamente a factos complexos já parcialmente realizados. Ao legislador não está vedado alterar o regime do casamento, do arrendamento, do funcionalismo público ou das pensões, por exemplo, ou a lei por que se regem processos pendentes. Cabe saber se se justifica ou não na hipótese da parte dos sujeitos de direito ou dos agentes, um "investimento na confiança" na manutenção do regime legal – para usar uma expressão da jurisprudência constitucional alemã (...)".

III

8. A liberdade de trabalho é um dos direitos fundamentais das pessoas, e não dos menos importantes. Qualificadamente, surge como liberdade de profissão ou liberdade dirigida a uma actividade com relevância económica, identificada por factores objectivos sociais e jurídicos. E revela-se tanto liberdade de *escolha* quanto liberdade de *exercício* (artigo 47.º, n.º 1 da Constituição)[25].

A liberdade de profissão atinge o seu máximo de intensidade nas chamadas profissões livres – a que correspondem as tradicionais profissões liberais, quando os profissionais trabalhem por conta própria – ou profissões cujo exercício implica a liberdade individual e colectiva concernente ao domínio de uma ciência e de uma técnica especialmente elevadas. A liberdade não é apenas para iniciar uma profissão e para a continuar a praticar; é também para

---

[25] Cfr. *Manual* ..., IV, 3ª ed., Coimbra, 2000, págs. 500 e segs. e Autores e jurisprudência citada.

determinar o sentido de cada um dos actos da profissão. Os resultados podem ser heteronomamente fixados, não os meios.

Não há, porém, profissões livres sem o sentimento jurídico de que são necessárias, úteis e idóneas; não há profissões livres sem confiança social; e a confiança resulta tanto da verificação reiterada de idoneidade científica e técnica como da certeza da sujeição dos profissionais a um sentido ético da profissão. Daí a importância, muito maior do que noutras actividades, das regras deontológicas que se convertem em regras jurídicas; daí uma disciplina que deve abranger todos os que se dedicam à mesma profissão; daí, enfim, um enquadramento estatutário destinado a permitir a integração dos profissionais, com liberdade, quer perante os órgãos de decisão política do Estado quer perante quaisquer outros poderes e quaisquer eventuais empregadores privados.

Só à lei cabe realizar esse enquadramento, tendo em conta as linhas mestras do sistema político, a organização administrativa, as estruturas e circunstâncias políticas, culturais e económico-sociais do país, as tradições corporativas ou paracorporativas das profissões ou outras variáveis relevantes. E as soluções podem ser bem diversas.

Uma coisa vem a ser, entretanto, a liberdade de profissão (em abstracto), outra coisa o tratamento das profissões (em concreto) ou de certas profissões, seja por via das actividades em si mesmas, seja através do estatuto dos profissionais. O desenvolvimento cultural, tecnológico e económico leva a uma crescente tendência para a intervenção do Direito, com vista à defesa dos interesses dos cidadãos e da qualificação dos profissionais.

Uma coisa ainda vem a ser essa regulação, outra coisa a garantia da existência desta ou daquela profissão. E esta pode ser de fonte constitucional: quanto às profissões forenses – juízes, magistrados do Ministério Público, advogados (artigos 215.º e segs., 219.º e 208.º) – e quanto aos jornalistas (artigo 38.º). Ou de fonte legal: é o que se passa, entre outras, com as profissões liberais, quando organizadas em ordens ou câmaras, visto que, se o Estado institui uma dessas associações públicas e lhes confere poderes de auto-regulação[26], logicamente atende à relevância e à indispensabilidade da sua função.

9. Algo diversamente do que faz no tocante a outras liberdades, a Constituição expressamente admite, no artigo 47.º, n.º 1, "as restrições legais impostas pelo interesse colectivo ou inerentes à sua própria capacidade". Quer dizer:

---

[26] Cfr. VITAL MOREIRA, *Auto-regulação profissional e Administração pública*, Coimbra, 1997, págs. 52 e segs.

a liberdade de profissão – a de escolha e, *a fortiori*, a de exercício – fica logo recortada no catálogo constitucional de direitos conexa com esses dois postulados limitativos, com a consequente compressão do seu conteúdo.

As restrições têm de ser legais, não podem ser instituídas por via regulamentária ou por acto administrativo. Todavia, não é apenas por haver lei a estabelecer restrições que elas se tornam admissíveis: é mister, sob pena de desvio de poder legislativo, estear a decisão legislativa num fundamento razoável. E não basta a alegação do interesse colectivo: é mister fazê-lo patente, tem de ser um interesse compatível com os valores constitucionais e ele só pode projectar-se sobre a liberdade de profissão na medida do necessário.

Em nome do interesse colectivo nunca poderá frustrar-se o conteúdo essencial da liberdade de profissão no âmbito de uma *sociedade democrática* (artigo 29.º, n.º 2, da Declaração Universal), impondo a alguém certa profissão contra a sua vontade ou impedindo arbitrariamente alguém de vir a exercer ou de continuar a exercer a sua profissão – e isto pode dar-se quer através de expressa vedação por lei quer através de medidas que tornem impossível ou extremamente difícil o exercício deste ou daquele mester.

Nenhuma profissão pode ser preservada para sempre, ou preservada com certas características. Mas nenhuma pode ser extinta por acto do poder, ao arrepio, do substrato socioeconómico que a justifica e das circunstâncias concretas que a conformam. Nenhuma pode ser extinta, por via directa ou indirecta, sem salvaguarda daquele mesmo interesse colectivo e dos direitos e legítimas expectativas dos que a escolheram e exercem. Isto vale, por maioria de razão, para as profissões liberais, pelo que envolvem de risco empresarial ou paraempresarial e enquanto expressões da sociedade civil.

IV

10. No uso da autorização concedida pela Lei n.º 49/2003, de 22 de Agosto, o Governo (o XVI Governo Constitucional) promoveu, mediante o Decreto-Lei n.º 26/2004, de 4 de Fevereiro, uma profunda reforma do notariado português com vista à privatização e ao retorno ao chamado modelo latino (vigente em Portugal até aos anos 40 do século XX). Era, de resto, uma medida há muito prometida e aguardada[27].

---

[27] Cfr. o discurso da Ministra da Justiça, Celeste Cardona, na posse do Director-Geral dos Registos e do Notariado, em 16 de Fevereiro de 2004.

Como se lê no preâmbulo deste diploma, consagrou-se uma nova figura de notário, com uma dupla condição – a de *oficial*, enquanto depositário da fé pública delegada pelo Estado e a de *profissional liberal* que exerce a sua actuação num quadro independente, e com a consequente dependência, na primeira veste, do Ministro da Justiça e, na segunda, da Ordem dos Notários (entretanto instituída pelo Decreto-Lei n.º 27/2004, da mesma data).

Estabeleceu-se, do mesmo passo, um regime de *numerus clausus* e uma delimitação territorial destinada a propiciar a prestação de serviços notariais em todo o território, assegurando-se uma remuneração mínima (obtida através de um fundo de compensação, inserido no âmbito da Ordem) aos notários que, pela sua localização, não produzam rendimentos suficientes para suportar os encargos dos seus cartórios. Por outro lado, durante um período transitório de dois anos, coexistiriam notários públicos e privados e permitiu-se aos notários optar pelo regime privado ou pelo vínculo à função pública através da integração nas conservatórias de registo. Neste período, proceder-se-ia à transformação dos cartórios existentes, à abertura de concursos para a atribuição de licenças, à resolução das situações funcionais dos notários e dos oficiais que deixassem de exercer funções no notariado (artigo 106.º, n.º 2)[28].

11. Princípios da actividade notarial são (artigos 10.º e segs. do estatuto do notariado anexo ao Decreto-Lei n.º 26/2004) o da legalidade, o da autonomia, o da imparcialidade, o da exclusividade e o de livre escolha.

O princípio da legalidade obriga os notários a apreciar a viabilidade de todos os actos cuja prática lhes seja requerida, em face das disposições legais aplicáveis e dos documentos apresentados ou exibidos, verificando, especialmente, a legitimidade dos interessados, a regularidade formal e substancial dos documentos e a legalidade substancial dos actos solicitados (artigo 11.º, n.º 1). O princípio da imparcialidade significa que o notário tem a obrigação de manter equidistância relativamente aos interesses particulares susceptíveis de conflituar, abstendo-se, designadamente, de assessorar apenas um dos interessados num negócio (artigo 13.º). E o princípio da livre escolha que os interessados escolhem livremente o notário (artigo 16.º), podendo este praticar todos os actos da sua competência ainda que respeitem a pessoas domiciliadas ou a bens situados fora da respectiva circunscrição territorial (artigo 7.º, n.º 2).

---

[28] Citem-se ainda, dentro da reforma, o Decreto-Lei n.º 194/2003, de 23 de Agosto (de alteração ao regulamento de emolumentos dos registos e do notariado) e as Portarias n.ºs 385 e 398/2004, de 16 e 21 de Abril, respectivamente (tabela de honorários e encargos notariais e regulamento de atribuição do título de notário).

12. Segundo informação prestada pela Ordem dos Notários, na sequência da reforma assim empreendida, cerca de 100 notários preferiram manter-se na função pública e 243 passaram a profissionais liberais.

A estes somam-se 106 novos notários após prestação de provas, os quais concorreram a licenças para instalação de cartórios. E, mais tarde, no segundo concurso para atribuição do título de notário, aberto já pelo actual Governo (o XVII Governo Constitucional) viriam a ser aprovados mais cerca de 70 candidatos.

V

13. Logo um ano depois da reforma do notariado levada a cabo pelo anterior Governo, o novo Governo[29] começaria a aprovar, ao abrigo do chamado programa *Simplex*, um conjunto de diplomas legais que vêm afectar, de uma forma ou de outra, o exercício da profissão de notário tal como configurada por aquela reforma.

São esses diplomas:

a) O Decreto-Lei n.º 111/2005, de 8 de Julho[30], que atribui às conservatórias do registo comercial – independentemente da localização da sede da sociedade a constituir – a constituição imediata de sociedades comerciais e civis sob forma comercial por quotas e anónimas, com as consequentes alterações dos Códigos das Sociedades Comerciais, do Registo Comercial e do Imposto sobre o Rendimento das Pessoas Colectivas.

b) O Decreto-Lei n.º 76-A/2006, de 29 de Março, com importantes alterações, designadamente, ao Código das Sociedades Comerciais e que torna não obrigatórias, entre outras, as escrituras públicas para a constituição de uma sociedade, para alteração do contrato ou dos estatutos das sociedades comerciais, para aumento do capital social, para alteração da sede ou do objecto social ou para dissolução, fusão ou cisão (artigos 2.º e segs.).

---

[29] Invocando o seu Programa, no qual se contemplava a eliminação dos actos e práticas registais e notariais que não importassem um valor acrescentado e dificultassem a vida dos cidadãos e das empresas.

[30] Seguido pelas Portarias n.ºs 590-A e 811/2005, de 14 de Julho e 12 de Setembro, respectivamente, e pelos Despachos Conjuntos n.ºs 1034/2005, de 11 de Novembro, e 296/2006, de 27 de Março.

Visa-se, como consta do preâmbulo, evitar o "duplo controlo público que se exigia às empresas através da imposição da obrigatoriedade de celebração de uma escritura pública no cartório notarial e, posteriormente, do registo desse acto na conservatória do registo comercial (...) – Desta forma, quanto uma empresa pretenda utilizar um processo mais complexo e minucioso, pode utilizar os serviços do cartório notarial, aí celebrando uma escritura pública e, depois, solicitar o registo do acto na respectiva conservatória. Se, ao invés, pretender utilizar um procedimento mais célere e barato, que é igualmente apto para assegurar a segurança jurídica do acto pretendido, o Estado passa a garantir a possibilidade de praticar esse acto num único local".

Por outro lado, as sociedades comerciais passam também a poder extinguir-se e liquidar o seu património nas conservatórias do registo comercial e, para efeito de fusão e cisão, bastam, doravante, dois registos nas conservatórias e duas publicações em sítio na *Internet*.

Ao mesmo tempo, estabelece-se que, quando inscritos em sistema informático a definir, as câmaras de comércio e indústria, os conservadores, os oficiais do registo, os advogados e os solicitadores podem fazer reconhecimentos simples e com menções especiais, presenciais e por semelhança, autenticar documentos particulares, certificar ou fazer e certificar traduções de documentos nos termos previstos na lei notarial; e esses actos conferem aos documentos a mesma força probatória que teriam se tais actos tivessem sido realizados com intervenção notarial (artigo 38.º)[31].

c) O Decreto-Lei n.º 125/2006, de 29 de Junho, que cria um regime especial de constituição *on line* de sociedades comerciais e civis sob forma comercial por quotas e anónimas e que admite que nos respectivos procedimentos intervenham tanto notários como advogados e solicitadores (artigos 7.º e 9.º).

d) O Decreto-Lei n.º 8/2007, de 17 de Janeiro, que, contemplando novas medidas de simplificação e de eliminação de actos, prevê que, além dos notários, possam certificar a conformidade de documentos electrónicos com os documentos originais, em suporte de papel, as câmaras de comércio e indústria, os conservadores, os oficiais de registo, os advogados e os solicitadores (artigo 19.º).

---

[31] Na sua sequência, refiram-se o Decreto-Lei n.º 125-A/2006, de 29 de Junho, e as Portarias n.ºs 657-A e 657-B/2006, de 29 de Junho.

e) O Decreto-Lei n.º 263-A/2007, de 23 de Julho, que institui um procedimento especial de transmissão, oneração e registo imediato de prédios urbanos em atendimento presencial único, aplicável à compra e venda, mútuo e demais contratos de crédito e financiamento celebrados em instituições de crédito, hipoteca, subrogação nos direitos e garantias do credor hipotecário; e este procedimento é da competência do serviço de registo predial da situação do prédio (artigos 1.º e 4.º).

f) A Lei n.º 40/2007, de 24 de Agosto, que consigna um regime especial de constituição imediata de associações com personalidade jurídica a cargo das conservatórias e de outros serviços que sejam previstos em portaria do membro do Governo responsável pela área da Justiça (artigos 1.º e 3.º).

14. As soluções agora consagradas têm merecido largas críticas da Ordem dos Notários, que, assim, se resumem.

Se o escopo prosseguido pelo programa *Simplex* é evitar um duplo controlo público de actos jurídicos – nos cartórios notariais e nas conservatórias – ele melhor poderia ser alcançado por outra via. O controlo preventivo de legalidade substancial a cargo do notário já bastaria para que um documento autenticado entrasse directamente no registo; e ao conservador caberia apenas verificar, em face dos registos existentes, se tal documento conteria os elementos necessários para a publicitação.

A atribuição do controlo às conservatórias envolve riscos para a segurança jurídica, por não licenciados em Direito, quando recebam delegação de competência do conservador, virem a realizar a qualificação jurídica de certos actos, com a consequente provável emergência futura de litígios judiciais acerca deles.

Mesmo quando os notários continuam a poder intervir, eles ficam colocados em posição de desigualdade perante as conservatórias, por os seus actos se tornarem, por força das regras legais aplicáveis, mais morosos e mais caros.

Tão pouco se compreende a atribuição a entidades privadas – advogados, solicitadores, câmaras de comércio e indústria – do poder de conferir fé pública a documentos.

E tudo isto envolve quebra da concorrência leal entre os notários e os demais agentes, com preterição da Lei n.º 18/2003, de 11 de Junho, quando, bem pelo contrário, se tem conhecimento de uma proposta de recomendação da Autoridade da Concorrência de alargamento e aprofundamento de concorrência no campo das actividades notariais.

Tudo isto redunda em esvaziar ou desvalorizar radicalmente a actividade dos notários como profissão liberal. E, no que se refere às novas funções das conservatórias, no fundo, numa reassunção ou assunção das suas funções pelo Estado, à margem das tendências hoje dominantes em todas as áreas da actividade económica.

Isto, ainda, justamente, quando os notários (a sua grande maioria) que optaram pela profissão liberal, com ânimo de colaboração com a política definida pelo Estado há pouco mais de dois anos, têm feito largos investimentos para dotar os seus cartórios de instalações e equipamentos, de elevados custos, para poderem levar a cabo as suas actividades a contento dos interessados.

Isto, enfim, quando o mesmo Governo que adopta estas medidas, ditas de desformalização, promoveu a realização do atrás mencionado concurso para atribuição do título de notário.

VI

15. Sem entrar nos aspectos técnicos conexos com as críticas aduzidas pela Ordem dos Notários, o que conta, antes do mais, para efeito da consulta que nos é endereçada, é a mudança substantiva da política pública respeitante ao notariado, efectuada de 2004 para 2005. Que o Estado, com nova maioria parlamentar e novo Governo, possa acolher uma política diversa da do Governo precedente, não se discute à luz da alternância democrática. O que se discute é se o poderia fazer em tão curto período de tempo, sem quaisquer cuidados e cautelas de todos os interesses atingidos.

Não se trata de uma questão de maior ou menor coerência das sucessivas decisões, seja qual for a maior valia ou legitimidade procedimental desta ou daquela. Trata-se de relação entre o Estado e os cidadãos, primeiros destinatários de tais decisões, e do respeito que ele lhes deve num Estado de Direito democrático.

Nem se trata de duvidar das finalidades do interesse público que, num momento ou noutro, se tenha pretendido prosseguir. Trata-se do limite que a esse interesse advém dos interesses legalmente protegidos dos cidadãos. A ponderação estabelecida a propósito da actuação administrativa (artigo 266.º, n.º 1)[32], não menos vale para a actividade legislativa. Seja qual for a função do Estado, são as mesmas as balizas constitucionais.

---

[32] Cfr. GOMES CANOTILHO e VITAL MOREIRA, *Constituição da República Portuguesa Anotada*, 3ª ed., Coimbra, 1993, pág. 922; DIOGO FREITAS DO AMARAL, *op.cit.*, II, págs. 61 e segs.

16. Visto o problema do prisma da segurança jurídica e da tutela da confiança não custa reconhecer que se encontram reunidos os requisitos propostos pela doutrina e pela jurisprudência atrás citadas para se configurar a violação do princípio.

Com efeito, a reforma de 2004, além de representar o regresso a um modelo de notariado experimentado entre nós durante longos anos e seguido na grande maioria dos países europeus, correspondeu a aspirações vivas manifestadas na sociedade portuguesa, não despertou oposição muito significativa nos quadrantes políticos e foi decretada em sintonia com a passagem da concepção de Estado prestador de bens e serviços à concepção de Estado regulador, similar à ocorrida noutras áreas. Não era exigível aos notários prever uma inflexão como a que, assim, se verificou.

Em segundo lugar, sustentada em estudos especializados e com a participação dos interessados, foi uma reforma que obteve imediata receptividade e efectividade. Ao invés do que, não raro, se observa entre nós, o Estado foi pronto a pô-la em prática e a Ordem dos Notários rapidamente foi erigida. Mas, mesmo mais tarde, quando foi lançado o programa *Simplex*, as medidas legislativas entretanto publicadas *não a vieram revogar:* não se revogou o diploma de privatização, nem se alterou o estatuto do notariado nem a Ordem foi extinta.

Não foi essa uma reforma qualquer, puramente conjuntural, mas uma reforma profunda de estrutura, geradora de *expectativas de continuidade* e de confiança na *manutenção de uma situação jurídica*. Independentemente das vicissitudes políticas de 2004 a 2006, o Estado, adstrito a um dever de boa fé (por força ainda do artigo 266.º, n.º 2, também expressão, insista-se, de princípio extensivo à função legislativa), comprometeu-se, para futuro; comprometeu-se perante as próprias transformações estatutárias que levou a cabo.

Em terceiro lugar, os cidadãos mais directamente interessados, mais directamente afectados, tomaram decisões e fizeram planos de vida ancorados nessas mesmas expectativas de continuidade. Sentiram-se sujeitos titulares de direitos novos a preservar. Empenharam-se na Ordem dos Notários. Com maior ou menor esforço financeiro, dotaram os seus cartórios de recursos humanos e materiais impostos pela exigência da profissão liberal e das novas tecnologias.

As expectativas assim criadas não poderiam deixar de ser consideradas legítimas, porque fundadas tanto nos comportamentos do Estado como nos que, na decorrência deles, os notários foram levados a praticar. Um verdadeiro *nexo de causalidade* torna-se manifesto então entre a actuação do Estado – iniciada com uma autorização legislativa conferida pelo Parlamento – e a actuação desses cidadãos.

O interesse público de desburocratização (artigo 267.°, n.° 1 da Lei Fundamental) e de desformalização e simplificação de uma gama numerosa de actos jurídicos não pode sobrepor-se, de qualquer maneira, lepidamente e sem condições, ao *investimento de confiança* realizado pelos notários. Um e outro interesse haveriam, sim, de se conjugar. Nem o Estado poderia invocar a desburocratização para inviabilizar a profissão notarial como profissão liberal, nem os notários poderiam invocar as situações jurídicas adquiridas para impedir a simplificação desses actos. Haveria várias soluções possíveis como reservar aos notários a prática de certos actos *Simplex*, ou restabelecer o equilíbrio económico entre eles e outros agentes ou editar medidas transitórias[33].

Por isso, agindo como agiu (ou como parece continuar a agir) através do programa *Simplex*, o Estado faltou ao dever constitucional de boa fé, quebrou a confiança dos destinatários das suas normas e ofendeu o princípio da segurança jurídica. Se este princípio pode levar a restringir os efeitos da inconstitucionalidade (artigo 284.°, n.° 4), não menos há-de obstar a que se vulnere a confiança legítima dos particulares.

17. Não há uma garantia constitucional do notariado, mas, instituindo a Ordem dos Notários, associação pública, o Estado empresta-lhe consistência legislativa enquanto profissão livre.

Ora, subtraindo aos notários a prática de actos centrais da profissão ou pondo-os em regime desvantajoso no confronto dos conservadores de registos e até de algumas entidades privadas, fica seriamente ameaçado o direito de escolha dessa profissão. Assim como os notários que optaram (a grande maioria) por o continuar a ser na qualidade de profissionais liberais e os que, supervenientemente, foram admitidos por concurso ficaram desprovidos de condições plenas para o exercício da profissão.

As providências constantes do programa *Simplex* conducentes a este resultado não colidem, só por si, com a liberdade de escolha e exercício da profissão (artigo 47.° da Constituição) tomada em abstracto. Colidem, todavia, com esta liberdade em concreto.

---

[33] Como lembra GOMES CANOTILHO (*Direito* …, cit., pág. 263) a aplicação da lei não se reduz, de forma radical, a esquemas dicotómicos de estabilidade-novidade; entre a permanência indefinida da disciplina jurídica existente e a aplicação imediata da nova normação existem soluções de compromisso plasmadas em normas ou disposições transitórias.

VII

18. Demonstrada a infracção do princípio da tutela da confiança e, de certo modo, da liberdade de escolha e exercício de profissão, ressalta daí a inconstitucionalidade das medidas redutoras da actividade e, por conseguinte, das expectativas legítimas dos notários.

Uma inconstitucionalidade, porém, parcial, porque, evidentemente, simplificar e desformalizar não pode ser inconstitucional; inconstitucionalidade, sim, na medida em que tais medidas afectam aquelas expectativas.

Uma inconstitucionalidade que só muito dificilmente poderia ser ultrapassada por meio de sentenças aditivas, porquanto não se vislumbra norma ou segmento de norma que, por mera intervenção de tribunal, venha a reintegrar a ordem jurídica.

Tão pouco os mecanismos de fiscalização da inconstitucionalidade por omissão – circunscritos, infelizmente, à omissão de normas legislativas destinadas a tornar exequíveis normas constitucionais (artigo 283.º)[34] – poderiam ser aqui utilizados.

19. O caminho mais natural – e talvez o único eficaz a curto prazo – de satisfazer as legítimas expectativas dos notários – *enquanto é tempo* – consiste na feitura de leis, nos moldes atrás sugeridos ou noutros, que salvaguardem o seu investimento de confiança (um investimento moral e patrimonial).

Ou então, se o Governo pretender levar até ao fim as implicações do programa *Simplex*, a reposição dos notários no estatuto de oficiais públicos. Pelo menos, tudo ficaria mais claro.

20. Afora isto, a cada notário estará sempre aberta a possibilidade de propor acções de responsabilidade civil contra o Estado pelos prejuízos que, porventura, sofra ou tenha sofrido[35]. O Estado é civilmente responsável também por acções e omissões legislativas (artigo 22.º)[36].

---

[34] Cfr. *Manual* ..., VI, cit., págs. 232 e segs.
[35] Cfr. MENEZES CORDEIRO, *op.cit.*, II, pág. 1249: as consequências advenientes da protecção da confiança podem, em teoria, consistir ou na preservação da posição nela alicerçada ou um dever de indemnizar. E sobre a responsabilidade pela confiança, cfr. MANUEL CARNEIRO DA FRADA, *op.cit.*, págs. 503 e segs.
[36] Cfr. *Manual* ..., IV, cit., págs. 249 e segs., e Autores citados.

Apesar de algumas dúvidas doutrinais e do recentíssimo veto do Presidente da República ao decreto do Parlamento sobre responsabilidade civil extracontratual do Estado, esta a melhor doutrina, à face da concepção de Estado de Direito material, também prevalecente entre nós, com particularíssimo relevo para o artigo 22.º da Constituição, enquanto norma imediatamente aplicável.

Em contrapartida, não parece plausível o recurso à acção popular (artigo 52.º). Os interesses profissionais não são interesses difusos.

VIII

Resumindo e concluindo:

1.º) O Estado de Direito material ou de direitos fundamentais implica a centralidade da Constituição como Constituição *normativa*, como ordem *material*, e não apenas procedimental, e como conjunto de princípios e regras de aplicabilidade imediata.

2.º) Perante os fenómenos de instabilidade e inflação legislativa vindos do século XX, ainda se torna mais premente o papel da Constituição como ponto firme de unidade do ordenamento, sinal de continuidade das instituições e antepara dos direitos dos cidadãos.

3.º) A par do método subsuntivo de interpretação, a jurisprudência e a doutrina têm vindo a adoptar o método de ponderação de princípios e interesses, com particular relevo para os princípios da proporcionalidade e da segurança jurídica.

4.º) A tutela da confiança, vertente subjectiva do princípio da segurança jurídica, exige a boa fé dos órgãos do poder.

5.º) O dever de boa fé não se circunscreve à actividade administrativa (artigo 266.º, n.º 2 da Constituição), ele abrange todas as demais actividades do Estado, incluindo a legislativa.

6.º) No respeitante à actividade legislativa, a segurança jurídica e, portanto, a tutela da confiança exigem não só a certeza, a compreensibilidade, a determinabilidade e a transparência das normas mas também a sua durabilidade e a previsibilidade de eventuais alterações.

7.º) O legislador tem um dever de boa fé perante os destinatários das normas que edite e estes o direito de verem salvaguardadas as expectativas que aquelas tenham provocado.

8.º) A instabilidade legislativa não preclude essa relação, fá-la apenas mais complicada, embora não menos imprescindível.

9.º) A reforma do notariado, de 2004, traduzida na passagem a profissão liberal e na criação da Ordem dos Notários, foi uma reforma estrutural profunda, correspondente a uma antiga tradição portuguesa e ao modelo dominante na Europa continental e em sintonia com a ideia de Estado regulador e não já Estado prestador de serviços.

10.º) Por isso, pelo seu procedimento e pela sua pronta concretização, suscitou não só a adesão imediata da grande maioria dos notários como suscitou neles legítimas expectativas de continuidade.

11.º) Essas expectativas foram reforçadas pela abertura pelo actual Governo de concurso para atribuição do título de notário.

12.º) As medidas constantes do programa *Simplex* (*Casa pronta*, *Empresa na hora*, *Balcão de heranças e sucessões*), redutoras da intervenção dos notários ou da sua colocação em desvantagem perante os conservadores, bem como as que permitem a entidades privadas o reconhecimento notarial envolvem uma inflexão significativa de políticas públicas em curto período de tempo.

13.º) Esvaziando ou desvalorizando a actividade dos notários como profissão liberal, nem sequer foram acompanhadas de outras medidas de cunho provisório, que atenuassem o seu impacto (e isto independentemente de ser perfeitamente admissível que a simplificação dos actos jurídicos fosse possível através dos próprios notários).

14.º) Sem se questionarem as finalidades de prossecução do interesse público e de desburocratização (artigos 266.º, n.º 1 e 267.º, n.º 1 da Constituição) a elas subjacentes, elas não poderiam ser adoptadas com desprezo pelos interesses legalmente protegidos dos cidadãos (mesmo artigo 267.º, n.º 1).

15.º) Contraditórias, de resto, com a referida recente abertura de concurso para notários, elas vieram ferir esses interesses, sem que fosse exigível aos notários prevê-las.

16.º) Afectando, assim, o investimento de confiança feito pelos notários, o Estado quebrou o seu dever de boa fé e ofendeu o princípio da segurança jurídica.

17.º) Apesar de não haver uma garantia constitucional do notariado, a criação e subsistência da Ordem dos Notários confere-lhe subsistência legislativa, pelo que, indirectamente, as medidas do programa *Simplex* acabam por atingir também a liberdade de escolha e de exercício da profissão (artigo 47.º, n.º 1 da Constituição).

18.º) Estas medidas envolvem inconstitucionalidade, se bem que só parcial, pois a inconstitucionalidade somente reside na subtracção de actos aos notários, não na simplificação e desformalização de actos.

19.º) O caminho mais apto, e talvez único, de satisfazer as legítimas expectativas dos notários consiste na produção de leis adequadas ao seu investimento de confiança, restituindo-lhes, directa ou indirectamente, condições para a prática dos actos típicos da sua profissão, sem prejuízo de necessárias ou convenientes simplificações.

20.º) Afora isto, a cada notário está sempre aberta a possibilidade de propor uma acção de responsabilidade civil contra o Estado pelos prejuízos que, porventura, sofra ou tenha sofrido, visto que o Estado é também civilmente responsável por acções ou omissões legislativas (artigo 22.º).

Tal é, salvo melhor, o meu parecer.

Lisboa, 8 de Setembro de 2007.

Jorge Miranda

ÍNDICE DO ANO 139.º (2007)

ARTIGOS DOUTRINAIS

DIGO LEITE DE CAMPOS
As três fases de princípios fundamentantes do Direito Tributário 9

PEDRO ROMANO MARTINEZ / ANA MARIA TAVEIRA DA FONSECA
Da constitucionalidade da alienação forçada de imóveis arrendados por incumprimento, por parte do senhorio, do dever de realização de obras 35

MANUEL JANUÁRIO DA COSTA GOMES
Acontecimentos e relatório de mar. Breves notas 89

RITA ALBUQUERQUE
A vinculação das sociedades anónimas e a limitação dos poderes de representação dos administradores 103

DIOGO PEREIRA DUARTE
Modificação dos contratos segundo juízos de equidade (Contributo para a interpretação dos artigos 252.º, n.º 2, e 437.º do Código Civil) 141

INOCÊNCIO GALVÃO TELLES
Processo de Bolonha 239

DIGO LEITE DE CAMPOS
O estatuto jurídico da pessoa depois da morte 245

LUÍS DE LIMA PINHEIRO
Concorrência entre sistemas jurídicos na União Europeia e Direito internacional privado 255

MANUEL JANUÁRIO DA COSTA GOMES
Abalroação de navios 283

CARLA AMADO GOMES
Os pressupostos do recurso para uniformização de jurisprudência constitucional: breves
notas ao artigo 79.º-D/1 da LOTC 351

ISABEL MOUSINHO DE FIGUEIREDO
A compensação como garantia de cumprimento das obrigações 381

INOCÊNCIO GALVÃO TELLES
O problema do aborto 495

DIGO LEITE DE CAMPOS
A família: do Direito aos direitos 503

ANTÓNIO MENEZES CORDEIRO
Do contrato de mediação 517

JOÃO CALVÃO DA SILVA
Responsabilidade civil dos administradores não executivos, da comissão de auditoria e do
conselho geral e de supervisão 555

MARISA CAETANO FERRÃO
As entidades administrativas independentes com funções de regulação económica e a dua-
lidade de jurisdições. Breves notas 601

LUÍS VASCONCELOS ABREU
As obrigações não pecuniárias do arrendatário (NRAU) 639

ANA LUÍSA PINTO
Breves reflexões sobre o estatuto das Universidades Públicas: Administração estadual indirecta ou autónoma? 657

ANTÓNIO MENEZES CORDEIRO
O presidente da mesa da assembleia geral e as grandes assembleias mediáticas de 2007
(PT e BCP) 697

VICENTE DE PAULO BARRETTO
Bioética, responsabilidade e sociedade tecnocientífica 737

LUÍS DE LIMA PINHEIRO
A passagem do risco do preço na venda internacional de mercadorias 757

J. P. REMÉDIO MARQUES
O conteúdo dos pedidos de patente: a descrição do invento e a importância das reivindi-
cações – Algumas notas 769

TERESA VIOLANTE
Os recursos jurisdicionais no novo contencioso administrativo 841

JAIME VALLE
A conclusão dos tratados internacionais na Constituição timorense de 2002 879

RUI CARDONA FERREIRA
Os sistemas de protecção jurisdicional dos direitos humanos na Convenção Europeia dos Direitos do Homem e na Convenção Americana de Direitos Humanos 895

INOCÊNCIO GALVÃO TELLES
As Cortes ao longo da História do Direito Português 939

ANTÓNIO MENEZES CORDEIRO
O Novo Regime do Arrendamento Urbano: dezasseis meses depois, a ineficiência económica no Direito 945

ALFREDO HÉCTOR WILENSKY
Corrupção 973

J. O. CARDONA FERREIRA
A mediação como caminho da Justiça – A mediação penal 1013

LUÍS DE LIMA PINHEIRO
O Direito de Conflitos das obrigações extracontratuais entre a comunitarização e a globalização – Uma primeira apreciação do Regulamento comunitário Roma II 1027

MANUEL JANUÁRIO DA COSTA GOMES
A fiança do arrendatário face ao NRAU 1073

JORGE GUERREIRO MORAIS
A sensibilidade e o bom senso no Contencioso Administrativo – Um breve ensaio sobre a intimação para protecção de direitos, liberdades e garantias 1117

JURISPRUDÊNCIA ANOTADA

Contrato-promessa: direito de o promitente-comprador exigir o valor da coisa em vez do dobro do sinal
Acórdão do Supremo Tribunal de Justiça de 26 de Setembro de 2000 441
Anotação por INOCÊNCIO GALVÃO TELLES 453
Processo sobre a tradição de uma coisa; a tradição como transmissão da detenção de uma coisa entre dois sujeitos de direito
Acórdão do Supremo Tribunal de Justiça de 19 de Abril de 2001 669
Anotação por INOCÊNCIO GALVÃO TELLES 673

1164   *Índice do ano 137.º (2009)*

Baldios: nulidade dos actos de apossamento e transmissão; seu âmbito temporal de eficácia
Acórdão do Supremo Tribunal de Justiça de 19 de Outubro de 2004   675
Anotação por Inocêncio Galvão Telles   686

RESENHA DE JURISPRUDÊNCIA

Jorge Miranda
O Tribunal Constitucional em 2006   455

PARECERES

Jorge Miranda
Estatuto das Regiões Autónomas e Lei das Finanças Regionais   217

Jorge Miranda
Função legislativa e tutela da confiança. O caso dos notários   1135